कुछ ज़मीन पर, कुछ हवा में

कुछ ज़मीन पर, कुछ हवा में

श्रीलाल शुक्ल

राजकमल प्रकाशन

ISBN : 978-81-267-0549-8

मूल्य : ₹795

पहला संस्करण : 1990
चौथा संस्करण : 2025

प्रकाशक : राजकमल प्रकाशन प्रा. लि.
1-बी, नेताजी सुभाष मार्ग, दरियागंज
नई दिल्ली-110 002
शाखाएँ : अशोक राजपथ, साइंस कॉलेज के सामने, पटना-800 006
पहली मंजिल, दरबारी बिल्डिंग, महात्मा गांधी मार्ग, प्रयागराज-211 001
1, अनमोल सोराबजी सन्तुक लेन, धोबी तलाव, मरीन लाइंस, मुम्बई-400 002
वेबसाइट : www.rajkamalprakashan.com
ई-मेल : info@rajkamalprakashan.com

मुद्रक : विकास कंप्यूटर एंड प्रिंटर्स
ट्रॉनिका सिटी-201 102

KUCHH ZAMEEN PAR, KUCHH HAWA MEIN
Satires and Essays by Shrilal Shukla

प्रस्तावना

'कुछ ज़मीन पर, कुछ हवा में' तीन प्रकार की रचनाएँ हैं—पत्र-पत्रिकाओं में छपा हुआ मेरा स्तम्भ-लेखन—जिसमें मैं कभी ज़्यादा सक्रिय नहीं रहा, और कुछ पुरानी रचनाएँ—बहुत पुरानी—जो विभिन्न पत्रिकाओं में कभी छपी थीं। उनमें से यहाँ वही संगृहीत हैं जो आज भी प्रासंगिक हो सकती हैं या जिन्हें आप आज भी पुरातात्त्विक कौतूहल से पढ़ सकते हैं। यह तो हुआ वह 'कुछ' जो ज़मीन पर है।

बाक़ी रचनाएँ रेडियो-वार्ताएँ हैं। 1957 से लगभग तीन दशकों तक मैं समय-समय पर लखनऊ-इलाहाबाद रेडियो से वार्ताएँ प्रसारित करता रहा हूँ। इनमें अगर कोई विशेषता है तो यही कि घने साहित्यिक और समाजशास्त्रीय विषयों को मैंने सामान्य श्रोता के लिए—वाचिक परम्परा में—सहज ढंग से प्रस्तुत करने की कोशिश की है। इस श्रेणी की सामग्री मेरे पास काफ़ी पज़ानी मिकदार में है पर यहाँ उसे छाँटकर, संग्रह की आकार-विषयक संग्रहणीयता का आदर करते हुए सीमित रूप से पेश किया गया है। आकाशवाणी पर प्रसारित होने के कारण ये वार्ताएँ अभी तक 'हवा में' रही हैं; अब दोनों जगह रहेंगी।

—श्रीलाल शुक्ल

बी-2251, इन्दिरा नगर
लखनऊ-226016
10 मार्च, 1990

क्रम

कुछ ज़मीन पर

कुछ हवा में

कुछ ज़मीन पर

होरी और उन्नीस सौ चौरासी

1984 का दिसम्बर। 1934-35 के दिन होते तो प्रेमचन्द के उपन्यास 'गोदान' का नायक होरी इस वक़्त अपने गाँव सेमरी में टूटे छप्पर के नीचे बैठा हुआ इधर-उधर से बीनकर लाई हुई लकड़ी और ईख की सूखी पत्तियों का अलाव ताप रहा होता। पर 1984—ख़ासतौर से जार्ज आर्वेल के 1984—में होरी कुछ और ही हो गया है। वह अब हुक्का नहीं, बीड़ी पी रहा है। कछार में चोरी से चुआया हुआ महुए का ठर्रा भी वाजिब खुराक में पी चुका है। वह पंडित मातादीन की पक्की चौपाल में, पूस की रात के इस पहले पहर में टी.वी. देख रहा है और 'प्रोलफीड' खा रहा है।

'पंडित' मातादीन? 'गोदान' के पाठक शायद चौंके। यह वही मातादीन है न जिसके पिता पंडित दातादीन थे, जिसने सिलिया नाम की चमारिन से प्यार किया था, जिसके प्यार का फल रामू था, जिसने बाद में सिलिया को अपनाते हुए कहा था, "मैं ब्राह्मण नहीं, चमार ही रहना चाहता हूँ।" वह फिर से 'पंडित' कैसे? इसकी चर्चा बाद में होगी, पहले होरी और उसका 'प्रोलफीड'।

'प्रोलफीड'—बकौल जार्ज आर्वेल—प्रोलेतेरियत की खुराक, पार्टी की ओर से जनता को बराबर मिलनेवाला कूड़ा, मनोरंजन और फ़र्ज़ी ख़बरों का मसाला। दूरदर्शन 'प्रोलफीड' उगल रहा है—

> पिछले पाँच वर्षों में भारत की औसत सालाना विकास-दर 4.9 प्रतिशत रही है, जबकि अमेरिका की 1.2 प्रतिशत और इंग्लैंड की सिर्फ़ 0.3 प्रतिशत। 1979-80 में कोयले का उत्पादन 10 करोड़ 40 लाख टन था। आज 1983-84 में यह बढ़कर 13 करोड़ 80 लाख टन हो गया। पेट्रोल का उत्पादन उसी दौरान 1 करोड़ 20 लाख से बढ़कर 2 करोड़ 60 लाख टन हो गया।...

होरी सुन रहा है, पर उसके लिए यह ऐसा संगीत है जिसके स्वरों का उतार-चढ़ाव तो समझ में आता है, शब्द पकड़ में नहीं आते। उसे कोयला और पेट्रोल से क्या लेना-देना?

> ...जहाँ 1950-51 में सिर्फ़ 5 करोड़ टन अनाज पैदा हुआ था, अब 1984 में 15 करोड़ टन पैदा हुआ है...।

हुआ होगा, कहीं गोदामों में सड़ रहा होगा, चूहे खा रहे होंगे। उसे तो यह अनाज 'काम के बदले अनाज' के एवज़ में दाना-दाना गिनकर ही मिल रहा है, चार दिन भी बुख़ार आ जाए तो घर में चूल्हा नहीं जलेगा।

> ...राष्ट्रीयकृत बैंकों की 24,000 शाखाओं के ज़रिये 1983-84 में देहाती क्षेत्रों में 4500 करोड़ रुपये की रक़म खेतिहर ऋण के रूप में बाँटी गई...।

जिसमें से दो-तिहाई ग्रामसेवकों, विकास-अधिकारियों, शाखा-प्रबन्धकों की जेब में गई, जिससे उन्होंने ट्रक ख़रीदे, और शहरों में कोठियाँ बनवाईं, बाक़ी ऋण होरी-जैसे अभागों को ऋणी बनाने के काम आया।

प्रोलफीड के शुरुआती आँकड़े होरी के ख़यालों की बहती धारा में पतझर के पत्तों जैसे टपककर बह रहे थे। पर ऋण के ये आँकड़े उसकी चेतना पर दहकते हुए कोयलों-जैसे गिरे।

होरी के समुदाय ने रुपये और सूदख़ोरी की मार पीढ़ी-दर-पीढ़ी झेली है। 'गोदान' के दिनोंवाली वह साहूकारी। पंडित दातादीन, दुलारी सहुआइन, झिंगुरीसिंह, पटेश्वरी, मँगरू साह। पचास रुपये के क़र्ज़ पर मँगरू साह ने तीन सौ रुपये निकाले थे, ईख नीलाम करवाई थी। मीठी ज़बान के बावजूद दुलारी सहुआइन नाक रगड़कर ही दो सौ रुपये देने को तैयार हुई थीं, आने पर ब्याज लेनेवाले पंडित दातादीन ने नौ साल में तीस रुपये पर दो सौ माँगे थे। उन्हीं की कृपा थी कि होरी की खेती-बारी टूट गई, ईख नहीं बो सका और किसान से मज़दूर की श्रेणी में आ गया। तब एक-एक रुपये के पीछे जैसे घुटन, जैसा अपमान झेलना पड़ता था, उसकी याद आते ही आज भी दिल को एक झटका लगता है।

और, आज बकौल 'प्रोलफीड': 1983-84 में राष्ट्रीयकृत बैंकों से 4500 करोड़ रुपये की रक़म खेतिहर ऋण के रूप में बाँटी गई। होरी सार्वजनिक और स्वगत ढंग से कहता है—मार डाला बेईमानों ने।

1935 के होरी को साहूकारी सभ्यता के पेच समझ में नहीं आए थे, सिर्फ़ इतना मालूम था—"हम जाल में फँसे हैं। जितना भी फड़फड़ाओगे, उतना ही और जकड़ते जाओगे।" एक तो सब कुछ भाग्य के अधीन था, दूसरे साहूकार भी तरह-तरह के थे। "ठाकुर या बनिये के रुपये होते तो ज़्यादा चिन्ता न होती, पर ब्राह्मण के रुपये! उसकी एक पाई भी दब गई तो हड्डी तोड़कर निकलेगी! भगवान न करे ब्राह्मण का कोप किसी पर गिरे!" तभी, जब गोबर ने दातादीन की सूदख़ोरी को चुनौती देकर तीस रुपये के क़र्ज़ पर दो सौ की माँग के ख़िलाफ़ ब्याज समेत छाछठ रुपये लौटाने चाहे तो होरी ने साहूकार पंडित के चरण पकड़ लिये थे, कहा था, "महाराज, लड़कों की बातों पर मत जाओ। जब तक मैं जीता हूँ, तुम्हारी एक-एक पाई चुकाऊँगा।" उस साहूकारी तंत्र में बड़े रहस्य थे—सूद का कभी न समझ में आनेवाला हिसाब, बामन के क़र्ज़ का डर, थाना-कचहरी की दौड़, खड़ी फ़सल की नीलामी, वसूली के तरीक़ों में गालियों और डंडे का प्रयोग, और सबसे बड़ी बात, कि जितना ही फड़फड़ाओगे उतना ही जकड़ते जाओगे।

1984 में बहुत कुछ बदला है सूदख़ोरी नहीं बदली। होरी के सिर पर अब दो तरह के क़र्ज़े हैं। एक खेतिहर ऋण जो सिंचाई के साधन से लेकर खेती के औज़ारों, मशीनों, खाद, बीज आदि तक के लिए मिलता है, और दूसरा असली ऋण—बिरादरी में बेइज़्ज़ती से बचने के लिए लिया जानेवाला ऋण। पहले ऋण को सरकारी अर्थशास्त्र विकासपरक ऋण कहते हैं, दूसरे को सामाजिक दायित्वोंवाला ऋण। चूँकि होरी को अर्थशास्त्र की नहीं, पुराणपंथियों की ही भाषा समझ में आती है, इसलिए पहले को देवऋण कहा जा सकता है, जो देवताओं की योनि में उपजे वित्त मंत्रालय के अधिकारियों, बड़े-बड़े बैंकरों, अर्थशास्त्रियों, ऋण-वितरण-समारोहों की अध्यक्षता करनेवाले खादीपोश बहुरुपियों और चपरकनाती अफ़सरों की कृपा से प्राप्त होता है। दूसरा ऋण, उसी पुराणपंथी भाषा में पितृ-ऋण है जो पिता की कृपा से किसी जाति-विशेष में उत्पन्न होने के कारण, मुंडन, छेदन, ब्याह, गौना, दसवाँ, तेरही आदि रस्मों

को निपटाने के लिए फिर उन्हीं दुलारी सहुआइनों, उन्हीं दातादीनों, उन्हीं मँगरू साहुओं से लेना पड़ता है जो अब पहले से भी ज़्यादा चतुर हैं, जिनके लड़के अब आई.ए.एस. में घुसकर या बिज़नेस मैनेजमेंट की डिग्री लेकर उसी तबक़े में घुस रहे हैं जो देव-ऋण बाँटनेवालों का है। 'उन्नीस सौ चौरासी' का लेखक जार्ज आर्वेल इसे अपनी 'न्यूस्पोक' में 'देपिसह' कह सकता था—देव-पितृ-सहायता। ऋण अब रहा ही नहीं, जो भी ऋण देता है वह वास्तव में सहायता दे रहा है। और चूँकि देव-ऋण और पितृ-ऋण देनेवाले—दोनों ही क़िस्म के लोग एक ही वर्ग और एक ही पार्टी के हैं, इसलिए होरी को इन ऋणों से अलग-अलग तंत्र में भले ही फ़र्क़ मालूम पड़े, ऋण देनेवाले जानते हैं कि वे एक ही बिरादरी के हैं। इस तरह, दो कामों के लिए दो तरह का ऋण दो अलग-अलग रास्तों से आने के बावजूद, चाहे सहकारी या सरकारी बैंक हों, या पुश्तैनी सूदख़ोर, वसूली के मामले में दोनों एक-से घातक हैं, दोनों ही खेत कुर्क करा सकते हैं, दोनों ही हवालात भिजवा सकते हैं। यह सूदख़ोरी व्यवस्था का द्वित्व (डाइकॉटमी) नहीं है, सार्वजनिक और सहकारी क्षेत्र का निजी क्षेत्र के दुर्दान्त सूदख़ोरों का शान्तिपूर्ण सहअस्तित्व है। संक्षेप में, 1935 में होरी को जहाँ नदी के इस किनारे पर पड़े मगरमच्छ निगलने को झपटते थे, वहीं अब उसे दोनों किनारों पर अलग-अलग शक्लवाले, पर एक ही नस्ल के मगरमच्छों का सामना करना पड़ता है। होरी की यह अजीब नियति है कि वह इस नदी को छोड़कर कहीं भाग नहीं सकता।

प्रोलफीड में 4500 करोड़ रुपये के खेतिहर ऋण का हवाला होरी के गले में हड्डी की तरह अटक जाता है। इस खेतिहर ऋण ने उसके साथ जो किया है, वैसा पंडित दातादीन और सेमरी के सारे साहूकार मिलकर भी नहीं कर सकते थे। उनके सामने, कम-से-कम घिघियाया जा सकता था, कोई दुलारी सहुआइन कुछ देर के लिए द्रवित भी हो सकती थी, पर इसके सामने कुछ नहीं कहा जा सकता, क्योंकि क़ानूनबद्ध, चेहरारहित साहूकार कभी उसके सामने आता ही नहीं है, उसके अस्तित्व का पता कुछ सरकारी कारकुनों और अख़बार में छपनेवाली कुर्की के इश्तहारों से ही चलता है।

इस साहूकारी व्यवस्था के शिखर पर बैठे हुए जो परम उत्साही व्यवसाय-विशेषज्ञ शहरी बाबू हैं, जो इस देश की राजनीतिक सन्ध्या के निर्जन सुनसान में अचानक भारत-भाग्य-विधाता बन गए हैं, वोट पकड़ने के तंत्र में क़र्ज़ की राजनीति को ख़ूब समझते हैं। पर वे यह नहीं समझते कि ग़रीबी सबसे पहले

इनसान की पहल करने की शक्ति को नष्ट करती है। सर्वहारा का मकरूज होना, वह अच्छी नस्ल की भैंस के कारण हो या बिरादरी के भोज के लिए, कोढ़ में सिर्फ़ खाज का काम करता है।

झिंगुरीसिंह के लिए अपनी उम्दा जोत के लिए जो चकबन्दी के कारकुनों के कारण और भी उम्दा हो गई है, ट्यूबवेल के लिए क़र्ज़ लेना दीगर बात है। वह समृद्ध को समृद्धतर बनाता है। वह क़र्ज़ वापस न कर सके, तब भी अपनी समृद्धि और राजनीतिक पुर्जेबाज़ी के सहारे वह अपनी जोत बचा ले जाएगा। पर ठर्रे में गनगनाते दिमाग़ के साथ प्रोलफीड खाते हुए इस होरी के साथ 1984 में क्या हुआ?

कुछ साल पहले उसे, जैसे सूअर के बच्चे को चार आदमी दबाकर उसका गला रेतते हैं, एक नसबन्दी शिविर में जाकर नसबन्दी करानी पड़ी थी। उसकी एक नस काट दी गई, पर उसे ज़्यादा दुख नहीं हुआ था। जब से वह पैदा हुआ, एक-एक करके उसकी नसें ही काटी जा रही थीं। उसने इससे भी समझौता कर लिया। पर कुछ ही साल बाद नसबन्दी-शिविरों की जगह खेतिहर-ऋण के शिविरों ने ले ली। अब विकास-खंड के कर्मचारी और तहसील का पूरा अमला गाँव पर गिद्धों की तरह उतर रहा था। सेमरी के पास के गाँव बिलारी में, जहाँ पहले वहाँ के ज़मींदार रायसाहब 'गोदान' के 1934 में रामलीला का जलसा कराते थे, उनके लड़के ने, जो विधायक भी थे और जिन्हें विधायक से मंत्री बनना था, साल-भर पहले ऋण-वितरण-शिविर लगवाया था, जिसका लक्ष्य खेतिहरों में बीस लाख रुपये का ऋण बाँटना था। दिल्ली का खादीपोश युवा नेता, जो देश की अखंडता और एकता की लगातार बातें करता था और जिसकी बातें होरी की पहुँच के बाहर थीं, पूरे चेहरे को मुस्कान का अगियाबेताल बनाकर लोगों को ऋण बाँट रहा था। बैंक के हाकिम बरसाती मेढकों की तरह उसके आसपास फुदक रहे थे। उसी जलसे में होरी पर भी कुछ हज़ार रुपयों का क़र्ज़ लाद दिया गया था।

उसे भैंस की ज़रूरत नहीं थी। 1935 के होरी ने एक गाय ख़रीदी थी; उधार पर, वह क़िस्सा अभी तक लोगों को याद है। सब कुछ ठीक था पर उसके एक भाई ने डाह के मारे गाय को ज़हर दे दिया था। उसी झमेले में गाय का पुराना मालिक भोला उसके बैल खोल ले गया था। अब, 1984 में,

होरी में क़र्ज़ लेकर भैंस ख़रीदने की दम न थी। पर तहसीलवाले नहीं माने। कोई लम्बा-चौड़ा हिसाब दिखाकर उन्होंने बताया कि भैंस के दूध से, बैंक का क़र्ज़ चुकाते हुए भी, होरी को कई सौ रुपये महीने का मुनाफ़ा होगा। पर यह होरी भाग्य के बारे में अब और भी चौकन्ना हो गया था। वह जानता था कि ऐसी ख़ूबसूरत स्कीम को भीतर-ही-भीतर खाने के लिए कोई-न-कोई कीड़ा ज़रूर लगा होगा। वह कीड़ा ग्रामसेवक था जिसने क़र्ज़ का एक हिस्सा कमीशन में कटवा लिया था, दूसरा पशु-चिकित्सक था जिसने एक बड़े मेले में अच्छी नस्ल की भैंसों की सामूहिक ख़रीद कराके उसे तीन थनवाली एक भैंस का पगहा पकड़ा दिया था।

भैंस बीमार हालत में आज भी होरी के दरवाज़े पर है। 1935 में उसकी गाय को उसके भाई ने ज़हर दिया था। आज, 1984 में उसकी ज़िन्दगी में इन ऋण-वितरण-शिविरवालों ने इस भैंस के बहाने न जाने कितना ज़हर घोल दिया है, वसूली के लिए कुर्की आने ही वाली है।

यह देव-ऋण का हाल है। पितृ-ऋण के लिए यानी सोना की शादी के लिए उसे रुपयों की ज़रूरत है—अब दहेज़ ठीक से न दिया जाए तो लड़की पर मिट्टी का तेल छिड़ककर उसे जला देते हैं। होरी को दहेज़ के लिए क़र्ज़ चाहिए। पर इस काम के लिए राष्ट्रीयकृत बैंक, सहकारी बैंक, ग्रामीण बैंक—सब बेकार हैं। उधर आज गाँव में दुलारी सहुआइन और मँगरू साह भी नहीं हैं। डकैतों के डर से वे शहर के एक घने मुहल्ले में—जो साहूकारों की पुश्तैनी बस्ती है—जा बसे हैं। इन साहूकारों के भव्य भवन बने हैं, वे टेलीफ़ोन पर कारोबार करते हैं। खेतिहर-ऋण-वितरण-शिविरवाला खादीपोश नेता इनके यहाँ दावत खाने आता है। होरी की लड़की की शादी के लिए बैंक ऋण नहीं देगा, यह ऋण उसे इन्हीं सूदख़ोरों से मिलेगा और इनकी शर्तें मँगरू साह की शर्तों से भी ज़्यादा भयावह हैं।

पंडित मातादीन को यह टी.वी. सेट, बहुत किफ़ायती लागत पर, पार्टी के प्रचार के लिए मिला है। होरी और वैसे ही दस-पाँच होरियों को 'प्रोलफीड' के साथ छोड़कर वे मकान के अन्दर चले गए हैं—उसी काम के लिए चोरी से चुराया हुआ महुए का ठर्रा पीने को। बाहर आकर यह देखकर कि टी.वी. पर कोई ऐसी ग़ज़ल आ रही है, जिसमें गले लग जाने और बोसा लेने की इफ़रात

है, वे सेट बन्द कर देते हैं। फिर लोगों को धर्मचारी जी का उपदेश, उनकी तांत्रिक सिद्धियों की महत्ता और उनके रचे भजनों का पाठ सुनाने लगते हैं।

पर वे तो चमार हो गए थे, फिर से पंडित कैसे हो गए? ऐसे। सिलिया और उनका बेटा रामू पढ़ने में अच्छा निकला। उसने अपनी माँ की जाति को अपनी जाति बनाकर, सुरक्षित जगहों में से आबकारी के इंस्पेक्टर की एक जगह ले ली। लड़के के इंस्पेक्टर बनते ही गाँववालों ने तय किया कि अब मातादीन को चमार नहीं कहा जा सकता, इसलिए उन्हें पंडित जी कहा जाने लगा। उनकी चुटिया अचानक बढ़ी ही नहीं, उठ भी गई, उनके शरीर पर तीन धागे फिर से वापस आ गए। जिस एक दाँव ने बेटे को चमार बनाकर इंस्पेक्टर बनाया, उसी ने बाप को फिर से ब्राह्मण बना दिया। अब मातादीन के यहाँ सरकारी अमलों की आमदरफ़्त बढ़ रही है। पार्टी की स्थानीय शाखा के वे अध्यक्ष नामजद हुए हैं।

ऐल्डास हक्सले के 'ब्रेव न्यू वर्ल्ड' में यौनाचार एक अच्छा और अनिवार्य कर्तव्य है, जार्ज आर्वेल के 'उन्नीस सौ चौरासी' में यौनाचार एक घटिया, गर्हित काम है। आज होरी के 1984 में सिर्फ़ बलात्कार से प्राप्त यौन-सन्तोष ही चरम सन्तोष है। 'गोदान' के 1935 में सोना, रूपा, सिलिया, झुनिया गाँव में मुक्त पक्षियों की तरह रहती थीं। ख़ुद जिनके लिए उनके मन में आकर्षण हो; उन्हें छोड़कर बाक़ी सबसे भाईचारे के सम्बन्ध थे। शहर में पढ़नेवाले झिंगुरीसिंह के लड़कों ने ही उन दिनों भविष्य का इशारा दिया था, जब उनके बारे में कहा गया था कि शहर में पढ़ने जाकर उन्होंने गाँव की बिरादरी का नेम-धरम भुला दिया है।

अब होरी को सिर्फ़ सरकारी क़र्ज़ की ही चिन्ता नहीं है, घर में जवान लड़कियों का बोझ उसे दिन-रात कुचलता रहता है। वह जमाना नहीं रहा जब गाँव के किसी लड़के की बदचलनी पर पंचायत बैठती थी, हर्जाना भरना पड़ता था। अब वह लड़का पंचायत को गाली देकर शहर भाग सकता है, वहाँ रिक्शा चलाकर किसी भी खेतिहर मज़दूर से ज़्यादा कमा सकता है।

चारों ओर असुरक्षा है। शाम से ही घरों के दरवाज़े बन्द हो जाते हैं। सूरज डूबते ही सन्नाटा छा जाता है। कभी-कभी कुत्ते भूँकते हैं, जिससे अँधेरे का आतंक और गहराने लगता है। चारों ओर के जंगल और बाग़—सरकारी

वनमहोत्सवों के ढकोसलों के बावजूद—कट गए हैं। अब गीदड़ और चमगादड़ तक नहीं बोलते। 'पूस की रात' जैसी कहानी में जाड़ा ही अब सबसे बड़ा यथार्थ बचा है। हिरनों और नीलगायों के झुंड अब फ़सल चरने नहीं आते। उनकी जगह गिरोहबन्द डकैतों ने ले ली है। वे किसी भी गाँव से निकल सकते हैं। वे सिर्फ़ लूटपाट करने नहीं आते, जवान बेटियों और बहुओं के लिए भी आते हैं। वे उनकी काम-क्षुधा का सबसे बड़ा आहार है। बूढ़े सम्पाती की तरह होरी उन्हें बचाने में असमर्थ है।

मातादीन समझाते हैं—लड़कियों को कुछ दिन के लिए शहर में गोबर के पास छोड़ आओ। शादी तय हो जाए, तब बुला लेना।

बड़ी-बड़ी तरक़्क़ियाँ हुई हैं। पक्के मकान, बिजली, सड़कें, स्कूल...पर होरी, उसके जैसे लाखों खेतिहर मज़दूर और करोड़ों आदिवासी—इन सबके लिए 1984 आज भी जार्ज आर्वेल का दु:स्वप्न जैसा ही है। आज़ादी के बाद के आर्थिक उभार और राजनीति का फ़ायदा बहुतों को मिला होगा, पर होरी जैसे खेतिहर मज़दूर के लिए न कोई मिनिमम वेजेज़ ऐक्ट लागू होनेवाला है, न वर्कमेंस कम्पेंसेशन ऐक्ट। न बीमारी में उसकी व्यथा सुननेवाला कोई डॉक्टर है, न तमंचे की चोट से बचानेवाला कोई थानेदार। उसके बारे में सत्तापतियों की सिर्फ़ तीन चिन्ताएँ हैं—उसे बच्चा पैदा करने से कैसे रोका जाए, भूदान में मिले एक बीघा ऊसर के लिए उसको ज़्यादा-से-ज़्यादा विकास-ऋण कैसे पकड़ा दिया जाए और भले ही डकैतों की गोली लगने पर उसे थाने पर रपट लिखाने के लिए चौदह किलोमीटर चलना पड़े, उसका वोट लेने के लिए पोलिंग स्टेशन उसके दरवाज़े पर कैसे खड़ा कर दिया जाए। आतंक, असुरक्षा, क़र्ज़ और दरिद्रता से जूझते हुए होरी को अब राहत के नाम पर महुए का अवैध ठर्रा-भर बचा है, जो जार्ज आर्वेल ने 1984 में विंस्टन स्मिथ को भी विक्टरी जिनके नाम से मिला था, और मिला है पंडित मातादीन के घर का टी.वी. सेट, जो विंस्टन स्मिथ के ख़ुद अपने घर में लगा था। ऐल्डोस हक्सले ने शायद इसी की कल्पना करके आर्वेल को अपने एक पत्र में लिखा था—

"अगली पीढ़ी आते-आते, मुझे लगता है, दुनिया के शासकगण यह जान जाएँगे कि लोगों पर शासन करने के लिए उनमें बालबुद्धि और मूढ़ता का उद्दीपन क्लबों और जेलों से ज़्यादा कारगर साबित हो सकता है और ठोकर

और कोड़े मारकर लोगों को काबू में लाने के बजाय प्रेमपूर्वक उनको अपनी दास-भावना में आसक्त बनाकर शक्ति की प्रबल आकांक्षा को मज़े से सन्तुष्ट किया जा सकता है?"

प्रोलफीड में सब कुछ ग़लत ही नहीं है। बेशक, फ़िल्म एक्टर, संगीतकार, प्रबन्ध-विशेषज्ञ, वैज्ञानिक, अन्तरिक्षयात्री, उद्योगपति, दार्शनिक, न्यायविद् हमारी ज़िन्दगी को समृद्धतर बनाने में लगे हैं, पर होरी की बदक़िस्मती कहिए, उस ज़िन्दगी पर हुकूमत छुरेबाज़ों, दलालों, सूदख़ोरों, बौद्धिक नपुंसकों, डकैतों, संवेदनहीन हाकिमों और राजनीतिक मौक़ापरस्तों की है।

बहस जारी रहेगी : मैं भी शामिल हूँ

घास-फूस उगे एक बड़े तालाब में तरह-तरह की मछलियाँ पलती थीं। वे कीड़े-मकोड़े खाती थीं, आपस में एक-दूसरे को भी खाती थीं। इधर तालाब का पानी तेज़ी से सूख रहा था, मछलियाँ छटपटाती थीं। वहीं कुछ लोग घड़ियाल-पालन की योजना पर विचार कर रहे थे। किसी ने हिप्पो का भी ज़िक्र किया।

वसन्त साठे ने कहा, "राष्ट्रीय स्थिरता के हित में समय रहते हमें एक प्रजातांत्रिक बचाव तैयार कर लेना चाहिए। सवाल सिर्फ़ संविधान के अनुच्छेद 54 और 55 में अदना-सी तरमीम करने का है। ये अनुच्छेद बदलकर राष्ट्रपति का सीधा चुनाव करा लीजिए।"

जस्टिस कृष्णा अय्यर ने कहा, "पर अनुच्छेद 74 को बदले बिना इसका मतलब क्या होगा? और इस सबसे फ़ायदा भी क्या होगा?"

ननी पालकीवाला ने कहा, "फ़ायदा ज़रूर होगा। अमरीकी ढंग की राष्ट्रपति शासन-प्रणाली से...।"

वसन्त साठे ने कहा, "यही तो ग़लतफ़हमी है, जिस पर विपक्षी लोग इतनी उछल-कूद मचा रहे हैं। मैं अमरीकी या फ्रांसीसी राष्ट्रपति-प्रणाली की बात नहीं कर रहा हूँ। मैं तो, महज़ यूँ ही, अनुच्छेद 54 और 55 को छेदकर...।"

"न भूलें कि प्रणाली का शाब्दिक अर्थ नाली है," एक पंडित मित्र ने कहा, "जो गन्दा पानी एक नाली में बह रहा है, उसे दूसरी नाली में बहाने से कौन सा लाभ?"

आदरणीया तत्कालीन प्रधानमंत्री ने कहा, "निकट भविष्य में देश में राष्ट्रपति शासन-प्रणाली लागू करने का सवाल नहीं उठता। पर प्रजातंत्र में लोक-महत्त्व के सभी मुद्दों पर बहस होनी चाहिए, शासन-प्रणाली पर भी बराबर ग़ौर किया जाना चाहिए।"

मैंने कहा, "पर उसके पहले सारे मुल्क में फैली घूसख़ोरी, बेरोज़गारी और मार-काट के मुद्दों पर भी बहस होनी चाहिए।"

अटल बिहारी वाजपेयी ने कहा, "केन्द्रीय मंत्री होते हुए भी वसन्त साठे ने ऐसी बात कही, इसके लिए उन्हें इस्तीफ़ा देना चाहिए।"

अपनी पोस्टग्रेजुएट कक्षाएँ कॉफ़ी हाउस में चलानेवाले एक प्रोफ़ेसर मित्र ने कहा, "भारत किसी एक ऐतिहासिक घटना या भौगोलिक धुप्पल की उपज नहीं है। भारत एक देश नहीं, एक धारणा है जिसे 26 जनवरी, 1950 को प्रतिष्ठित किया गया है। उस धारणा में अगर कोई हस्तक्षेप करता है तो उसे भारत की मूल कल्पना में ही हस्तक्षेप माना जाएगा।"

"दरअसल," एक समाजशास्त्री ने कहा, "पिछले सैंतीस सालों में हम सभी देशवासियों ने पानी की तरह लुढ़ककर अपना धरातल खोज लिया है। वह एक गड्ढा है। ऊपर बहनेवाली हवा वहाँ कभी दो-चार लहरें उठा जाती है। उसी को हम प्रगति कहते हैं। संविधान बदले या न बदले, बहस यह होनी चाहिए कि यह गड्ढा किस तरह पटे, ताकि पानी खुलकर चारों ओर फैले, लहराए।"

पंडित मित्र ने कहा, "तभी तो नाली बदली जा रही है।"

मालदा में इंका के तत्कालीन महासचिव राजीव गांधी ने कहा, "राष्ट्रपति शासन-प्रणाली के हक़ में दिए जानेवाले तर्कों से इत्मीनान नहीं होता।" पर किशनगंज में रेल पर चढ़ते-चढ़ते उन्होंने कहा, "इस मामले में बहस-गुबाहसा हो तो हमें एतराज़ नहीं।"

"एतराज़ नहीं तो सुना जाए, हुज़ूर," एक पुराने स्वतंत्रता-संग्राम-सेनानी ने कहा, "यह सारी बहस अंग्रेज़ीदाँ लोगों का चोंचला है। गांधी के सिद्धान्त दफ़न हो गए। पहले तो गाँव को ग़रीबी और चोरी-डकैती से, शहर को लापरवाही और दादागिरी से, आदिवासी को साहूकारों और जंगलों के उजाड़ से, राज्य को भाषा और दलबदलुओं से, देश को राजनीतिक कबाड़ीपन और नेता-अफ़सर-सेठ के गठबन्धन से चौपट किया, अब इस सबको राष्ट्रपति शासन-प्रणाली से बचाने चले हैं।"

"राष्ट्रपति हमारे राष्ट्र का मत्था है," अवधी की एक अमुद्रणीय कहावत का शिष्ट खड़ी बोली में उपयोग करते हुए मैंने कहा, "अगर कमर के घाव का इलाज मत्था सेंककर हो सकता है, तो जनता के दुख का निवारण राष्ट्रपति शासन-प्रणाली से क्यों नहीं हो सकता?"

[दिनमान, 1984]

लखनऊ-2*

गोमती के किनारे बना हुआ एक बेशक़ीमती क्रीड़ास्थल (स्टेडियम) है, जो खिलाड़ियों की अपेक्षा बाढ़ के पानी को ज़्यादा खींचता है। वहीं 'बन्दर पुल' है। जिस पर चलनेवाले बन्दर कम हैं और विश्वविद्यालय के छात्र ज़्यादा। छोटी-छोटी सड़कों का जाल। लम्बे-चौड़े पार्क, जिनकी रौनक बढ़ाने के पीछे नगरमहापालिका ने अपने-आपको दीवालिया बना लिया और बता दिया कि अवध की रियासतें कैसे चलाई जाती थीं। वहीं एक छोटा-सा तिकोना पार्क है, जिसमें एक रोमन शिकारी की प्रतिमा लगी है। वह लक्ष्मण जी हैं। वही लक्ष्मण जी जो शेषनाग के अवतार हैं, जो राम-पंचायतन में राम और सीता के पास खड़े दीखते हैं। हमें बताया जाता है, लखनऊ शहर—भाँड़ों और नपुंसकों का पुरातन रंगस्थल—उन्होंने ही बसाया था। शहर बसाकर वह राम-पंचायतन की तसवीर में यथास्थान विराजमान हो गए थे, अपने शहरियों को राजनीति, कला, बौद्धिकता आदि की गलियों में खाने-खेलने के लिए छोड़ गए थे।

प्रतिमा के नीचे लिखी अमर पंक्तियाँ इस प्रकार हैं—

वज्रादपि कठोर उर-बल में
कुसुमादपि थी नरमी। जड़ता के जाड़े में
डाली चेतनता की गरमी।

लखनऊ के सांस्कृतिक पुनर्जागरण की यही चेतनता है। ये पंक्तियाँ लोचन प्रसाद पांडेय या मैथिलीशरण गुप्त की नहीं, लखनऊ के कवि शिवसिंह 'सरोज' की हैं।

---

* 'लखनऊ' शीर्षक से लखनऊ-1 (रचनाकाल 1965), 'यहाँ से वहाँ' में संगृहीत है। 'लखनऊ-2' का रचनाकाल 1966 है। यह 'दिनमान' में, उस समय की परम्परा के अनुसार, लेखक के नाम के बिना प्रकाशित हुआ था।

लखनऊ में फ़िलहाल इसी को इतिहास मानकर कुरेदा जा रहा है कि लखनऊ शहर लक्ष्मण जी ने बसाया। जिस तरह पहले यहाँ के पार्कों में महारानी विक्टोरिया या बटलर की प्रतिमाएँ थीं, आज गांधी या तिलक की प्रतिमाएँ हैं, कल चन्द्रभानु गुप्त, बनारसीदास और गोविन्द सहाय की प्रतिमाएँ होंगी, उसी तरह यह एक प्रतिमा लक्ष्मण जी की है—सिर्फ़ ऐतिहासिक ज़रूरत।

चारबाग़ स्टेशन से बाहर निकलते ही बाहरी आदमी को दो रास्ते खुले मिलते हैं—वैसे रास्ते तो कई हैं, पर घूम-फिरकर रह दो ही जाते हैं—नवाबी और अंग्रेज़ी। इन रास्तों पर चलने के लिए सवारियाँ भी दोनों तरह की हैं—इक्के और ताँगे, साइकिल-रिक्शे और बसें। टैक्सी लगभग वही और उतनी ही दिखेंगी, जो 1940 में थीं, स्कूटर-रिक्शे प्रतीक के रूप में दिख जाएँगे। पर असल सवारी है ताँगा, जिसमें उत्तर की ओर जाते हुए आप मुँह दक्खिन की ओर रखते हैं, जो कि कुछ-कुछ लखनऊ के जीवन-दर्शन से मेल खाता है।

और लखनऊ की बस-सर्विस भी बहुत दिलचस्प है। मिल जाए तो बस पर चढ़ना चाहिए। किसी भी बस-स्टैंड पर खड़े होकर लगेगा, बसें बहुत हैं, सैकड़ों की तादाद में आ-जा रही हैं, पर जो घंटों से नहीं आई वह सिर्फ़ हमारे रूट की बस है। स्टेशन के बाहर लखनऊ की हवा है—लैला की उँगलियों और मजनू की पसलियों-जैसी ककड़ियाँ, 'मिसरी की डली', जैसी गँडेरियाँ, 'खरबुज्जे' इसी हवा की उपज हैं। 'अमाँ' और 'यार' हर मौसम में पाए जाते हैं...इसी हवा की बदौलत। "शरारत करोगे तो देखो, बताए देते हैं, हम गाली दे देंगे!"

इस हवा में सिर्फ़ बात की जा सकती है, बिना बात की बात। चौराहे पर सिपाही भी गलत जाती हुई मोटर का चुपचाप चालान नहीं करता, पहले बहस करता है, "एएए! भाई साहब ए, किधर जा रहे हैं?" आपको छूट है कि आप साबित करें, आप ठीक जा रहे थे। आपका चालान होगा, पर पाँच मिनट की बहस के बाद। वही बहस नीबू खरीदने में, एक पुरानी टैक्सी का किराया तय करने में और बनारसीदास और गोविन्द सहाय के प्रेस-वक्तव्यों में मौजूद है। आप सोचते ही रह जाएँगे कि ये कितना बोलेंगे, पर वे नहीं सोचते हैं कि आप भी सोचते हैं।

ये राजनीतिक बहसें बेतकल्लुफी की हैं, मुलायम और लम्बी, लखनऊ की ककड़ियों की तरह। सिर्फ़ बनारसीदास और गोविन्द सहाय की बहस की मिसाल इनसे अलग है। पर सच पूछिए तो वे भी लखनऊ से अलग हैं। वे

छपते लखनऊ के अख़बारों में हैं, पर वे लखनऊ की हवा के नहीं हैं। वे उन सैकड़ों छोटे कस्बेवाले आदमियों में से हैं—कोटद्वार से सिसबा बाज़ार, टनकपुर से बाह तक फैले हुए आदमियों में से—जिनकी तहजीब ही अब लखनऊ की तहजीब है, जो झिलमिलाती 'नियन लाइट' और घुरघुराती इम्पाला कारों के बावजूद लखनऊ को गँवारपन प्रदान करती हुई, उसे सामाजिक यथार्थ के नज़दीक ले जाती है, फ़ैशनेबल रेस्तराँओं में नाई की पुरानी दुकान का वातावरण पैदा करती है। लखनऊ को अपने 'सरझुकाऊ एकान्त' से बाहर निकालकर उसको गाँव-पंचायतों और विधानसभाओं की बहुमुखी प्रतिभा देती है। पर यह पहली निगाह में नहीं देखा जा सकता। जो देखा जाता है, वह उन्हीं दो रास्तों पर है—नवाबी और अंग्रेज़ी। स्टेशन से बाहर बाईं ओर चलते ही आप उधर पहुँचते हैं, जो 'फिसान-ए-आज़ाद' और 'बूँद और समुद्र' की धरोहर हैं जिस पर 'दो बाँके' मिलते हैं, जहाँ 'नवाबी मसनद' सजती है। मटमैले फटे बुरके। चन्द रोगों का शर्तिया इलाज। सस्ती चाट और कूड़ा। चेचक और कॉलरा। खुलेआम बालटियों में ढोया जाता हुआ मैला। छोटी लोनेदार ईंटें। सन्तरे के छिलके, गोभी के सड़े पत्ते और प्याज़ के टुकड़े। गिरती शहतीरें। महिला-उद्धारक समितियाँ। खुले हुए संडास। आवारा छोकरे। चोरी के माल और इस्तेमाल किए हुए रईसी सामान से भरा-पूरा इतवार का बाज़ार। ग़रीबी। अशर्फाबाद और सआदतगंज की सूदख़ोरी। पतंग, बटेर, तीतर। बाभन, गाय, हाथी, भंगी, कुत्ता, बनिया—सबकी अलग-अलग, दूर से ही पहचान करा देनेवाली फिजा। एक लखनऊ यह है : रिपोर्ताज-लेखकों का शाश्वत प्रेरणा-स्रोत।

दाएँ हाथ मुड़ने पर वह सब है, जो हिन्दुस्तान के सभी बड़े शहरों में होता है, जिसका अपना कोई व्यक्तित्व नहीं। अफ़सरों के बँगले और क्लब (जहाँ गोरों के चले जाने पर भी गोराशाही कायम है) टुच्चे दफ़्तरों की शानदार इमारतें (जहाँ गोरों के चले जाने पर भूरेशाही—नीरद चौधरी का 'ब्राउन क्लोनियलिज़्म'—कायम हो गई है), आकाशवाणी का स्टेशन (जिसकी नई इमारत बनवाने का ठेका कभी भारत सेवक समाज ने लिया था, पर जो निश्चय ही, भारत-सेवा में रत हो जाने के कारण बनवा नहीं पाया), विधानसभा का रोबदार विलायती गुंबज (जिसके सामने रोज़ नये आन्दोलन बनते हैं, बिगड़ते हैं, उखड़ते हैं), हजरतगंज का समन्वयवादी बाज़ार (जहाँ, देहाती राजनीतिक कार्यकर्ता और 'गुबरैले' शहरी नौजवान बॉर में एक साथ विलायती शराब पीते हैं और बाहर एक साथ हनुमानजी के मन्दिर के आगे सिर झुकाते हैं),

ज़िन्दा अजायबघर (जहाँ दस पैसे देने पर शेर मुँह फाड़कर बोलने लगता है), मुहम्मद बाग़ क्लब (जहाँ कुछ दिन हुए, 'वर्षान्त की मादक निशा' में इनकम टैक्स का एक बड़ा अफ़सर, आमोद-उल्लास के बन्धन तोड़कर दूसरे सदस्यों को देखते-देखते, वीरगति को प्राप्त हुआ), एक और छोर पर भारतीय शहरों का वर्जित क्षेत्र—फ़ौजी छावनी के साफ़-सुथरे मकान (जो 'जय जवान जय किसान' के बावजूद जवानों से बहुत ऊपर और किसानों से बहुत दूर हैं)। एक लखनऊ यह है।

इन दो लखनऊओं के आदि स्रोत पर बना हुआ, लगभग बीस लाख रुपये की लागत का रवीन्द्रालय है, स्टेशन के बिलकुल पास। आते-जाते कोई उसे अनदेखा नहीं कर सकता, कोई यह नहीं कह सकता कि लखनऊवालों को रवीन्द्रनाथ ठाकुर का नाम नहीं मालूम। यहाँ कभी-कभी शास्त्रीय संगीत के कार्यक्रम भी होने लगे हैं, जो भातखंडे म्यूज़िक कॉलेज के होने के बावजूद स्वातंत्र्योत्तर लखनऊ के लिए एक बड़ी घटना है। अफ़सरों और व्यापारियों के सजे-बजे जोड़े इन्हें सुनने को बड़ी ललक के साथ रवीन्द्रालय पर टूटते हैं—वही ललक, जो वे 'किंग ऑफ़ चाट' की दुकान की ओर दिखाते हैं। स्मरणीय तथ्य : अली अकबर ख़ाँ का सरोद सुनकर एक अफ़सर की बीवी का कान्वेंटी अंग्रेज़ी में सीत्कार : बहुत-बहुत अच्छा सितार बजाता है! दूसरा स्मरणीय तथ्य : देहाती नौटंकियों में थानेदारों के लड़के जिस तरह आगे घुसकर बैठते हैं, उसी अन्दाज़ से एक नाटक के दौरान कुछ मिनिस्टरों की सन्तति का अगली सीटों के लिए अविनय अवज्ञा आन्दोलन और आमंत्रित दर्शकों में अमृतलाल नागर का शान्तिपूर्वक सदन-त्याग।

यह सांस्कृतिक जीवन है, जिसके दूसरे प्रतीक यहाँ के मुहल्लों के नाम हैं। नवाबी धजवाले मुहल्ले, लइयावाली गली, बताशेवाली गली, गन्नेवाली गली। शहरी सामन्तवाद की प्रतिध्वनियाँ, ड्योढ़ी आगा मीर, सराय मालीखान, पुराना क़िला। ठेठ अवधी रंग का मुहल्ला तालाब गंगनी सुकुल। साहित्यिकों के आँसू पोंछने का टुकड़ा : महाकवि निरालानगर। अहिंसावाद को बेझिझक उकसानेवाले मुहल्ले, अशोक नगर, अशोक मार्ग, गौतम बुद्ध मार्ग, गौतमपल्ली (जिसके नामकरण के पीछे ज़ाहिर है, तत्कालीन मुख्यमंत्री सम्पूर्णानन्द का हाथ रहा होगा)।

पर यह सांस्कृतिक सैलानियों को अपनी ओर इस इतिहास-भूगोल के कारण नहीं खींचता। उसके कारण दूसरे ही हैं। एक और बड़ा इमामबाड़ा,

छोटा इमामबाड़ा, दिलकुशा, रेजीडेंसी आदि का 'क्षुधित पाषाणी' वातावरण है, दूसरी ओर लखनऊ के लम्बे-चौड़े—ख़ूब लम्बे-चौड़े पार्क और हाल में शहर को 'फ़ेस लिफ़्ट' देने के स्थूल प्रयास। गोमती नदी की धारा में बिना मतलब के कई फ़ीट ऊँचा फुहारा निकलता है, जिसका सम्बन्ध जवाहरलाल नेहरू से है : जवाहर फुहार। वहीं एक निरर्थक खम्भा बना है। जहाँ तक बजट ने साथ दिया, वहाँ तक लोग उसे ऊँचा करते गए—नाम है शहीद-स्मारक। इन तरकीबों से लखनऊ को पहले के मुक़ाबले ज़्यादा आकर्षक बनाया जा रहा है। पर लखनऊ का आकर्षण आज की इन चीज़ों में उतना नहीं, जितना कि यहाँ के लोगों में है।

वही हजरतगंज को आकर्षण का केन्द्र बनाते हैं। वैसे यह बाज़ार प्राय: पुरानी और बदसूरत इमारतों से बना है, किराना और बिसातख़ाने की दुकानें इफरात में हैं, काफ़ी बड़ा थाना है, लगभग उतना ही बड़ा सूचना केन्द्र है, यानी कुल मिलाकर एक मामूली बाज़ार है। पर जब शाम को नौजवान लड़के और लड़कियाँ, उखड़ते हुए नेता और उखाड़ते हुए पत्रकार, थके हुए क्लर्क, चीख़ते हुए कलाकार, ऐंठते हुए व्यापारी धीरे-धीरे फुटपाथों पर टहलना शुरू करते हैं, मूँगफली या काजू या च्यूँइंग गम के सहारे, तो लगता है, पेंगुइन की चिड़ियों की क़तारें धीरे-धीरे थिरक रही हैं। यही 'गजिंग' है, जो नये लखनऊ के व्यक्तित्व को ऊपर उभारती है, जिसके बूते पुरानी, बदसूरत इमारतें आधुनिकतम बन जाती हैं।

लखनऊ में कोई कुछ भी हो सकता है। खेलों के ठीक से नाम न जानने पर भी, सिर्फ़ राजनीतिक दाँव-पेच की दक्षता के आधार पर, आप काउंसिल ऑफ़ स्पोर्ट्स के अध्यक्ष बन सकते हैं। ताश और गोल्फ को होशियारी से खेलकर आप किसी परम प्रतिष्ठित मन्दिर की प्रबन्ध-समिति का सभापतित्व ले सकते हैं। बढ़िया डॉक्टर होने के नाते आप ज़िन्दा अजायबघर के प्रशासक हो सकते हैं, कामर्स ग्रेजुएट होने के आधार पर ललित कला अकादमी के मंत्री बन सकते हैं और सिर्फ़ दुस्साहस के सहारे शिक्षा को अप्रासंगिक बनाकर आप विश्वविद्यालय के प्रबन्धकों की सूची में शामिल हो सकते हैं और जहाँ तक साहित्य और राजनीति का सवाल है, उनमें घुसने के लिए यहाँ दुस्साहस की भी ज़रूरत नहीं है।

विश्वविद्यालय लखनऊ में भी है। आप चाहे जितना आश्चर्य करें, पर यह सही बात है। पूर्ण विकसित विश्वविद्यालय है, जिसकी सबसे बड़ी सुन्दरता यह

है कि गोरखपुर विश्वविद्यालय इससे ज़्यादा गया-बीता है। यहाँ का वातावरण बड़ा ही मनोहारी और समर्थनपूर्ण है। यहाँ की प्रतिभाओं ने आज तक कभी भी राजकीय नीतियों के ख़िलाफ़ ज़ोर से कुछ नहीं कहा। यहाँ के बुद्धिजीवी कुछ ऐसा अचम्भा हैं कि प्राय: वही सोचते हैं, जो सरकार सोचती है।

लखनऊ विचारकों का नहीं, स्वप्न-द्रष्टाओं का नगर है। बनारसी बाग़ का लॉन और शेर-चीते, दिलकुशा और रेजीडेंसी के खँडहर-विचार नहीं, स्वप्न ही उत्तेजित करते हैं। तभी यह स्वप्नदर्शिता सभी क्षेत्रों को अपने में समेट लेती है। लगभग सभी के अपने-अपने स्वप्न हैं, जो मियामी-बीच के आरामगाहों से लेकर चीफ़ मिनिस्टर की कुर्सी तक कल्पना को दौड़ाकर हँफा देते हैं। अत: इस बात पर आश्चर्य न होना चाहिए कि लखनऊ से कला, साहित्य, समाज-विज्ञान, राजनीति आदि की एक पत्रिका भी नहीं निकलती। लखनऊ ने 'रंगेगुल से बुलबुल के पर बाँधने' की परम्परा को टूटने नहीं दिया है और जहाँ तक बन पड़ा है, उसके मस्तिष्क ने किसी प्रकार का कष्ट नहीं उठाया है।

पिछले कुछ दिनों से राजनीतिक कार्यकर्ताओं का हृदय अपनी ओर जिस कार्यक्रम ने खींचा है, उसका नाम सहकारिता आन्दोलन है। लखनऊ में इस सहकारिता की बड़ी-बड़ी राज्यस्तरीय संस्थाएँ हैं। अब सभी जानते हैं कि किसानों की ग़रीबी सहकारिता आन्दोलन ने दूर कर दी है। इसलिए किसानों के हितैषी होने के नाते कुछ कार्यकर्ताओं को इस आन्दोलन ने मुग्ध कर रखा है। यहाँ की सहकारी संस्थाओं से वे तन-मन से चिपके हुए हैं, धन से भी। वे नहीं चाहते कि कोई उनकी सेवा का विवरण जाने। यहाँ तक कि कोई उन पर निगाह न डाल दे, इसलिए वे व्याख्यान तक नहीं देते।

सहकारिता आन्दोलन का प्रतीक एक बड़ी शानदार इमारत है, जो सचिवालय के पास लगभग तीन साल से अधूरी खड़ी है। यह इमारत सहकारी दफ़्तरों के मुख्यालय के लिए बन रही थी। इमारत के पीछे बड़ी-बड़ी आकांक्षाएँ थीं, जो कि सहकारिता-आन्दोलन के पीछे भी थीं। पर इमारत बरसों से अधूरी है, और दफ़्तर किराये की इमारतों में हैं, वैसे ही जैसे कोऑपरेटिव बैंक बहुत बड़ा है, पर किसानों को क़र्ज़ अशर्फाबाद और सआदतगंज के सूदख़ोरों से ही मिलता है। अनुभव है कि कोऑपरेटिव सोसाइटियाँ ज़्यादा सूद खाने की चाहे जितनी कोशिश करें, वे आज भी अत्यन्त कुशल कार्यकर्ताओं के बावजूद जनता से इतना ज़्यादा सूद नहीं खा पातीं, जितना कि अशर्फाबाद मुहल्ले का एक परम्परावादी सूदख़ोर अनायास खा सकता है। यदि लखनऊ की कोऑपरेटिव

संस्थाएँ ऐसी ही दस-पाँच और इमारतों की नींव डाल दें और उन पर, और उनसे जुड़ी हुई मुक़दमेबाज़ी पर अपना ख़र्च बढ़ाने की पूरी-पूरी चेष्टा करें तो उन्हें कुछ दिनों बाद सूदख़ोरी की ढुलमुल नीति अपने-आप बदलनी पड़ जाएगी और तब वे अशर्फ़ाबाद के सूदख़ोरों से कह सकेंगे कि देखो, इस साल हमने तुमको तुम्हारे ही मैदान में मात दे दी है।

धुँधलके में समाज-सेवा

जज साहब और बहूजी—स्वतंत्र भारत में मेमसाहब का देवनागरी रूप—खाना खाकर 'सौ वर्ष कैसे जिऊँ' वाले लेख के अनुसार टहलने निकले थे। ज़्यादा खा गए थे, इसलिए ज़्यादा दूर टहलने निकल गए।

जज साहब माँ आनन्दमयी, पवहारी बाबा, रामशंकर शास्त्री एम.ए. (राजज्योतिषी), डी.के. कश्यप (डाइरेक्टर इंस्टीट्यूट ऑफ़ योगिक थेरेपी), जस्टिस करामत हुसैन, ललितेश्वरी देवी (बेवा और अमीर सास) और उनकी कन्या भुवनेश्वरी देवी (बहूजी) के भक्त थे। खान-पान में, कुछ को छोड़कर, सभी चीज़ों से परहेज़। महत्त्वाकांक्षा थी कि रिटायर होते ही चुटिया बढ़ाएँगे, धोती और अँगरखा पहनेंगे और गीता का अंग्रेज़ी अनुवाद करेंगे। बहूजी की चारपाई छोड़कर और कहीं नहीं सोते थे। चेहरा योग और विवाहित आनन्द की चलती-फिरती होर्डिंग, म्यूनिसिपैलिटी जिसकी कोई फ़ीस नहीं लेती थी।

जाड़े की रात के नौ बजनेवाले थे। उन्होंने सिविल लाइन पीछे छोड़ दी और हलवाइयों, पंसारियों, तम्बोलियों, माँ-बहन की गालियों, मरियल कुत्तों, आवारा गायों, ट्रांजिस्टरों पर विविध भारती से फैलती हुई 'मेरी जाँ, मेरी जाँ' की चीख़ोंवाली सड़क पर आ गए। एक ट्रक—भारतीय सड़कों पर हत्याकांड का थोक विक्रेता—घरघराता हुआ बहूजी के पास से निकल गया। ट्रक और बहूजी के बीच का फ़ासला एक मीटर से ज़्यादा होगा, पर उन्हें अचानक पुनर्जन्म का अहसास हुआ, उसका विश्वास उन्हें पहले से ही था। वे पति से, बिना किसी की सिफ़ारिश के, चिपक गईं। साँस के संयत होते ही बोलीं, "चलो लौट चलें।"

योग और विवाहित आनन्द एक साथ बोला, "एक फ़र्लांग और चल लें, उस खम्भे तक—वहीं जहाँ लाल तिकोन चमक रहा है। फिर लौट चलेंगे।"

"इन सड़कों पर ट्रकों को न आने देना चाहिए।"

"कल पुलिस कप्तान से कहूँगा। वैसे, शाम को अब छोले मत बनवाया करो, वज़नी होते हैं।"

"गर्म पानी से लवणभास्कर चूर्ण ले लेना।"

"दवाएँ सिस्टम को बिगाड़ देती हैं। कल एनीमा ले लूँगा।"

बातचीत में अनजाने ही उनका प्रिय विषय—बदहजमी का इलाज—आ गया था। सड़क को, जो अब वीरान होने लगी थी, सम्बोधित करते हुए उन्होंने कहना शुरू किया, "सन्तुलित आहार के बिना...।"

बहूजी कुछ दूर तम्बोली की दुकान पर बजनेवाले ट्रांजिस्टर से 'मेरी जाँ, मेरी जाँ' की आख़िरी क़िस्त को तन, मन, प्राणों से सोखती रहीं। वे कह रहे थे, "इसके लिए मयूरासन से अच्छा और कोई आसन नहीं।" 'मेरी जाँ, मेरी जाँ' की प्रतिध्वनि हवा में गूँज रही थी।

"चलो, अब लौट चलें।"

उनके सिर पर, बहुत ऊँचे, लाल तिकोन का विज्ञापन चमक रहा था।

लौटते ही उन्हें फुटपाथ पर किसी की कराह—मन्द सप्तक के धैवत को छूती हुई—सुनाई दी। पर उनकी आत्मा मयूरासन और एनिमा से गुँथी थी, उन्होंने ध्यान नहीं दिया। बहूजी ने लोककथाओं की पार्वती की तरह पूछा, "यह कैसी आवाज़ है?"

योगेश्वर ने जवाब दिया, "मैंने तो कोई आवाज़ नहीं निकाली।"

तब तक दूसरी कराह हुई। उसमें मध्य सप्तक का गन्धार छू गया था। दोनों ठिठक गए। फिर हिचकते-हिचकते वे शब्द के सहारे पदार्थ तक पहुँचे।

पदार्थ एक आदमी था। फुटपाथ पर एक बँगले की चहारदीवारी से सटा हुआ था। ख़ाकी कमीज़ और धारीदार पायजामा पहने हुए। वहाँ के धुँधलके को रह-रहकर लाल तिकोन की चमक ही तोड़ रही थी। बहूजी ने कहा, "हाय, इसके मुँह से तो ख़ून बह रहा है!"

पदार्थ नियमित रूप से एक मिनट में ढाई की दर से कराहें निकाल रहा था। जज साहब ने उसे दूर से देखा और बोले, "इसकी हत्या करने की कोशिश की गई है!" फिर सोचकर कि यह फ़ैसला जल्दबाज़ी में हुआ है, उन्होंने बात पूरी की, "या क्या पता, घंटे-भर बाद यह हत्या का ही मामला न बन जाए!"

"अस्पताल को एम्बुलेंस के लिए कहीं से फ़ोन कर दें।"

"क़ायदे से थाने को फ़ोन करना चाहिए।"

दोनों अचकचाकर उसे कुछ देर देखते रहे। वह हिल-डुल नहीं रहा था, सिर्फ़ कराह ही उसके ज़िन्दा रहने की दलील थी। अचानक जज साहब तेज़ी से चल दिए। बहूजी ने कहा, "कहीं से फ़ोन..."

उनके पैरों में कर्ता-कर्म-करण—सभी कुछ ज़ोर मारने लगे थे। चलते हुए बोले, "वही करने जा रहा हूँ। आओ।"

पार्वती शंकर के पीछे चल दीं। उन्होंने कहा, "थाना भी तो पास ही है, वहीं चले चलो।"

"यह कैसे हो सकता है?" शंकर ने बिना मुड़े हुए कहा, "इस कुर्ते-पायजामे में कौन यक़ीन करेगा कि मैं जज हूँ।"

"ठीक है। किसी और जगह से फ़ोन कर लो।"

ये चलते रहे और कहते रहे, "पापा कहते थे, बाथरूम भी अगर मकान से बाहर हो तो वहाँ जाने के लिए टाई ज़रूर लगा लेनी चाहिए।"

"तुम्हें तो पतलून पहनना भी मुसीबत जान पड़ता है।"

सड़क के किनारे एक दुमंज़िला इमारत थी। छोटा-सा फाटक, फिर सँकरी-सी लॉन। उसके बाद ही एक रोशनीदार कमरा। अन्दर कई लोग एक साथ बोल रहे थे। सबसे ज़्यादा ऊँची आवाज़ के बोल सड़क पर आकर छिटक गए, "प्लेटो कोई बेवक़ूफ़ थोड़े ही था। उसने अपनी रिपब्लिक में..."

"जी हाँ, न प्लेटो बेवक़ूफ़ था," दूसरी आवाज़—शायद खलनायक की, "न आप बेवक़ूफ़ हैं, बेवक़ूफ़ तो मैं हूँ।"

वे फाटक पर हिचके-से खडे रहे। बहूजी ने साइनबोर्ड पढ़ा—"कार्यालय, नगर...कमेटी..." नगर और कमेटी के बीच राजनीति थी, जिसके आगे 'गन्दी' का विशेषण अपने-आप जुड़ जाता है। बहूजी ने कहा, "यहाँ फ़ोन तो होगा ही।"

"ज़रूर होगा।"

"तो यहीं से कर लें।"

इस बार प्लेटो के बारे में एक बड़ा लम्बा वाक्य सड़क तक खिंचकर आया। जब तक जज साहब कमरे में पहुँच नहीं गए, वाक्य खिंचता रहा।

"आप?"

आदमी इस तरह कमरे में फैले थे कि कमरा छोटा और फ़र्नीचर कम पड़ गया था। उनमें से एक ने उनके बारे में पूछा, "आप?"

कोने में एक मेज़ पर बैठे हुए आदमी ने अपने हाथ का गिलास एक घूँट में ख़त्म कर दिया और कहा, "मेरी थिसिस ही प्लेटो पर थी जनाब!" फिर उसने भी दोहराया, "आप?"

बहूजी ने कहा, "ज़रा आपके फ़ोन का इस्तेमाल करना है।"

वे चारों उन्हें सन्देह की निगाह से देखते रहे। फिर एक ने, जो पहले बोला था, कहा, "श्रीमान जी, क्या आप बता सकते हैं कि आप कौन हैं, कहाँ फ़ोन करेंगे?"

सवाल का पहला भाग भूलकर जज साहब ने कहा, "ज़रा यहीं थाने को फ़ोन करना है।"

प्लेटो का विद्वान वहीं से चीख़कर बोला, "नहीं। मत देना जी इन्हें फ़ोन। हमें थाने से बात नहीं करनी है।"

तीसरे आदमी ने लेटे-ही-लेटे, बिना मांस का सीना ऊपर उभारकर—जिसे वह गौरव और आत्माभिमान की मुद्रा समझ रहा होगा—कहा, "हम लोग शान्तिप्रिय नागरिक हैं। भाग जाओ जी, हमें थाना-अदालत से क्या लेना?"

उन्होंने कहा, "देखिए, मैं यहाँ सिविल ऐंड सेशंस जज हूँ। ये मेरी मिसेज हैं। हम लोग टहलने आए थे। रास्ते में एक घायल आदमी पड़ा है। उस पर शायद किसी ने हमला कर दिया है। मैं थाने को इत्तला करके उसे अस्पताल भेजना चाहता हूँ। इसमें आप लोगों की मदद की ज़रूरत है।"

इस पर चारों आदमियों में तीन तरह की प्रतिक्रिया हुई। प्लेटो के भाष्यकार ने उछलकर एक तख़्त पर बिछे हुए गद्दे की शिकनें मिटाईं और बहूजी की साड़ी खींचकर उन्हें उस पर बैठने के लिए कहा। मांसहीन सीनेवाला आदमी बिस्तर से उठकर खड़ा हो गया और फ़क़ीरों की तरह बड़ी बुलन्दी पर जाकर बोला, "आप चाहे जज हों, चाहे फज्ज या भज्ज, मेरी निगाह में तो आप एक लाजवाब इनसान हैं।" उसने आँखें मूँद लीं। कहने लगा, "आप अपनी मिसेज के साथ अजनबी जगहों में एक आदमी की मदद के लिए घूम रहे हैं।" उसने पूरे कमरे से बड़ी प्रभावशाली मुद्रा में कहा, "कोई साला दूसरों के लिए ऐसा कर सकता है?"

प्लेटो के भाष्यकार ने जोड़ा, "वह भी मिसेज के साथ!"

बाक़ी दो आदमी आपस में टेलीफ़ोन को लेकर छीना-झपटी करने लगे। इस पर होड़ थी कि थाने को कौन फ़ोन मिलाता है। एक ने दूसरे के हाथ से फ़ोन छीनकर कहा, "तुम कौन बड़े सिकन्दर हो? मैं करूँगा।" हाथ से फ़ोन

के हटते ही दूसरा आदमी एक आरामकुर्सी पर गिर गया। फिर नहीं उठा। वहीं से बड़ी शालीनता के साथ बोला, "कर लो। तुम्हीं कर लो।"

थाने से फ़ोन मिल गया। जज साहब ने रिसीवर लेकर पहले अपना नाम और पता बताया—यह नहीं बताया कि वे कुर्ता-पायजामे में हैं—फिर मौत के मुँह में पड़े हुए एक इनसान का हृदय-विदारक वर्णन करने लगे। कहते रहे, "...हाँ, वहीं। लाल तिकोन के पास। आप लोग जल्द वहीं पहुँच जाइए। एम्बुलेंस भी मँगा लें। मैं भी आ रहा हूँ। जी नहीं, मैं बँगले से नहीं, नगर कमेटी के कार्यालय से बोल रहा हूँ। जी हाँ, जी हाँ..."

प्लेटो का भाष्यकार बहूजी के सामने खड़ा हाथ मल रहा था, "स्कूल की प्रार्थना में कहते थे, 'हम दीन-दुखी निबलों-बिकलों के सेवक बन सन्ताप हरें।' जज साहब बिलकुल वैसे ही हैं। कौन इस तरह रास्ते में मरते हुए लोगों की सेवा करता है!"

उसे एक भूली बात याद आ गई, "और वह भी मिसेज के साथ!"

वह और नज़दीक आ गया। ठर्रे की भभक बहूजी के नथुनों में घुसकर एक साथ खोपड़ी और गले को जलाने लगी। उसने विनम्रता से कहा, "अब आपको कुछ करने की ज़रूरत नहीं, आप यहीं रुक जाएँ। ख़ुद हम लोग अब आपकी सेवा करेंगे।"

बहूजी एक झटके से उठीं और कमज़ोर टाँगों पर लड़खड़ाती हुई कमरे के बाहर आ गईं। टेलीफ़ोन पर रिसीवर रखकर जज साहब ने कहा, "थैंक्यू! आप लोगों ने बड़ी मदद की।" वे भी बाहर आ गए।

सहसा प्लेटो के भाष्यकार ने उत्साह से चीख़कर कहा, "जी नहीं। मदद की नहीं, बल्कि अब करेंगे।"

युद्ध के लिए ललकारते हुए उसने अपने साथियों से कहा, "चलो भाइयो, हम लोग भी वहीं चलें। जज साहब और उनकी मिसेज़ को हम इस समय अकेले न जाने देंगे। जनता द्वारा जनता के लिए जनता की सेवा ही डेमोक्रेसी है। हम वही करेंगे।" कमरे के दरवाज़े पर आकर बहूजी को ग़ौर से देखा। वे प्रजातंत्र की इस फ़िलॉसफ़ी से उदासीन होकर सड़क पर आ गईं।

वे चारों उनके पीछे-पीछे चल दिए। इस बार बहूजी की चाल इतनी तेज़ थी कि जज साहब के पाँव उखड़ गए। उनके चारों समर्थक ज़ोर-ज़ोर से बोलते हुए सड़क की पूरी चौड़ाई को घेरकर उनके पीछे चलते रहे। दोनों वर्गों का फ़ासला बराबर बढ़ता रहा।

लाल तिकोन के पास पहुँचने से पहले ही एक सिपाही आता हुआ दीख पड़ा। वह उनके पास से बिना रुके निकला जा रहा था। जज साहब ने उसे रोककर पूछा, "थाने से आ रहे हैं?"

"हाँ। क्या बात है?"

"उस घायल आदमी के लिए मैंने ही फ़ोन किया था। मैं यहाँ सिविल एंड सेशन जज..."

सिपाही ने कुर्ते-पायजामे को पहले अविश्वास से, फिर अश्रद्धा से देखा, एक लुचलुचे हाथ से सैल्यूट किया।

"वह आदमी उधर पड़ा है। पता नहीं, अब तक बचा भी है या नहीं।"

तब तक वे लोग भी आ गए थे। सड़क पर चार छायाएँ स्थिर होने की कोशिश में लहराती रहीं। सिपाही ने कहा, "उस आदमी की आप फ़िक्र न करें।"

"एम्बुलेंस बुला ली है न?"

"उसकी ज़रूरत नहीं है।" सिपाही ने आत्मविश्वास के साथ अपना बायाँ हाथ ऊपर उठाया। एक छोटा, मज़बूत काला डंडा बल्ब की रोशनी में झलका। उसने कहा, "साले को दो हंटर लगाने की भी ज़रूरत नहीं पड़ी। पहले हाथ ही में उठकर भागा। अब तक अपने घर पहुँचकर ज़ंजीर खटखटा रहा होगा।"

बहूजी ने कहा, "यह क्या किया? उसके मुँह से ख़ून..."

"क्या पता? ख़ून भी हो सकता है, पान की पीक भी।"

अचानक प्लेटो के भाष्यकार ने चिल्लाकर कहा, "पिए होगा। उसे दो हंटर मेरी ओर से भी रसीद करने थे। गुंडे। सड़क पर आकर..."

लगा, मांसरहित सीनेवाले आदमी की टाँगों से किसी ने हड्डियाँ निकाल ली हैं। वह वहीं फुटपाथ पर टेढ़ा-मेढ़ा होकर फैलने लगा। उसके दूसरे साथी ने उसे खींचते हुए कार्यालय की ओर ले चलने की कोशिश की। जाते-जाते सबके लाभ के लिए उसने एक बहुत सही बात भी कही, "मिर्गी की बीमारी बड़ी ख़राब होती है!"

[1979]

जीती-जागती सरकार का एक हसीन सपना

हाईस्कूल और इंटरमीडिएट की परीक्षाओं में छुटपुट घटनाओं को छोड़कर, नक़ल नहीं होती। खुलेआम नक़ल होने की बात विपक्षी दलों का कुप्रचार-भर है। कुछ ऐसी ही धारणा व्यक्त की उत्तर प्रदेश की शिक्षामंत्री ने। कुछ दिन पहले। विधान सभा में। और यक़ीन कीजिए, वे ख़ुद प्राध्यापिका रही हैं, कॉलेज की प्रिंसिपल भी। पर शायद वह 'हमारे ज़माने में ऐसा होता था' वाला ज़माना था। या शायद 'मूँदहु आँखि कतहुँ कोऊ नाहीं।'

माननीया शिक्षामंत्री ने जो कहा, या जो कहना चाहा, उसका सारांश है : उत्तर प्रदेश में लगभग बीस लाख छात्र हाईस्कूल और इंटर की परीक्षाओं में बैठते हैं। उनमें कुल बीस हज़ार छात्र नक़ल करते या ग़लत तरीक़े अपनाते हुए पकड़े गए हैं। मुश्किल से इनकी संख्या कुल परीक्षार्थियों की एक प्रतिशत है। यह तो कुछ भी नहीं हुआ। इसे आप खुलेआम नक़ल कहना चाहेंगे?

हरगिज नहीं, वैसे ही जैसा कि बलात्कार के मामले में विरोधी दल और प्रेसवाले कुप्रचार कर रहे हैं। कहा जाता है कि पिछले वर्ष बलात्कार के मामलों में उत्तर प्रदेश को पूरे भारत में प्रथम स्थान पाने का गौरव मिला। लगभग पन्द्रह सौ मामले थानों में दर्ज किए गए। शिक्षामंत्री की ही तरह एक दूसरी सम्मानित महिला, राज्य की गृहमंत्री अगर चाहें तो यह जवाब दे सकती हैं।

उत्तर प्रदेश में महिलाओं की संख्या साढ़े पाँच करोड़ से ऊपर है। उनमें ग्यारह साल से नीचे और पचपन साल से ऊपर की महिलाओं को छोड़ दिया जाए तो बलात्कार के ख़तरे में लगभग तीन करोड़ महिलाएँ आती हैं। इस दशा में बलात्कार के पन्द्रह सौ मामले मुश्किल से .0002 प्रतिशत होते हैं, इनका होना या न होना बराबर है।

यानी, संसार में सब ठीक-ठाक चल रहा है और भगवान शेषशैया पर निश्चिन्त होकर शयन कर रहे हैं सारे सरकारी आँकड़े घुमा-फिराकर आपको यही समझा रहे हैं।

अब शिक्षामंत्री की चापलूसों से चुसी, आँकड़ों से उलझी, वातानुकूलित दुनिया को छोड़कर हक़ीक़त के धूल-धक्कड़ में आइए। हाईस्कूल या इंटरमीडिएट के किसी परीक्षा-केन्द्र पर चलिए। दूर जाने की ज़रूरत नहीं, राजधानी के पास इंटौजा, गोसाईंगंज, मोहनलालगंज या निगोहा—या लखनऊ छावनी से सटा तेलीबाग़, जिसे हाल में अख़बार नक़ली शराब और तस्करी के धन्धे के नाम पर प्रसिद्ध बना चुके हैं।

पर यह नज़ारा देखने के पहले नक़लची सम्प्रदाय की बोली समझ लीजिए, तीन शब्द जान लेना काफ़ी होगा—(1) 'वार्ड' या 'कंडीडेट', अर्थात वह लड़का या लड़की जिसे परीक्षा-केन्द्र में ड्यूटी पर तैनात कोई होमगार्ड, सिपाही, दारोग़ा, अध्यापक, नेता या गुंडा ख़ास दिलचस्पी दिखाकर केन्द्र-व्यवस्थापक या कक्ष-नियंत्रक की मदद से नक़ल कराके पास कराना चाहते हों, (2) 'मैटर' अर्थात कोई किताब, उसका फटा हुआ पन्ना, कोई काग़ज़ या कोई और सामग्री जिससे प्रश्नपत्र के उत्तर नक़ल करके उतारे जा सकते हों और (3) चर्म-कर्म : यह अर्ध-अश्लील शब्द दारोग़ा, सिपाही, कक्ष-नियंत्रक आदि की उस लालसा को प्रकट करता है जिसके ज़ोर से वे किसी परीक्षार्थी लड़की या लड़के की शारीरिक आसक्ति के कारण उसे पास कराने के लिए सारी शर्मो-हया छोड़कर खुलेआम मैदान में उतर पड़ते हैं।

परीक्षा-केन्द्र पर बँटनेवाला पर्चा—अगर सात बजे परीक्षा शुरू होती है—साढ़े छह बजे खुल गया है। उसकी एक प्रति तत्काल लगभग दो सौ मीटर दूर एक इमारत में पहुँच चुकी है जहाँ एक या दो विद्वान जल्दी-जल्दी उसका हल तैयार करने को तैयार बैठे हैं। वे एक घंटे में काम पूरा करके जवाबों के काग़ज़ चौपर्त लेते हैं। यही 'मैटर' है। वहाँ पहले से ही दर्जनों लोग अपने 'वार्ड' के लिए 'मैटर' लेने को खड़े हुए हैं। रबर बैंड ने यह काम आसान कर दिया है। मैटर को रबर बैंड से बाँधकर आप चाहें तो उस पर 'वार्ड' का नाम भी लिखा सकते हैं, वैसे उस पर इतना पता काफ़ी है, कमरा नं. 7, सीट नं. 19। मैटर के बदले में विद्वान को जो दिया जाएगा, वह घूस या फ़ीस नहीं है, वह सुविधा-शुल्क है।

इधर घंटे-भर में परीक्षा का माहौल गर्म हो चुका है। बाहर इमली के पेड़ के नीचे मोटरसाइकिल खड़ी है, यह परम्परावादी ब्रांड है, राजदूत या रायल एन्फील्ड। यह दारोग़ा जी की है, जो कहीं से ड्यूटी करके लौट रहे हैं और चाय पीकर कर्तव्य-बोध से, या चर्म-कर्म के मारे या सिर्फ़ तफरीहन कुछ देर के लिए परीक्षा केन्द्र पर आ गए हैं। वहाँ दो-तीन सिपाही और उनसे दुगुने-तिगुने होमगार्ड पहले से ही ड्यूटी पर मौजूद हैं। सबकी दिलचस्पी अपने या अपने कुछ साथियों और हितैषियों के 'वार्ड' में चर्म-कर्म, सुविधा-शुल्क या चाय-समोसे के लालच में बरकरार है।

परीक्षार्थी पहले से ही किताबों और कॉपियों के फटे पन्ने जेबों में रखे या पतलून में खोंसे या पायजामे के नाड़े में अटकाए या ब्लाउज़ के बीच गुमशुदा घाटी में छिपाए अपनी सीटों पर बैठकर कार-अंजाम देने लगे हैं। तभी उनके 'मैटर' की सहायता के लिए विद्वानों का लिखा, कार्बन कॉपी किया या शहरों में बाक़ायदा फ़ोटोस्टेटशुदा यह मैटर भी परीक्षा-कक्ष में पहुँच जाता है।

होमगार्ड कमरा नं. 7 की सीट संख्या 19 नहीं ढूँढ़ पाता। बुदबुदाता है, पता नहीं साले सीटें किस तरह लगाते हैं। तब कक्ष-नियंत्रक उसकी परेशानी में शामिल हो जाता है, पुरस्कार पूछता है : सीट नं. 19 कौन है? जैसे ही एक दुबली-पतली लड़की हाथ उठाती है, होमगार्ड उसकी गोद चौपर्ते मैटर से भर देता है। तब कक्ष में धीर-ललित गति से दारोग़ा जी प्रवेश करते हैं।

'कैसे हैं मास्टर साहब?' का जवाब कक्ष-नियंत्रक खीसें निकालकर देते हैं। यह उनके जीवन का स्वर्णिम क्षण है। दारोग़ा जी से उनका परिचय आज गहरा होने जा रहा है। अब वे अपने पड़ोसी का चालान कभी भी दफ़ा 107 में करा देंगे। कक्ष-नियंत्रक की सवालिया निगाह का जवाब दारोग़ा जी इस सवाल से देते हैं—कमरा नं. 6 यही है न? सीट नं. 14 किधर है? कक्ष-नियंत्रक हाथ फैलाकर उनसे मैटर ले लेते हैं, कहते हैं, "इधर दीजिए, आप कहाँ-कहाँ कमरा नं. 6 के लिए घूमते रहेंगे।"

कमरा नं. 6 का नियंत्रक 7 नं. के कक्ष-नियंत्रक से पूछता है, "कैसा चल रहा है?" ख़ूब कड़वी दवा पीने की मुद्रा बनाकर नं. 7 वाला कहता है, "नरक है।" वह सीट नं. 14 पर अपने हाथ का मैटर गिराकर वापस लौटता है, अपने साथी से कहता है, "मन में आता है इस्तीफ़ा दे दूँ। इस निकम्मी सरकार की..." लगता है कि वह स्वामी विवेकानन्द बनने के लिए पृथ्वी पर आया था, निकम्मी सरकार ने उसे हाजी मस्तान बना दिया है।

केन्द्र-व्यवस्थापक दौरा करते हुए कमरा नं. 7 में आते हैं, दो-चार लड़के किताबों से सीधे नक़ल कर रहे हैं। 'यह क्या हो रहा है मास्टर साहब?' के जवाब में कक्ष-नियंत्रक कहता है, "नरक है सर! पाँच बार सबके पास से काग़ज़ निकलवाकर जला चुका हूँ, फिर भी किसी-न-किसी के पास कुछ-न-कुछ निकलता ही रहता है।"

पवित्र ग़ुस्से के साथ केन्द्र-व्यवस्थापक वह सारा मैटर खिड़की से बाहर फिंकवाकर दारोग़ा जी से गपशप करने के लिए इमली के पेड़ की ओर चले जाते हैं। तभी बाहर फाटक के पास 'हो-हो, हे-हे, हूँ-हूँ, हो-हो' की घोषणा सुनाई देती है। कक्ष-नियंत्रक अचानक कुर्सी से उठ खड़े होते हैं। परीक्षार्थी मेज़ से, जेबों से, ब्लाउज़ की गहराइयों और नाड़े की अन्दरूनी अटकाव से 'मैटर' निकाल-निकालकर खिड़की से बाहर पिछवाड़े फेंकने लगते हैं। कॉलेज के चपरासी, स्वीपर और कुछ उत्साही गार्जियन बोरियों में जल्दी-जल्दी वह मैटर बटोरना और उन बोरियों को छिपाना शुरू कर देते हैं। उस हल्ले में कुछ के हाथ निरोध के पैकेट आते हैं, कुछ के हाथ नोट और रेजगारी भी। इस भागदौड़ में जो मैटर कमरे में बिखर जाता है, उसे कक्ष-नियंत्रक अपने हाथों से बटोरकर खिड़की के बाहर फेंकने लगते हैं।

हुआ क्या है? हुआ यह कि राजदूत या रायल एन्फील्ड पुरानी मोटरसाइकिलें हैं, जिन पर दारोग़ा जी चलते हैं। यह ज़माना सुजुकी या हीरो हांडा का है, जिनके साथ कई 'वार्डों' के गार्जियन पहले से ही फाटक पर मौजूद रहे हैं। उनमें से दो लोग पहले से ही दो-तीन सौ मीटर की दूरी पर खड़े होकर उस उड़नदस्ते की राह ताकते रहे हैं जो जीप पर उप शिक्षा निदेशक, ज़िला विद्यालय निरीक्षक या बेसिक शिक्षा अधिकारी की कुमुक के साथ कभी भी आ सकता है। जीप का बोनेट दूर से देखते ही दोनों सुजुकी या हीरो हांडा परीक्षा-केन्द्र की ओर अस्सी किलोमीटर प्रतिघंटा की रफ़्तार से दौड़ पड़ती हैं, उनके इशारे पर फाटक के पास इकट्ठा गार्जियन या चाय-समोसे के शौक़ीन निठल्ले फेफड़ा फाड़कर घोड़ों और गधों की भाषा में चिल्लाते हैं और उसे सुनते ही पूरा परीक्षा-केन्द्र उड़नदस्ते के स्वागत में दर्जनों बोरे 'मैटर' खिड़की से बाहर फेंकने लगता है।

इसी उठा-पटक में कुछ वार्डों का मैटर दूसरे वॉर्डों की मेज़ पर सीट के नीचे या पैरों के पास गिर जाता है। उन परीक्षार्थियों को नक़ल के अपराध में पकड़कर उड़नदस्ता उनके ख़िलाफ़ 'आवश्यक कार्यवाही' शुरू कर देता है।

उनमें कुछ ऐसे भी परीक्षार्थी होते हैं, जो अपनी समझ से पूरा मैटर बाहर फेंक चुकने के बावजूद किसी भूली-बिसरी जेब में पड़े हुए मैटर के कारण धर लिये जाते हैं। माननीय शिक्षामंत्री ने जिन बीस हज़ार नक़लचियों का अपने जवाब में ज़िक्र किया है, उनमें ज़्यादातर यही अभागे परीक्षार्थी हैं।

[स्वतंत्र भारत, 18.4.1989]

एक वर्ष युवावर्ग के भी नाम

1985 के अन्तरराष्ट्रीय युवा वर्ष में हमारे युवावर्ग की हालत वैसी ही अच्छी है, जैसी कि 1984 में थी। कुछ अपवादों को छोड़ दीजिए, आज भी घूस देकर वे नौकरी पा सकते हैं। अदायगी की फ़िक्र न हो, तो ऋण-शिविरों से बैंक का क़र्ज़ चन्द मिनटों में मिल सकता है। मालदार मकान मालिक किरायेदार का सामान सड़क पर फिंकवाने के लिए उन्हें अपने दस्ते में भरती करने को बेचैन हैं। वे किसी भी आयोजन या आन्दोलन का नाम लेकर बाज़ार में दुकानदारों से चन्दे या चौथ की नियमित उगाही कर सकते हैं। कुछ भी न हो, तो सिर्फ़ खादी का झीना, ऊँचे गलेवाला कुरता और अलीगढ़ी पायजामा पहनकर वे अपने चुने हुए क्षेत्र में किसी भी सरकारी सूदधारी नेता के पीछे लगकर अपनी खुराक का जुगाड़ कर सकते हैं। वे राहजनी करके भी काम चला सकते हैं, पर उसमें पेशेवराना ख़तरा कुछ ज़्यादा है। मैं इसकी सिफ़ारिश नहीं करूँगा।

बस, क्या है कि 1985 में हिन्दुस्तानी युवावर्ग पर एक नई ज़िम्मेदारी आ गई है। वह है देश की एकता और अखंडता के लिए भरपूर कोशिश करना और इस काम में देश के युवा प्रधानमंत्री के हाथ मज़बूत करना। पर दिक़्क़त यह है कि दूसरों के हाथ मज़बूत करने का तरीक़ा उन्हें ठीक से नहीं आता। उनमें से ज़्यादातर यह समझते हैं कि कसरत और उम्दा ख़ुराक से प्राप्त अपने हाथ तो मज़बूत कर सकते हैं—जैसा कि ऊँचे घरों के लड़के अक्सर कर लेते हैं, पर दूसरों के नहीं। एक-दूसरी छोटी-सी दिक़्क़त यह भी है कि अब तक यह देश नाम की चीज़ उनसे छिपाकर रखी गई है, उन्हें पता ही नहीं कि यह कहाँ है, किस तरफ़ को है, कैसी है।

इन दिक़्क़तों का अहसास मुझे एक नौजवान लड़के से बातचीत करके हुआ। वह हमारे गाँव-घर का लड़का है, एम.कॉम. पास है। औसत देहाती

उपज होने के नाते थर्ड डिवीजन है। उसे बिजली बोर्ड में एकाउंट्स क्लर्क की नौकरी मिल सकती है, सिर्फ़ आठ हज़ार रुपये घूस की माँग पूरी करनी है। उसी के लिए वह कुछ माँगने आया था। मैंने समझाया, "बेटा, इस तरह पचास-पचास रुपया माँगकर इतनी बड़ी रकम कैसे जोड़ पाओगे? यह तो वैसा ही है, जैसे कोई ग़रीब बुढ़िया चन्दा करके अपने लड़के की हूस्टन में बाई पास सर्जरी कराने का ख़्वाब देख रही हो।"

वह बोला, "चाचा जी, मैं ग़रीब बुढ़िया नहीं हूँ, नौजवान हूँ। आप मुझे पचास रुपये का दान नहीं, सिर्फ़ आठ हज़ार का क़र्ज़ दे दें। अपने बाप की औलाद हूँ तो छह महीने में ही वापस कर दूँगा।"

मैंने अपनी मजबूरी बताई। यह अपनी निगाह से कहता रहा कि इतने साल ऐसी नौकरी में आप क्या सिर्फ़ घास खोदते रहे थे। तब मैंने बात को पलटा देकर देश की एकता, अखंडता और प्रधानमंत्री के हाथों की बहुचर्चित मज़बूती का मसला उठाया। तभी उसने कहा कि देश का हमें पता ही नहीं लगता। मालूम नहीं कि कहाँ, किसके लॉकर में बन्द है।

"देखिए, पंजाब या असम का आपने ज़िक्र किया, हम कभी वहाँ गए ही नहीं, सिर्फ़ सुना-भर है, जैसे टिंबकटू के बारे में सुनते हैं।"

"पूरब में कहाँ तक गए हो?"

"कलकत्ता जाने के लिए एक बार रेल पर बिना टिकट बैठा था। मुगलसराय में उतार दिया गया। बनारस देखकर लौट आया, सोचा रायबरेलीवाले के लिए इतना ही बहुत है।"

"पर रेल पर बिना टिकट चलना तो ठीक नहीं था।"

"वह न करता तो बनारस भी न देख पाता।"

"देश में और भी कहीं गए हो?"

"किस देश में?"

"हिन्दी के अलावा कोई भाषा जानते हो?"

"पीयूटी पुट और बीयूटी बुट।"

"मलयालम?"

"जानता हूँ, चाहे बाएँ से पढ़ो या दाएँ से, मलयालम ही रहती है।"

"यह कहाँ की भाषा है?"

"मलय पर्वत की।"

"कन्याकुमारी कहाँ है?"

"बम्बई में होगी या मद्रास में। सुना है, बढ़िया ऐक्टिंग करती है।"

"राष्ट्रीय ध्वज में कितने रंग हैं? क्या तुम्हें राष्ट्रगीत याद है?"

"जनरल नॉलेज में कुछ पढ़ा तो था, पर याद नहीं रहा। इनसे तो कोई काम पड़ता नहीं है," कहकर वह हँसा, बोला, "चाचा जी, आप तो मेरा इंटरव्यू लेने लगे हैं। पर ऐसे कड़े सवाल तो सुना है, आई.ए.एस. में भी नहीं पूछे जाते।"

"तो बोर्ड की एकाउंट्स क्लर्की के लिए कैसे सवाल पूछे जाते हैं?"

"वहाँ तो पहला और आख़िरी सवाल यही है कि देने को तुम्हारे पास आठ हज़ार रुपये हैं या नहीं?"

आठ हज़ार रुपये मेरे पास होते, तो यक़ीनन उसी वक़्त अन्तरराष्ट्रीय युवा वर्ष में अपना योगदान करने से न हिचकता।

[सितम्बर, 1985]

साक्षात्कार : लोकसेवा आयोग का

'पार्किंसंस लॉ' में चुनाव के जो कई नये-पुराने नमूने बताए गए हैं, वे अपने देश में भी लागू होते हैं। मान लीजिए, आप किसी फैक्टरी के महाप्रबन्धक के ओहदे के उम्मीदवार हैं और तीन लोगों का बोर्ड आपका इंटरव्यू ले रहा है। तीनों सम्पन्न बुज़ुर्ग हैं। इंटरव्यू कुछ इस तरह से चल सकता है—

अध्यक्ष : तो आपका नाम सुरेन्द्रप्रतापनारायण सिंह है?

आप : जी हाँ श्रीमन्!

पहला सदस्य : कहीं राजा महन्द्रेप्रतापनारायण सिंह से तो कोई रिश्ता नहीं?

आप : जी हाँ श्रीमन्, वे मेरे पिता हैं।

दूसरा सदस्य : (चहककर मेज़ पर हाथ मारते हुए) तो यह हुई बात! सुनिए, पर साल रीवा के जंगल में आप ही ने वह शेर मारा था न? बाईस बोर की राइफल से?

आप : जी हाँ श्रीमन्, पर राइफल थर्टी स्प्रिंगफील्ड थी।

पहला सदस्य : यह हुआ ख़ानदानी शिष्टाचार। यह नौजवान अपने कमाल की तारीफ़ तक नहीं सुनना चाहता।

अध्यक्ष : (गम्भीरता से) सज्जनो, शायद हम सब सहमत हैं कि हमें अपना उम्मीदवार मिल गया है। क्या इसके बाद भी हमें दूसरे उम्मीदवारों के इंटरव्यू लेने होंगे?

दूसरा सदस्य : जहन्नुम में जाएँ दूसरे उम्मीदवार। हमारा काम ख़त्म हुआ। अब हम लोग क्लब चलकर थोड़ा विश्राम कर सकते हैं।

अध्यक्ष : बधाई नौजवान! तुम भी हमारे साथ चलोगे। शायद ठंडी बियर के एक मग्गे से तुम्हें एतराज़ न होगा।

आप : धन्यवाद श्रीमन्! पर मैं बियर नहीं पीता।

पहला सदस्य : ओह! (एक पल की ख़ामोशी)

आप : आप इजाज़त देंगे तो उसकी जगह मैं कुछ गिलास व्हिस्की के पी लूँगा।

पहला सदस्य : (आपके कंधे पर मौज के धौल जमाकर) यह बात हुई! नौजवान तुम बहुत ऊँचे जाओगे।
(भावुक हो जाते हैं।)

इंटरव्यू का यह फ़र्ज़ी दृश्य, ज़ाहिर है, लोक सेवा आयोगों के जन्म के पहले का है। आयोगों के गठन के बाद लोक सेवाओं की भर्ती ही में नहीं, लगभग सभी प्रकार के संगठनों की भर्ती में भारी बदलाव आया है। उधर आयोगों ने अपने पचास वर्षों के ऊपर के अस्तित्व में—जो आज़ादी के पहले वैधानिक था और बाद में संवैधानिक हो गया—चुनाव के तरीक़ों को पूर्णतः वस्तुनिष्ठ बनाने की कोशिश में इतना बदला है, और उसी दौर में अपने को भी इस तरह बदला है कि अब न्याय होता ही नहीं, होता हुआ दीख ही पड़ता है।

कम-से-कम इंटरव्यू के मामले में तो ऐसा ही हुआ है। आयोग का एक औसत सदस्य अब उम्मीदवार के साथ जनतंत्री समानता और सौम्यता का पुतला-जैसा दीखने लगा है। असलियत में वह पुतला है ही नहीं, पुतलों का संवेदना से क्या रिश्ता? वह एक शिष्ट और संवेदनशील विशेषज्ञ है जो अब, हास्यास्पद दिखने की हद तक, उम्मीदवार को भरोसा दिलाना चाहता है कि उसके असली क़द्रदाँ यहीं पर हैं। पता नहीं, आज से चालीस साल पहले के उन शानदार मेम्बरों की दहाड़ किन घाटियों में कब ख़त्म हो गई और आयोग की सीमित चरागाह में इतने शालीन, इतने मासूम मेमने कहाँ से आ गए। बहरहाल, 1960 तक ऐसा ही हो चुका था।

1964 का कोई दिन। मैं उन दिनों उत्तर प्रदेश सिविल सर्विस में था। संघीय लोक सेवा आयोग ने मुझे अपने यहाँ विशेष कार्याधिकारी बनाना चाहा था, जिसे आयोग की परीक्षाओं में हिन्दी और क्षेत्रीय भाषाओं के समावेश के बारे में देखना था। प्रो. हरिश्चन्द्र, जो कभी इलाहाबाद विश्वविद्यालय के मेरे छात्र-जीवन में वहाँ अंग्रेज़ी के प्राध्यापक थे, उस समय आयोग में परीक्षाओं के निदेशक थे। कुछ देर बात करके उन्होंने एक सदस्य का नाम लेकर कहा, "चलिए, आपको उनसे मिला लाएँ।"

'उन' से मिलने गया। घरेलू ढंग से बातें होती रहीं। संस्कृत और हिन्दी में मेरी रुचि और गति की प्रशंसा हुई। पता लगा वे भवभूति के भक्त हैं। पर उन्होंने कुछ असंगत-सी बातें कहीं, जिन्हें मैंने अपनी समझ से सुसंगत करने की कोशिश की। फिर पुरातत्त्व, शास्त्रीय संगीत, आधुनिक नाटक और मेरा निजी पागलपन यानी कथा-साहित्य...लगा कि उनकी और मेरी रुचियाँ एक-सी हैं, पर उनके ख़यालात कुछ ऐंचाताना क़िस्म के हैं। आदमी बहुत प्यारे लगे, बड़ी मुश्किल से मैं अपने को उन्हें 'ताऊजी' कहकर पुकारने से रोक पाया।

"बधाई इंटरव्यू बहुत अच्छा रहा," प्रो. हरिश्चन्द्र ने बाहर आकर कहा।

इंटरव्यू! क्या हो गया इस आयोग को? कहाँ गए वे दिन जब इंटरव्यू में हम सब उम्मीदवार उम्दा पोशाक में सजे-धजे भिखमंगों की हैसियत से एक इंच भी ऊपर नहीं माने जाते थे? कहाँ गए 1940-50 के वे अध्यक्ष जिनकी गुर्राहट के आगे लिखित परीक्षा में दूसरा-तीसरा स्थान पानेवाले तक इंटरव्यू में दस प्रतिशत अंकों की भीख समेटकर 'टू बी ऑर नॉट टू बी' का स्वागत भाषण करते हुए बाहर निकलते थे?

"यह इंटरव्यू था?" मैंने पूछा।

"औपचारिक नहीं, पर वे जानना चाहते थे कि तुम्हारा 'स्टफ' क्या है।" इसके बाद उन्होंने वह किया जो इलाहाबाद यूनिवर्सिटी का हर प्राचीन अध्यापक करता है। वे मेरी नहीं, इलाहाबाद यूनिवर्सिटी की तारीफ़ करने लगे।

लगता है कि अब आयोग के साक्षात्कारों में सदस्य पहले से ही घबराए रहते हैं कि उम्मीदवार कहीं घबरा न जाए। जवाब में उम्मीदवार ने कोई घपला किया नहीं कि कोई बोल उठता है, "घबराइए नहीं, आराम से सोचकर अपनी प्रतिक्रिया दीजिए।"

बहरहाल, अब यह रवैया इतना व्यापक है और सदस्यों में उन्नीसवीं सदी का 'एल्डरली जेंट' दिखने का चलन इतना ज़्यादा है कि निजी क्षेत्र और सार्वजनिक क्षेत्र के चुनावों में भी यह संक्रामक रूप से फैल रहा है। और कहीं उनमें मनोवैज्ञानिक नामक विशेषज्ञ हो तो उसके सरपरस्ताना अन्दाज़ के कहने ही क्या।

अब इन सब कारणों से अगर उम्मीदवार को लगता है कि इंटरव्यू कॉलेज कैंटीन में किसी सीनियर के साथ दोस्ताना गपशप से ज़्यादा डरावनी चीज़ नहीं रहा तो यह उसकी ख़ुशक़िस्मती है, जबकि असलियत यह है कि उम्मीदवार का मूल्यांकन अब रीवा के जंगलों में शेर के शिकार के सहारे नहीं, एक जटिल

प्रतिक्रिया से हो रहा है। और इसमें उसकी और भी ख़ुशक़िस्मती है, क्योंकि यह प्रतिक्रिया वस्तुनिष्ठता के ठीक केन्द्र में नहीं हो तब भी 'बुल्स आई' के आसपास तो है ही।

पर हमें यह भी न भूलना चाहिए कि यह सिर्फ़ शैली की बात है। ठोस पदार्थ में कोई ख़ास फ़र्क़ नहीं पड़ा है। उम्मीदवार का स्वागत गुर्राहट से हो या नरमी से, शुरू से ही आयोगों का उद्देश्य मूल्यांकन में तटस्थता और वस्तुनिष्ठता प्राप्त करना रहा है। ऐसा न होता तो उपेक्षित अंचलों और गाँवों से, शोषित समुदायों और विपन्न परिवारों से आनेवाले सैकड़ों साधनहीन नौजवान आज लोक सेवाओं के शिखरों पर बैठे न दिखाई देते। यह मुझे अच्छी तरह मालूम है, क्योंकि मैं ख़ुद ऐसे ही नौजवानों के बीच से आया हूँ। आयोग की वस्तुनिष्ठता का अनुभव मुझे 1948-49 में ही हो चुका था।

1947 में बी.ए. की परीक्षा देते ही मुझे पी.सी.एस. (एक्जीक्यूटिव) के लिए आवेदन-पत्र देना पड़ा। 'पड़ा' इसलिए कि मेरी स्कूली उम्र असली उम्र से ज़्यादा है। एम.ए. की डिग्री लेकर परीक्षाओं में बैठना मेरे लिए सम्भव नहीं था। और यह भी तय था कि मैं एम.ए. तक पढ़ नहीं पाऊँगा। जो भी हो, उस साल परीक्षा में मैं असफल रहा। आज तो लगता है कि ज़िन्दगी की प्रत्येक परीक्षा में असफल रहा हूँ या कुछ ग्रेस मार्क पाकर ही सफल हुआ हूँ, पर उस समय किसी भी प्रकार की परीक्षा में यह मेरी पहली असफलता थी।

उन दिनों आयोग परीक्षार्थियों की अंकसूची भी प्रकाशित करता था। मैंने हिसाब लगाकर देखा कि लिखित परीक्षा में शायद छठी या सातवीं जगह पाने पर भी इंटरव्यू में (200 में से) 98 अंक मिलाकर मैं पैंतीसवें स्थान पर पहुँच गया हूँ।

दूसरे साल मेरे लिए आख़िरी मौक़ा था। दोबारा इसी परीक्षा में बैठा। इम्तहान इलाहाबाद में होता था। एक दिन वहाँ डॉ. अमरनाथ झा से मिलने गया। पहले जब वे इलाहाबाद विश्वविद्यालय में वाइस-चांसलर थे, वहाँ के अच्छे अंक पानेवाले बहुत से छात्रों की तरह मुझे भी यह भ्रम और अहंकार था कि मैं उनके नज़दीक हूँ। इन दिनों वे उत्तर प्रदेश लोक सेवा आयोग के अध्यक्ष थे। पिछले साल भी वे वहीं थे।

बँगले पर विश्वविद्यालय के दिनों जैसा ही माहौल था—वही निजी पुस्तकालय, वही पत्र-पत्रिकाएँ। नयापन सिर्फ़ एक तख़्ती में था, जिसमें आग्रह किया गया था, "किसी भी तरह की प्रत्यक्ष या अप्रत्यक्ष 'कैन्वेसिंग' उम्मीदवार को 'डिस्क्वालिफ़ाइड' कर देगी।"

"इलाहाबाद कैसे आना हुआ?" के जवाब में मैंने कहा, "कारण बताकर अपने को डिस्क्वालिफ़ाइड नहीं कराना चाहता।" उन्होंने पूछा, "कम्पटीशन में बैठने आए हो? आई.ए.एस. में? पी.सी.एस. के लिए? पर इंटरव्यू में तो तुम पिछले साल भी आए थे।"

उनकी स्मरण-शक्ति ऐसा करिश्मा दिखा सकती है, यह हम जानते थे। मैंने कहा, "मैं लिया नहीं गया। आपको मैं इंटरव्यू में इम्प्रेस नहीं कर पाया।"

नम्बर? मैंने बता दिया। वे बोले, "98? ठीक तो है।"

मैंने एक अत्यन्त सफल उम्मीदवार का नाम लिया। कहा, "उनके 150 के मुक़ाबले..."

"ओह, श्रीलाल," उन्होंने मुझे मन्दबुद्धि के खाने में रखते हुए मेहनत से समझाया, "तुम अच्छे विद्यार्थी हो, पर वह 'इंटेलेक्चुअल जायंट' है। तुम्हें 98 से ज़्यादा नम्बर कैसे मिलते? शैक्षिक योग्यता : न्यूनतम डिग्री। खेल-कूद?" उन्होंने मुझे एक दयनीय वस्तु की तरह देखा, "दूसरी एक्टिविटीज?...यूनिवर्सिटी में तुम सिर्फ़ नाम-भर के लिए रहे हो...। नहीं, कुल मिलाकर नम्बर बुरे नहीं हैं।"

उनका पहला वाक्य मुझे आख़िर तक याद रहा था। बोला, "लिखित परीक्षा में, सर, मुझे उन इंटेलेक्चुअल जायंट जैसे ही नम्बर मिले थे, शायद ज़्यादा ही।"

वे ख़ामोश रहे। फिर उन्होंने बातचीत ख़त्म करने के लिए इस बार परीक्षा में मेरी सफलता की शुभकामना की।

अचानक मेरे चलते-चलते उन्होंने पूछा, "और तुम्हारा लेखन?"

"लगभग बन्द है।"

"लिखते रहो।"

वह मैं आज भी कर रहा हूँ।

पर उस समय उनकी इस सलाह ने मुझे उलझन में डाल दिया : परीक्षा में वे मुझे पहले से ही असफल मानकर मुझको लेखन नाम का दूसरा व्यवसाय अपनाने की सलाह तो नहीं दे रहे हैं?

उस साल मैं पी.सी.एस. में सफल हो गया, पर इंटरव्यू में मुझे लगभग वही नम्बर मिले थे। इस बार 200 में 97।

महापुरुषों की याद में

अभी तीन दिन पहले 27 मई को पंडित जवाहरलाल नेहरू की निधन-तिथि पर उन्हें विशेष रूप से याद किया गया था। वैसे, भारत सरकार और कांग्रेस पार्टी इस वर्ष को नेहरू शताब्दी वर्ष मनाकर कई महीने पहले से उन्हें विशेष रूप से याद कर रही है। इस विशेष रूप के माहौल में हम सामान्य लोग, आइए पंडित नेहरू को और उसी बहाने कुछ और महापुरुषों को अपने सामान्य ढंग से याद करें।

हमारी पीढ़ी—यानी उन लोगों की जो 1947 के आसपास जवान हो रहे थे—प्राय: नेहरूभक्त थी। समाजवाद के मामले में उनकी कथनी और करनी के बीच एक खाई या कम-से-कम एक कुहासे का पर्दा देखते हुए भी हमें भरोसा था कि देश में अगर समाजवाद आएगा या सिद्धान्त की राजनीति पुख़्ता होगी तो वह पंडित नेहरू के ही बूते पर होगी। अन्तरराष्ट्रीय जगत में एक बड़ा नेता बनने की महत्त्वाकांक्षा रखनेवाले पंडित नेहरू के पंचशील और गुटनिरपेक्ष आन्दोलन की नाटकीयता देखते हुए भी हमें विश्वास था कि राष्ट्रीय जीवन में विपन्न और सबसे कमज़ोर नागरिक को अगर कोई सामाजिक न्याय दिला सकता है तो वे पंडित नेहरू ही होंगे।

उनके अदम्य साहस से हम अपने में भी वैसा ही साहस पाते थे, उनकी अगाध देशभक्ति ख़ुद हमारी अपनी देशभक्ति की गारंटी थी। अन्धविश्वास और मध्यकालीन मानसिकता में ऊँघते हुए इस देश को झकझोरकर उन्होंने उसे आधुनिक राष्ट्रों की पहली पंक्ति में बैठालने की भरसक कोशिश की। इस अत्यन्त पुराने देश के वे चिरन्तन युवा थे और उम्र का अन्तराल पार करके युवावर्ग के ऐसे नेता बन गए थे, जैसा कि आज के हमारे युवा प्रधानमंत्री बन सकने का ख़्वाब भी नहीं देख सकते।

हम सामान्य लोग जवाहरलाल नेहरू के इन गुणों की, और ऐसे ही अनेक गुणों की याद-भर कर सकते हैं, राष्ट्र-निर्माण की दिशा में उनके द्वारा छोड़े गए कई अधूरे कामों को पूरा करने का, कुछ भूले हुए आदर्शों को फिर से जाग्रत करने का संकल्प ले सकते हैं, भले ही हम जानते हैं कि इसका भी अर्थ प्रतीकात्मक-भर है। हम यह भी जानते हैं कि राष्ट्र-निर्माण की दिशा में आज हम जैसे सामान्य लोगों के संकल्प का कोई ख़ास अर्थ नहीं, उसे ख़ास अर्थ या अनर्थ वही लोग दे सकते हैं, जिनके हाथ में शासन की सत्ता या शक्तितंत्र है।

बहरहाल, सत्ता और शक्तितंत्र में बैठे हुए लोग शायद ऐसा ही समझते हैं। तभी वे पंडित नेहरू के सिद्धान्तों और आदर्शों की भावना को व्यापक रूप से जगाकर उसी में उनकी याद को चिरस्थायी बनाने की कोशिश नहीं करते। यह काम जननेताओं के लिए नहीं है, इसे भाड़े के इतिहासकारों और समाजविज्ञानियों के लिए छोड़ रखा गया है। उसकी जगह सत्तातंत्र फूहड़ ढंग से जो भी राष्ट्रीय योजना या संस्था बने, उस पर 'जवाहर' का नाम जोड़ने में मशगूल है। चाहे वह ग़रीबों के लिए रोज़गार योजना हो, या 880 करोड़ की लागतवाला नावाशेवा बन्दरगाह हो, सबका आदि नाम 'जवाहर' ही होना चाहिए।

वैसे यह कोशिश भी एकदम नई नहीं है। इसकी शुरुआत नेहरू के देहान्त से ही हो गई थी। तभी उनके निवास स्थान, 'तीन मूर्ति भवन' को देश के प्रधानमंत्री का स्थायी निवास न बनाकर, नेहरू संग्रहालय बना दिया गया। उनकी समाधि के लिए लगभग 80 एकड़ के फैलाव में शान्तिवन की स्थापना की गई। प्रतिमा स्थापना, उपनगरों और मुहल्लों, सड़कों और शिक्षा-संस्थानों के नामकरण आदि का सिलसिला तो बरसों चला ही। अब इस शताब्दी वर्ष में हालत यह हो गई है कि जिस योजना या प्रतिष्ठान के साथ इन्दिरा गांधी का नाम न जुड़ा होगा, उस पर पूरी सम्भावना है कि जवाहर का नाम जुड़ जाएगा। महापुरुषों की याद के क्रम में हम इन दो के अलावा शेष महापुरुषों को कितनी तेज़ी से भूल रहे हैं।

सबसे विचित्र मामला महात्मा गांधी का है। अब उनके नाम पर क्या बचा है? कुछ प्रतिमाएँ, कुछ पार्क, कुछ सड़कें, कुछ विद्यालय—यूँ ही कुछ। उनके नाम से जो प्रतिष्ठान कायम हुए थे, उन पर कुदाल आयोग ने पहले ही कुदाल चला दी है, वर्धा का आश्रम विनोबा भावे के बाद श्रीहीन पड़ा है, साबरमती आश्रम को अहमदाबाद में रुक-रुककर भड़कनेवाला साम्प्रदायिक विद्वेष धूमिल बनाए हुए हैं।

रिचर्ड ऐटनबरो को 'गांधी' नामक फ़िल्म बनाने की प्रेरणा और मदद देकर सत्तातंत्र इत्मीनान में है कि गांधी की याद के प्रति हमारा राष्ट्रीय दायित्व पूरा हो गया है। अब पूरा ज़ोर श्रीमती इन्दिरा गांधी और जवाहरलाल नेहरू पर है। इतने लम्बे अतीत और संघर्षशील इतिहासवाले हमारे देश में अचानक महापुरुषों का टोटा पड़ गया है।

तभी कल के स्वतंत्रता संघर्ष की तेजस्वी हस्तियों को छोड़कर हम छोटे-छोटे वर्गों और जाति-समूहों के लिए अलग-अलग महापुरुषों को पुराण, इतिहास और लोकविश्वास की धुँधली भूलभुलैया से निकालकर बाहर ला रहे हैं। महाराजा अग्रसेन जयन्ती, वाल्मीकि जयन्ती, रविदास जयन्ती (शायद यह महान सन्त रैदास के नाम का संस्कृतिकरण है) आदि अब अतिरिक्त श्रद्धा-भक्ति से मनाई जाती हैं, जो भगतसिंह और सुभाषचन्द्र बोस को मुश्किल से मिल पाती है। यह भी, अपनी सारी सांस्कृतिक गरिमा के बावजूद, यथार्थ से एक तरह का पलायन है, जो कि किसी भी उदीयमान राष्ट्र के लिए घातक हो सकता है। ख़ुद नेहरू का जीवन-चरित्र इसका उदाहरण है। अपनी सारी विशेषताओं और मधुर मानवीय गुणों के बावजूद, सत्तातंत्र का अंग हो जाने के बाद उनकी दृष्टि उस ज्वलन्त क्रान्तिधर्मी की नहीं रह गई थी जो अपने काव्यात्मक उछाह के बावजूद अवध के किसानों के जीवन की ठोस वास्तविकता से अपना सीधा सरोकार रखता था। यथार्थ से कट जाने का सबसे भयावह अनुभव उन्हें अपने जीवन के अन्तिम चरण में भारत-चीन-संघर्ष के दौरान हुआ पर यथार्थ से दूर होने की शुरुआत बहुत पहले हो चुकी थी। इसे दिखाने के लिए एक बहुत छोटी-सी घटना काफ़ी होगी।

नोबेल पुरस्कार प्राप्त प्रसिद्ध कवि पाब्लो नेरुदा ने अपने संस्मरणों में नेहरू से एक मुलाक़ात का ज़िक्र किया है। चिली का यह प्रतिबद्ध कवि ख्याति-प्राप्त साम्यवादी था और उसकी वामपंथी आस्था पर आसानी से सन्देह नहीं किया जा सकता था। अपनी युवावस्था में वह अपने देश के एक अदना राजनयिक के रूप में रंगून में नियुक्त हुआ। साम्राज्यवाद के ख़िलाफ़ भारत के संघर्ष में उसकी दिलचस्पी और सहानुभूति थी और चौथे दशक के आरम्भ में उसने कांग्रेस के वार्षिक अधिवेशन में जाकर महात्मा गांधी, मोतीलाल नेहरू और युवा जवाहरलाल नेहरू से मुलाक़ात भी की थी। नेहरू के प्रगतिशील व्यक्तित्व ने उसे विशेष रूप से आकृष्ट किया था।

भारत के आज़ाद हो जाने पर पाब्लो नेरुदा अपनी प्रौढ़ावस्था में—पुरानी यादों को ताज़ा करने के मूड में—'पार्टिजन्स फार पीस' नामक संस्था के प्रतिनिधि

की हैसियत से संस्था के अध्यक्ष की एक चिट्ठी लेकर दिल्ली के लिए पेरिस से रवाना हुए। तब तक वे कवि और वामपंथी कार्यकर्ता की हैसियत से प्रसिद्ध हो चुके थे और नेहरू उन्हें जानते थे। वे अपने सपने के भारत में बरसों बाद लौट रहे थे, पर बम्बई पहुँचते ही उनका स्वागत पुलिस की तलाशी से हुआ, वह एक लम्बी कहानी है। बहरहाल, नेहरू से साक्षात्कार के बारे में वे लिखते हैं—

"मैंने जोलियो-क्यूरी का पत्र नेहरू को दिया। नेहरू ने कहा, मैं इस महान फ्रेंच वैज्ञानिक का बड़ा आदर करता हूँ। उन्होंने धीरे-धीरे वह पत्र पढ़ा। पढ़कर उसे लिफ़ाफ़े में रखा और एक भी शब्द कहे बिना मुझे देखते रहे। मुझे अचानक लगा कि वह व्यक्ति मेरी मौजूदगी को अकारण ही नापसन्द कर रहा है। वे कुछ तनाव में थे, बहुत ऊँचे और सर्वशक्तिमान..."

"पेरिस वापस लौटकर मैं प्रोफ़ेसर क्यूरी से क्या बताऊँगा?" मैंने पूछा।

वे रुखाई से बोले—"मैं उनके ख़त का जवाब दे दूँगा।"

"मैं कुछ मिनट ख़ामोश बैठा रहा—जो अनन्त काल जैसे लम्बे जान पड़े। प्रत्यक्षत: नेहरू मुझसे बोलनेवाले नहीं थे, पर वे ज़रा भी उद्विग्न नहीं थे—जैसे मैं वहाँ घंटों बैठा रह सकता हूँ, सिर्फ़ यह भावना लिये कि मैं एक महापुरुष का समय नष्ट कर रहा हूँ।"

तब पाब्लो नेरुदा ने विश्वशान्ति के बारे में अपनी संस्था की धारणा बतानी शुरू की। कुछ देर ख़ामोश रहकर नेहरू ने कहा, "दरअसल, दोनों ही पक्ष शान्ति के बारे में तर्क देते हुए एक-दूसरे पर पत्थर फेंक रहे हैं।"

ख़ामोशी : और गहरी ख़ामोशी। जब पाब्लो उठकर चले तो नेहरू ने अचानक कहा—"आपके लिए कुछ कर सकता हूँ? कोई बात, जिसकी आप इच्छा करते हो?"

पाब्लो पुलिस की निगरानी में थे। दिल्ली से बाहर जाने की उन पर रोक थी। कुछ व्यंग्य से उन्होंने कहा, "ताजमहल देखना चाहता था, पर कल मैं वापस लौट जाऊँगा।"

होटल वापस आने पर मैनेजर ने पाब्लो को बताया—"सरकारी फ़ोन आया था, आप जब चाहें ताजमहल देख सकते हैं।"

पर पाब्लो उसी दिन पेरिस लौट गए। पाँच साल बाद मास्को में जिस समिति ने नेहरू को 'लेनिन शान्ति पुरस्कार' दिया, पाब्लो नेरुदा उसके सदस्य थे।

घटना बहुत छोटी है और ज़रूरी नहीं कि पाब्लो का संस्मरण पूर्णत: वस्तुनिष्ठ ही हो, पर इससे एक नतीजा निकलता है, वह यह कि यथार्थ से

नेहरू की दूरी 1950 से ही शुरू हो गई थी, दोस्त और दुश्मन की पहचान धुँधली पड़ने लगी थी। चीन से लड़ाई इसी का चरम-बिन्दु थी।

महापुरुषों की याद करते समय हम उनके आदर्शों और गुणों से प्रेरणा लेते हैं। पर उनकी भूलों से भी हमें बहुत कुछ सीखने की सामग्री मिल सकती है।

[स्वतंत्र भारत, 30.5.1989]

स्वामी से भी ज़्यादा स्वामिभक्त

पुराने नगर प्रशासक के बारे में मशहूर था कि वह पान ज़्यादा खाता है और घूस उससे भी ज़्यादा खाता है। इसलिए सज़ा के तौर पर उसका तबादला राज्य वित्त निगम के प्रबन्ध निदेशक के पद पर कर दिया गया था। नया प्रशासक उससे भिन्न था। वह पान नहीं खाता था। फिर भी शिकायतों की कमी नहीं हो रही थी, नगर बदइन्तज़ामी का जंगल बनता जा रहा था, मानो माननीय प्रधानमंत्री की छवि धूमिल करने की कहीं कोई साजिश चल रही हो।

इसलिए नगर विकास मंत्री के पद की शपथ लेते ही वे नगर और नगर निगम के दफ़्तर का आकस्मिक निरीक्षण करने को निकल पड़ते हैं। साथ में सरकारी फ़ोटोग्राफ़र और ग़ैर-सरकारी होने के बावजूद दो ज़िम्मेदार पत्रकार।

दफ्तर पहुँचते ही उन्हें एक इंजीनियर, दो उप और तीन सहायक नगर अधिकारी ग़ैरहाज़िर मिलते हैं। वे उनकी मुअत्तली का हुक्म देते हैं। इंजीनियर पहले ही मुअत्तल हो चुका है, पर हाईकोर्ट से स्थगन आदेश लेकर अपनी कुर्सी पर कायम है। फाटक के उस पार तम्बोली की दुकान पर पान खाते वक़्त इस नई मुअत्तली की खबर पाते ही मंत्री जी पर न्यायालय की मानहानि का दावा ठोंकने के लिए वह हाईकोर्ट की ओर फुर्र से उड़ चलता है। वहाँ उसे दो उप और तीन सहायक नगर-अधिकारी पहले से ही मौजूद मिलते हैं, जो अपनी मुअत्तली के ख़िलाफ़ स्थगन आदेश लेने आए हैं।

इधर मंत्रीजी को अपने कमरे में घुसते देखकर नगर प्रशासक निरीक्षण की आकस्मिकता पर उम्दा क़िस्म की हैरत ज़ाहिर करता है। वे धाकड़ी से कहते हैं, "हयाँ कोई डिसिप्लिन नहीं है। सभी ग़ैरहाज़िर हैं। आपका प्रशासन बिलकुल रद्दी है। पूरा शहर सड़ाँध और गन्दगी से बजबजा रहा है, घूरा बन गया है।"

उन्हें आदर से कुर्सी पर बैठाते हुए नगर प्रशासक कहता है, "आप ठीक कहते हैं, सर! मुझे पुराने प्रशासन से यही घूरा विरासत में मिला है, पर हमारा भरसक प्रयास होगा कि इसका कायाकल्प कर इसे इक्कीसवीं सदी के मॉडल टाउन के रूप में..."

इक्कीसवीं सदी का शाबर-मंत्र सुनते ही मंत्रीजी ठिठकते हैं। आगे बातचीत कुछ इस तरह होती है—

मंत्रीजी : सारे शहर में सीवर रुँधे हुए हैं, मेनहोल खुले पड़े हैं, सारी गन्दगी बाढ़ के पानी के साथ...

प्रशासक : सर, सीवर की समस्या विषम है। यह तीन लाख की आबादीवाले शहर के लिए बनाया गया था, पर आबादी अब 13 लाख हो गई है और इक्कीसवीं सदी के आने तक 21 लाख हो जाएगी। हमने नये सीवर के लिए 50.37 करोड़ की योजना विश्वबैंक की स्वीकृति के लिए भेजी है, जिसमें जापान और इटली की नवीनतम टेक्नोलॉजी होगी। एक दूसरी योजना...

मंत्रीजी : सड़कों पर कूड़े के ढेर लगे हैं। आपका स्टाफ़ क्या करता रहता है?

प्रशासक : सर, अभी हमारी पुरानी कूड़ागाड़ियाँ और स्टाफ़ प्रतिदिन दस घंटे काम करके तीन दिन में सिर्फ़ पाँच हज़ार टन कूड़ा हटा सकते हैं, जबकि नगर में उसका उत्पादन तीस हज़ार टन प्रति सप्ताह की दर से हो रहा है। हमने नगर की कूड़ा सम्बन्धी क्षमता को देखकर अगली पंचवर्षीय योजना में जो प्रावधान किए हैं और जिस वाशिंगटन-पैटर्न को अपनाया है...

मंत्रीजी : यह सब छोड़िए, पानी का क्या हो रहा है? पश्चिमी मुहल्लों में तीन दिन से एक बूँद पानी नहीं आया है और आप बँगले में पड़े सो रहे हैं।

प्रशासक : यह समस्या भी, सर, पिछले प्रशासन की ग़ैरदूरन्देशी का नतीजा है। विश्व-स्वास्थ्य संगठन, केन्द्रीय मंत्रालय और राज्य योजना आयोग की एक टीम के सर्वे के आधार पर जो योजना हमने बनाई है, उससे अगले सात साल में हम 12 लाख गैलन अतिरिक्त क्षमता...

मंत्रीजी : बस योजना! योजना!

प्रशासक : और सर, जहाँ तक मेरे बँगले की बात है, इस वक़्त मेरा कोई सरकारी बँगला नहीं है। प्रशासक निवास के लिए अगले वर्ष 12.42 लाख रुपये का प्रावधान हुआ है। निवास बन जाने पर प्रशासकीय कुशलता में 35.7 प्रतिशत की वृद्धि सम्भावित है।

मंत्रीजी : सड़कें इतनी टूटी-फूटी हैं! चीफ़ इंजीनियर को तुरन्त मुअत्तल कर दीजिए।

प्रशासक : सर, चीफ़ इंजीनियर का तो पद ख़ाली है, लोक सेवा आयोग अगले मास तक उसके लिए विज्ञापन निकालनेवाला है। सड़कों के लिए 123 करोड़ की योजना ऊपर भेजी गई, जिससे...

मंत्रीजी : यह रुपया मिल भी गया, तो आपके यहाँ के भ्रष्टाचार...

प्रशासक : सर, भ्रष्टाचार का सवाल ह्यूमन रिसोर्सेज, प्लानिंग और मॉरल क्लाइमेट का है। यह आज एक विश्वव्यापी समस्या है। फिर भी हमने एक उच्च-स्तरीय समिति गठित की है।

मंत्रीजी अब खड़े होकर चीख़ते हैं, "शटअप, मैं शहर की मौजूदा समस्याओं की बात कर रहा हूँ और तुम अपनी अगली योजनाओं के बारे में टेलीविज़न की ख़बरों की तरह मुझे आँकड़े देते चले जा रहे हो!"

प्रशासक कहता है, "सर, टेलीविज़न की ख़बरों का बड़ा महत्त्व है। वे हमें वर्तमान समस्याओं और भविष्य के भारत का सच्चा परिचय देती हैं। सच तो यह है कि मैं उन्हीं से आज तक इस नगर के भविष्य-निर्माण की प्रेरणा लेता रहा हूँ। पर आज से उसमें आपका बहुमूल्य मार्गदर्शन भी जुड़ गया है। अब हमारे नागरिकों को विश्वास हो जाना चाहिए कि हम इस नगर को अपने युवा प्रधानमंत्री के नेतृत्व में इक्कीसवीं सदी की ओर लिये जा रहे हैं..."

ज़िम्मेदार पत्रकार इसे नोट करने लगते हैं, तभी दरवाज़े से कॉफ़ी और काजू का प्रवेश होता है।

[नवम्बर, 1985]

फावड़ा बनाम हवाई जहाज़

'वाइस चांसलर की तानाशाही के ख़िलाफ़ स्थानीय छात्रों ने कल भारी जुलूस निकाला।' 'कुछ असामाजिक तत्त्वों ने बाज़ार में तीन सरकारी बसें और तेईस दुकानें जला दीं।' 'शान्तिपूर्ण छात्रों पर पुलिस का लाठीचार्ज।' 'रामलीला की शोभायात्रा पर असामाजिक तत्त्वों द्वारा भारी पथराव।' 'पुराने शहर में साम्प्रदायिक दंगा।' 'चलती ट्रेन पर असामाजिक तत्त्वों द्वारा लड़कियों से छेड़छाड़।' 'मुसाफ़िरों और दूध-विक्रेताओं में संघर्ष। दोनों ओर के एक दर्जन घायल।'

मैं ज़िला मजिस्ट्रेट से, जो दोस्त भी है, पूछता हूँ—"यह क्या है? अतियथार्थवादी कहानियाँ? फंतासी? मिथक? बसें असामाजिक तत्त्व जलाते हैं, लाठी छात्रों पर पड़ती है। रेल में लड़कियों को असामाजिक तत्त्व छेड़ते हैं, मारे दूधिए जाते हैं। रामलीला पर पत्थर असामाजिक तत्त्व फेंकते हैं, दंगा हिन्दू-मुसलमान में होता है। क्या गड़बड़ी करनेवाले यही छात्र, यही दूधिए, यही हिन्दू-मुसलमान नहीं हैं? ये नहीं हैं तो ये असामाजिक तत्त्व क्या हैं? कहाँ से आए हैं? आप साफ़-साफ़ क्यों नहीं कहते?"

ज़िला मजिस्ट्रेट मुझे यूँ देखता है जैसे मैं गद्य में बोलते हुए पूछ रहा हूँ कि गद्य क्या होता है। कहता है, "साफ़-साफ़ ही कह रहा हूँ। असामाजिक तत्त्व आगजनी करते हैं, बसें जलाते हैं, बलात्कार करते हैं। बाक़ी सब आन्दोलन करते हैं।"

"पर गिरफ़्तार तो आप छात्रों को, मुसाफ़िरों को, राजनैतिक कार्यकर्ताओं को, हिन्दू-मुसलमानों को करते हैं।"

"गिरफ़्तारी तो भाई, उसी की होगी जो अपने को गिरफ़्तार कराए, जैसा कि अटल जी ने या जार्ज फर्नांडीज़ ने अभी कराया। असामाजिक तत्त्व भी अपनी गिरफ़्तारी कराएँ तो एतराज़ नहीं, उन्हें भी गिरफ़्तार कर लेंगे।"

इतना समझ लेने के बाद 'टाइम्स ऑफ़ इंडिया' (गत 15 सितम्बर) का सम्पादकीय 'ठग्स ऐट लार्ज' मेरी समझ के बाहर निकल जाता है। नेशनल स्टूडेंट्स यूनियन ऑफ़ इंडिया के पिछले नागपुर अधिवेशन के मौक़े पर—जहाँ राजीव गांधी ने इस युवाशक्ति से अपनी पार्टी के चुनाव-प्रचार का अलम्बरदार बनने, और उनकी माताजी ने उनसे भारत का भविष्य निर्माण करने का आग्रह किया—असामाजिक तत्त्वों द्वारा नागपुर में की गई गुंडागर्दी के ख़िलाफ़ इस सम्पादकीय में कुछ ऐसा आभास दिया गया है कि इससे छात्रों का भी कुछ सरोकार है। माना कि बसों का अपहरण किया गया, आपस में मारपीट हुई, फलों और मिठाई की दुकानें लुटीं, लड़कियों के साथ घपला हुआ, पर क्या सम्पादक महोदय यह नहीं मानते कि यह सब असामाजिक तत्त्वों का काम है? ख़ुद छात्र नेता तक यही कहेंगे।

लगता है कि सम्पादक महोदय की तरह सोचनेवाले कुछ चकरा गए हैं और असामाजिक तत्त्वों और छात्रों में फ़र्क़ नहीं कर पा रहे हैं, जोकि राजीव गांधी और उनकी माताजी बख़ूबी कर रही हैं। तभी वे छात्र-नेताओं को इस बारे में कुछ नहीं कह रही हैं। वैसे, सम्पादक महोदय ने 'ठग्स ऐट लार्ज' शीर्षक तो सही दिया है, क्योंकि वही नहीं, राजीव जी और उनकी माताजी समेत हम सभी जानते हैं कि गुंडे छुट्टा घूम रहे हैं। वे नागपुर में भी थे, वहाँ आने-जानेवाली रेलगाड़ियों में भी—पर उसके आगे कृपया छात्रों को कुछ न कहिए, वे भारत के भविष्य हैं, उनके ख़िलाफ़ कुछ सुनने से मेरी धार्मिक भावना को ठेस पहुँचती है।

ज़िला मजिस्ट्रेट से मैं दोबारा पूछता हूँ—"ऐसे मौक़ों पर आप असामाजिक तत्त्वों को गिरफ़्तार क्यों नहीं करते?"

"इसलिए कि उन्हें राजनयिक सुरक्षा—डिप्लोमैटिक इम्यूनिटी—मिली हुई है। उन पर पंचशील लागू है।" वह कहता है, "कल ही तो उनका मेमोरेंडम मुझे मिला है। वे कहते हैं, न हम छात्र हैं, न राजनैतिक कार्यकर्ता, न हिन्दू हैं, न मुसलमान, न कोई दूसरे धार्मिक या साम्प्रदायिक वर्ग। न बिहारी, न पंजाबी, न गुजराती, न मद्रासी। आप ख़ुद ही हमें ऐसा कुछ नहीं मानते। हम सिर्फ़ असामाजिक तत्त्व हैं। यहाँ के सब धर्मों, वर्गों, राज्यों, जातियों से परे। हम भले ही अल्पसंख्यक हों, पर हमारी स्वतंत्र सत्ता है। हम अपना राज्य अलग से चाहते हैं। सच तो यह है कि आप पहले ही हमारा स्वतंत्र राज्य कायम करा चुके हैं और हमारे साथ शान्तिपूर्ण सहअस्तित्व निभा रहे हैं। अब सवाल

सिर्फ़ रस्मी तौर पर हमसे राजनयिक सम्बन्ध बनाने और कुछ सन्धिपत्रों पर दस्तख़त करने का है...।"

छात्रों और कुछ दूसरे वर्गों के छुट्टेपन पर मैंने भी पहले कुछ साफ़-साफ़ कहा है। अब समझ रहा हूँ, मैं और मेरे जैसे लोग मूर्ख हैं जो फावड़े को फावड़ा कहते हैं। होशियार वे हैं जो फावड़े को हवाई जहाज़ कहते हैं और फिर उस पर जनता को चढ़ाकर अन्तरिक्ष की सैर के लिए भेज देते हैं। वे कुशल प्रशासक हैं, सफल राजनेता हैं। बुद्धिजीवी हैं। कवि भी हैं।

[अक्तूबर, 1984]

पूड़ी-सब्ज़ी प्रोग्राम, श्रीराम भक्ति, आलू आदि

लखनऊ, 14 अक्तूबर, 1984 : श्रीराम-जन्मभूमि-मुक्ति यज्ञ समिति की विराट रथ-यात्रा में, जो बिहार की सीतामढ़ी नगरी से शुरू हुई थी, लगभग तीन लाख भक्तगण स्थानीय बेगम हजरतमहल पार्क में समवेत हुए। वहाँ, ख़बर है, स्थानीय मेडिकल कॉलेज के पाँच सौ छात्र बजरंग दल में भर्ती हुए। चिकित्सकों का बजरंगबली से पुराना रिश्ता है। एक तो बजरंगबली ख़ुद परम चिकित्सक हैं। (प्रमाण : नासै रोग हरै सब पीरा।) दूसरे, द्रोणाचल को कटोरा जैसा बनाकर संजीवनी लाने के वक़्त से उनका चिकित्सकों से फ़िज़िशियन-फार्मेसिस्ट सम्बन्ध कायम हो गया है।

यही वजह हो या कोई और, इस महायज्ञ में जिन ख़ास लोगों ने हिन्दू जाति को हिन्दुत्व से हिंध्वनित किया उनमें मेरे डॉक्टर दोस्त भी थे जो कैंसर रोग की एक संगोष्ठी से संगोष्ठित होकर लौटे थे। कल तक वे कीमोथेरेपी, रेडिएशन, सर्जरी आदि की निर्झरी नहा रहे थे, आज वे राम को बँधुवा हालत से मुक्ति दिलाने की युक्ति कर रहे थे। सीतामढ़ी जिस बिहार में है, वहाँ के बँधुआ मज़दूर पंजाब तक फैले हैं, पर उन्हें मुक्त कराने का काम बीस-सूत्रीय पंसारियों का है, उनका नहीं—ऐसा डॉक्टर ने कहा। यह भी—"हमारा काम तो श्रीराम को अयोध्या में बाबर की बर्बर क़ैद से मुक्त कराने का है।" उनकी बातें सुनकर और इस विराट, भव्य, दिव्य आदि-आदि आयोजन के सव्य-अपसव्य नारों से चौंधियाकर मैं कुछ देर के लिए मोहाविष्ट हो गया।

बाद में, जब तीन लाख नर-नारी समूह कुछ छोटे-छोटे खंडों में बँटकर, पी.एस. प्रोग्राम—यानी पूड़ी-सब्ज़ी के पैकेट लिये इधर-उधर बैठा था, डॉक्टर ने पूछा, "कैसा लगा?" मैंने पूछा, "क्या?" "मेरा व्याख्यान?" मैंने कहा, "ओजस्वी था।" वे कुछ और सुनना चाहते हैं, सोचकर मैंने फिर कहा,

"तंत्र-साधना में कुछ साधक मुर्दे की पीठ पर जप करके कुछ ऐसी सिद्धि पा लेते हैं कि मुर्दा पलटकर अपना मुँह आसमान की ओर कर लेता है। आप ऐसे ही महान साधु हैं, मथुरा में कृष्ण जन्मभूमि की ईदगाह और वाराणसी में बाबा विश्वनाथ की निकटवर्ती मस्जिद के लिए अभियान चलाकर आप पेट के बल पड़े इतिहास के मुर्दे को पलटकर चित करने जा रहे हैं।"

वे बोले, "आप व्यंग्य कर रहे हैं।" मैंने कहा, "मैं सीधी बात कर रहा हूँ। मुझे व्याख्यान से डर लग रहा है।" उन्होंने कहा, "आपमें जातीय गौरव का बोध नहीं है।" मैंने कहा, "बिलकुल नहीं, पर कैंसर के बारे में डॉक्टर होकर भी आपको जो जानकारी नहीं, वह मुझे है।"

वे मेरी मूर्खता पर हँसे। मैंने कहा, "कल आप मुँह के, ओरल कैविटी के कैंसर की बात कर रहे थे। आप नहीं जानते कि वह दो क़िस्म का होता है, एक तो जीभ यानी जिह्वामूल का कैंसर जो सिर्फ़ रोगी की जान लेता है, दूसरा जीभ यानी वाणी का कैंसर, जिससे रोगी मरे या न मरे, दो-चार हज़ार तो कभी भी मर सकते हैं। यहाँ मुझे इस दूसरे कैंसर के कई रोगी दिखाई दे रहे हैं।"

मेरी इस मनोरंजक बात पर डॉक्टर की हँसी ख़त्म नहीं हो पाई थी, तभी मुझे कुछ परिचितों ने पकड़ लिया। वे परिचित ही क्या जो आपकी भावनाओं से पूर्णतः अपरिचित न हों और अपने सुपरिचित आग्रहों को आप पर ठेल न रहे हों? "अहा! आप भी यहाँ हैं! इतने बड़े लेखक, ऐसे विद्वान! आपको हमारे बीच कुछ कहना भी पड़ेगा।"

डॉक्टर मित्र बदला निकालना चाहते होंगे—"अब इस समूह में आपको बोलना तो पड़ेगा ही," उन्होंने शह दी। हज़ार-बारह सौ की भीड़ के आगे एक अस्थायी मंच बन गया। रामभक्त डॉक्टर के विख्यात लेखक मित्र बोलने को खड़े हो गए।

मैंने श्रोताओं को देखा; कुछ बाबा, कुछ बाबू, पर ज़्यादातर खरीफ की कटाई और रबी की बुवाई छोड़कर आए हुए खेतिहर। दसों दिशाओं में श्रीराम की हवा बह रही थी, और उनकी कृपा या मेरी समझ या उसका अभाव देखिए, खेतिहरों को देखते ही मेरे दिमाग़ में खेती लहलहाने लगी। मैंने कहा, "भाइयो, और ख़ासतौर से किसान भाइयो, भवपाश से जो हम सबको मुक्ति दिलानेवाले हैं, उन्हें मुक्ति दिलाने की चिन्ता छोड़ो, यह वक़्त बड़ा क़ीमती है, रबी की बुवाई का है। मेरी सलाह है कि यहाँ से वापस जाकर तुम आलू की खेती पर विशेष ध्यान दो। आलू बड़ा गुणकारी होता है। कानपुर

कृषि विश्वविद्यालय इस पर एक गोष्ठी करने जा रहा है। इसे गेहूँ, तम्बाकू, तिलहन आदि के साथ भी बोने की पद्धति निकाली गई है। जहाँ तक आलू के उन्नतिशील बीज की बात है..."

तभी एक सड़ा आलू मेरी छाती पर ढेले की तरह लगा। मैंने कहा, "अगर आलू की चर्चा आपको अच्छी न लगे तो मैं गन्ने की बुवाई की पद्धति भी बता सकता हूँ।" पर तब तक मेरे ऊपर होनेवाली आलू-वर्षा कुछ और तेज़ हो गई थी। आलू का बीज उन्होंने शायद पहले ही ख़रीद लिया था।

[नवम्बर, 1984]

हिन्दी इतिहास में एक नया युग

अपने हिन्दी साहित्य का इतिहास अध्याय की दृष्टि से बड़ा ही बोधगम्य है। जैसे स्कूलों में टाइम टेबुल बनाकर विद्यार्थियों को समझा दिया जाता है कि पहले घंटे में हिन्दी, दूसरे में रियाजी उर्फ़ गणित, तीसरे में भूगोल, फिर इंटरवल और बाद के घंटों में अंग्रेज़ी या संस्कृत पढ़ाई जाएगी। वैसे ही हिन्दी साहित्य के विशद इतिहास में भी युग-विभाजन किया गया है। पहले वीरगाथा-युग चला। दूसरे घंटे में सन्त-युग अथवा भक्तियुग तीसरे में रीतिकालीन युग। फिर इंटरवल। फिर आधुनिक युग। अब इससे कोई बहस नहीं कि वीरगाथा युग में वीरों की कहानियाँ शृंगार-वर्णन से भरी-पूरी हैं और वीरता का प्रदर्शन कामिनी-लाभ के इर्द-गिर्द चक्कर काटता है, या रीतियुग में देव ब्रह्म और माया का पचड़ा बखानते हैं, केशव रामचन्द्रिका लिखते हैं। जब युग की बात पक्की हो गई तो इन बाधाओं को झेलना ही पड़ेगा। यह तो वैसे ही हुआ कि किसी दिन भूगोल मास्टर साहब ने पाठ न तैयार होने पर लड़कों में अन्त्याक्षरी करा दी। पर घंटा तो भूगोल का ही रहा। आज का कोई ब्रजभाषा कवि चाहे 'प्रथम समागम को बदलो चुकाए देत' की बात करे चाहे 'गजेन्द्र-मोक्ष' का स्तोत्र लिखे, पर यह आधुनिक युग के घंटे में ही आया होगा और गया होगा इंटरवल के बाद।

अब इधर कुछ आलोचक युग-विभाजन के मामले में कच्चे पड़ने लगे हैं। सच बात तो यह है कि आचार्य शुक्ल जी के बाद ऐसे आलोचक रहे ही कहाँ, जो युग पर युग निकाल सकते। फिर भी छुटपुट भारतेन्दु-युग या द्विवेदी-युग की बात सुनने में आया करती है। इधर सुधीन्द्र वर्मा ने युग के विषय में आगे की सब शंकाओं का समाधान कर दिया है। प्रतापनारायण श्रीवास्तव का 'विजय' एक विराट उपन्यास है। इसका चौथा संस्करण गंगा-पुस्तकमाला से (1957 में) प्रकाशित हुआ है। उसी की महत्त्वपूर्ण भूमिका में सुधीन्द्र वर्मा लिखते हैं—

"जिस प्रकार श्रीवृन्दावनलाल जी वर्मा जैसे महान कलाकार को सबसे पहले उनके महान उपन्यास 'गढ़ कुंडार' के प्रकाशन के साथ-ही-साथ गंगा-पुस्तकमाला के यशस्वी सम्पादक श्री दुलारेलाल जी ने हिन्दी के सर वाल्टर स्कॉट के रूप में ला खड़ा किया था, उसी प्रकार श्रीयुत प्रतापनारायण श्रीवास्तव को भी उनकी प्रथम कृति 'विदा' के साथ ही उन्होंने हिन्दी के 'जेन आस्टिन' के रूप में प्रस्तुत किया था। नवीन लेखकों की जो महती सेना श्री दुलारेलाल जी तथा गंगा-पुस्तकमाला ने गत 1920 से खड़ी की थी, श्री प्रतापनारायण उसके अन्यतम सैनिकों में गिने जाते हैं। तब से आज तक उनका वह स्थान सुरक्षित चला आ रहा है। वास्तव में आधुनिक हिन्दी के भारतेन्दु-युग, द्विवेदी-युग तथा दुलारे युग में से अन्तिम युग—दुलारे-युग की महती विभूतियों में उनकी गणना की जाती है।

"श्री दुलारेलाल जी द्वारा आविष्कृत महान लेखकों के कारण ही 1920 से 1945 तक का युग हिन्दी युग का अप्रतिम प्रतिभाशाली युग बन गया था। 'माधुरी' और 'सुधा' उन दिनों लेखकों की खोज करती थीं। दुलारेलाल जी उनका साहित्यिक संस्कार करते थे, और गंगा-पुस्तकमाला उन्हें हिन्दी जगत से परिचित कराती थी। सैकड़ों लेखक हिन्दी की इस महती संस्था के कारण ही लड़खड़ाते पाँवों में स्थिरता पाकर आज गर्वीले कलाकारों की श्रेणी में जा बैठे हैं। बहुतरे अकृतज्ञ अभिमानी श्री दुलारेलाल जी की सेवाओं को भूलकर अपने को स्वयं-भू भले ही मानने लगे हों, किन्तु यह निर्विवाद है कि आज के हिन्दी साहित्य के निर्माण में दुलारे-युग के पिछले 25 वर्ष कठोर आधारशिला का कार्य सदा करते रहेंगे। हिन्दी लेखकों की अकृतज्ञता पर्याप्त अनुताप का कारण बन चुकी है। हिन्दी साहित्य के इतिहास के उस ध्रुव सत्य पर उनकी कलुष-कालिमा भी परदा न डाल सकेगी।"

तो भारतेन्दु-युग और द्विवेदी-युग के बाद हिन्दी में एक दुलारे-युग भी पहली बड़ी लड़ाई के बाद 1920 में आया और दूसरी बड़ी लड़ाई के बाद 1945 में, 25 वर्ष की उमर में उठ गया। इस युग के बाद हिन्दी में कौन सा युग आया, स्वयं सुधीन्द्र वर्मा ने यह भूमिका किस युग में लिखी, यह बात साफ़-साफ़ नहीं कही गई। पर इतिहास के विद्यार्थियों को यह बात जान लेनी चाहिए।

आचार्य द्विवेदी जी का देहान्त 1938 में हुआ। ज़ाहिर है कि उसके अठारह साल पहले ही उनका तबादला दुलारे-युग में हो गया था। 1920 के पहले 'सरस्वती' का सम्पादन करते हुए उन्हें कुछ ही साल हो पाए थे, वे

मैथिलीशरण गुप्त की प्रतिभा का परिचय-भर दे सके थे। पर गुप्त जी की प्रतिभा का विकास दुलारे-युग में ही हुआ। तो क्या द्विवेदी-युग प्रोपेगैंडा है? उसमें तथ्य कुछ भी नहीं हैं? तब तो भारतेन्दु-युग द्विवेदी-युग से भी ज़्यादा निस्सार है? भारतेन्दु जी ने एकाध पत्र-पत्रिकाएँ भी निकालीं और उनमें किसी चित्रशाला की तसवीरें नहीं छपती थीं। उन्होंने कोई बढ़िया प्रेस भी नहीं चलाया और पुरस्कार पानेवालों के बजाय पुरस्कार देनेवालों की सूची में ही अपना नाम लिखवाया। उन्होंने साहित्यकारों की सेना नहीं तैयार की। साहित्यकारों को न तो ज़बरदस्ती उन्होंने अपना कृतज्ञ बनाया, न बाद में उन्हें अकृतज्ञ समझा। अतः जिस हिसाब से हमें हिन्दी में दुलारे-युग के अस्तित्व का सबक़ दिया गया है, उसी से हमें मानना पड़ेगा कि भारतेन्दु-युग कभी था ही नहीं और उसका भी होना केवल प्रोपेगैंडा की बात है। इससे यह निष्कर्ष निकला कि रीति-युग के बाद हिन्दी साहित्य में इंटरवल हो गया। उसके बाद कुछ देर तक घंटा ही नहीं बजा। (शायद मौसम अच्छा हो जाने से क्रिकेट मैच की बात सोच ली गई) फिर थोड़ी देर बाद बड़े ज़ोर का घंटा बजा। साहित्यकार लोग या विद्यार्थी भागकर दर्जे में आए। तब उन्हें पता लगा कि वे दुलारे-युग में बैठे हैं।

प्रेमचन्द, प्रसाद, हरिऔध, आचार्य रामचन्द्र शुक्ल और श्यामसुन्दर दास के साथ एक भारी दुर्घटना हुई। उनकी प्रतिभा के विशेष चमत्कार दुलारे-युग में ही प्रकट हुए थे और अब उन सबका देहान्त हो जाने पर यह बात खुली है। उन बेचारे साहित्यिक दिग्गजों को अपने देहावसान के पहले मालूम तक न हो सका कि वे किस युग के साहित्यकार हैं। पन्त, निराला, बच्चन, महादेवी आदि को तो सौभाग्यवशात अब मालूम हो गया है कि वे दुलारे-युग की देन हैं। यही क्या कम है? सच पूछा जाए तो निराला या वृन्दावनलाल वर्मा दुलारे-युग की सेना के सेनानी हैं। ऐसे ही बहुत-से साहित्यकार दुलारे-युग के प्रवर्तक ने आविष्कृत किए थे जो अपने गर्वीलेपन और अकृतज्ञता के कारण सेना छोड़कर भाग निकले हैं। इनका बाक़ायदे कोर्ट मार्शल होना चाहिए। दुलारे-युग का सबसे बड़ा चमत्कार निराला का मानसिक सन्तुलन है। इस चमत्कार को देखते हुए भी हमें उन सब साहित्यकारों को साहित्य-क्षेत्र से बाहर निकाल देना चाहिए जो दुलारे-युग की सेना को छोड़कर जंगल की ओर भाग खड़े हुए हैं।

यह तो हुई दुलारे-युग की महान समृद्धियों की बात। अब यह जान लिया जाए कि 1945 के बाद दुलारे-युग कैसे ध्वस्त हो गया। साथ ही यह

समझ लिया जाए कि मेरा यह लेख और सुधीन्द्र वर्मा की भूमिका किस युग की देन हैं। वास्तव में हर एक समझदार लेखक को यह जानना चाहिए कि वह किस युग में लिख रहा है। यदि उसे यह बोध न हुआ तो वह लिखेगा ही क्या? उसके साथ भी प्रेमचन्द और प्रसादवाली दुर्घटना हो सकती है जो मरते दम तक न समझ पाए कि दुलारे-युग ही में उनका प्राणान्त हुआ। साथ ही प्रत्येक साहित्यकार को जानने के साथ ही अपनी कृतज्ञता दिखाने के लिए चिल्लाना भी चाहिए कि वह किस युग का साहित्यकार है। यह बात युग-प्रवर्तक की शान्ति के लिए और विद्यार्थियों के बोध-लाभ के लिए परम हितकर सिद्ध होगी।

दुलारे-युग तो हिन्दी की बढ़ती हुई प्रगति के कारण मारा गया। बिहारीलाल ने सात सौ दोहे लिखे थे, फिर भी वे कोई युग-प्रवर्तक नहीं बन सके। अत: इसी से सिद्ध होता है कि यदि दुलारेलाल एक युग चला ले गए तो वह दोहा लिखकर नहीं, ऐसा उनके प्रकाशक होने के बूते पर ही हो सका होगा, अर्थात गंगा-पुस्तकमाला के संचालक होने के नाते वे दुलारे-युग के प्रवर्तक माने गए। यही बात ज़रा अधिक अध्यापकी भाषा में सुधीन्द्र वर्मा ने भी सुझाई है। यदि दुलारे-युग 1945 में परम तत्त्व को प्राप्त हुआ तो उसका कारण था सरस्वती प्रेस युग, भारती भंडार युग, किताब महल युग, साहित्य सदन युग आदि का उस युग के ऊपर आ बैठना। अब एक युग के लिए अकेला दूसरा युग ही भारी पड़ता है। (जैसे द्विवेदी-युग के लिए दुलारे-युग) और जब अनेक युग एक साथ मैदान में उतर पड़े तो एक अकृतज्ञ सेना के सहारे दुलारे-युग कहाँ तक टिक पाता। अत: वह चल बसा।

किन्तु दुलारे-युग की अवतारणा आगे के युग-विभाजन के लिए बड़ी सहायक सिद्ध होगी। इसी में इस युग की सार्थकता है। प्रकाशकों के नाम पर युग चलाने का परिणाम यह हुआ है कि आगे मुद्रकों के नाम पर भी युग चल सकते हैं। ईमानदारी की बात तो यह है कि युग मुद्रकों के ही नाम पर चलने चाहिए। वे न हों तो प्रकाशक कहाँ तक साहित्य का प्रकाशन करेंगे। वह तो मुद्रक जब से आए तभी से प्रकाशक से भी हम परिचित हुए। अत: बाक़ायदे रेट और टाइप का निरीक्षण करके हमें यह निश्चय करना पड़ेगा कि किस मुद्रक के नाम युग की उपाधि लगाई जाए। ये युग क्षेत्रीय स्तर—रीजनल लेबल पर भी बन सकते हैं। इससे कई युग एक साथ पनपेंगे और वाजपेयी मुद्रणालय युगवालों को यूरेका प्रिंटिंग वर्क्स युगवाले अकृतज्ञ और अभिमानी न बना

सकेंगे। एक-एक युग तीन-चार वर्ष तक मुद्रक की आर्थिक और सांस्कृतिक स्थिति के विचार पर कायम रखा जा सकता है।

इधर जब से हमारे पड़ोसी भगेलू ने इन युगों की चर्चा सुनी है, उनका भी तक़ाज़ा है कि वे अलग से एक युग खोलेंगे। वे प्रेस के कम्पोजिटर हैं। उनका कहना है उन्हीं के द्वारा साहित्यकार मुद्रण और प्रकाशन के माध्यम से आगे बढ़ते हैं।...मुद्रक और प्रकाशक तो होते ही रहते हैं, पर छपाई का असली काम तो भगेलू भाई करते हैं। उन्हें कई साहित्यकारों के नाम याद हैं जिनकी पुस्तकें मुद्रण की दशा में उन्होंने कम्पोज की थीं। वे उन साहित्यकारों को भगेलू युग की देन समझते हैं।

मैं भगेलू-भाई के तर्क से सर्वथा सहमत हूँ। सुधीन्द्र वर्मा ने दुलारे-युग में कुछ और भले ही लिखा हो, पर उनकी भूमिका ठेठ भगेलू-युग की है। प्रत्येक साहित्यकार को इसी प्रकार अपने-अपने युग का ज्ञान प्राप्त कर लेना चाहिए। तभी 'साहित्य समाज का दर्पण है' आदि-आदि सिद्धान्तों को वह अपनी कृतियों में उतार सकेगा और वक़्त-ज़रूरत पर अकृतज्ञ होने के कलंक से बच जाएगा।

[फरवरी, 1959]

फ़रमाबरदारी, वफ़ादारी और खिदमत

केन्द्रीय वाणिज्य मंत्री के ओहदे से जब श्री अर्जुन सिंह का तबादला इंका के उपाध्यक्ष पद पर हुआ तो उन्होंने दूरदर्शन को बताया, "मेर शब्दकोश में सिर्फ़ तीन शब्द हैं—ड्यूटी, लॉयल्टी और सर्विस।" सुनकर दोहरी ख़ुशी हुई, एक तो इसलिए कि आज भी कर्तव्यनिष्ठा और सेवाभाव को समर्पित कुछ हस्तियाँ राजनीति में बची हैं, और दूसरे इसलिए कि इससे यह साबित होता है कि पिछले दशक में इंका के राजनीतिक शब्दकोश में कम-से-कम तीन गुना इज़ाफ़ा हुआ है।

अर्जुन सिंह के बारे में कुछ कहना जलते बल्ब को बुझी लालटेन दिखाने जैसा है। पर इन शब्दों की हैसियत पर रोशनी डालना ज़रूरी है। याद कीजिए दस साल पहले के उस दौर को जब 'इन्दिरा इज़ इंडिया' का नारा लगानेवालों के शब्दकोश में सिर्फ़ एक शब्द था—'लॉयल्टी', जिसका देसी उल्था 'निष्ठा' नहीं, 'वफ़ादारी' होगा। संजय ब्रिगेड की तपती गर्मियों में एक और शब्द जुड़ा : 'सर्विस' यानी 'खिदमत'। अब, जिस शब्द ने चक्कर को मुकम्मल कर दिया है। वह है—'ड्यूटी' यानी कर्तव्य। पर कर्तव्य एक सिरफिरी हरकत हो सकती है—अगर कहीं उसमें अपना निजी विचार या उस पर आधारित कोई सिद्धान्त जोड़ दिया जाए। असली ड्यूटी तो वह है जो चुंगी के जमादार से लेकर फ़ौज के जनरल तक करते हैं। जहाँ बैठाया, बैठ गए, जब उठाया, उठ गए। ऐसी ड्यूटी का देसी भाषा में उल्था हुआ : फ़रमाबरदारी। इसी सबके सहारे पिछले दशक में हमारा राजनीतिक शब्दकोश समृद्ध हुआ है, लगभग उसी अनुपात से जिससे रुपये की क़ीमत गिरी है। वैसे, रुपये की क़ीमत और राजनीति का आपस में कोई सम्बन्ध हो तो वह इस बहस के लिए, संयोग-भर है।

आधी सदी पहले की राजनीति में भी ये तीनों शब्द चलते थे। पर उनके समझने में तब काफ़ी अराजकता थी। तिलक, गांधी, सुभाष, पटेल, नेहरू से लेकर लोहिया तक इन तीन शब्दों की अपनी-अपनी परिभाषा बनाने में ही खपते रहे। ये उस सिरफिरी जमात के थे जो सबसे पहले अपना विचार स्थिर करती है, फिर उसी के प्रति वफ़ादार होकर खिदमत का रास्ता तय करती है। पर चूँकि विचार एक हवाई चीज़ है, इसलिए इनकी ज़िन्दगी का पूरा माहौल भी हवाई बन गया था। इस माहौल को पीछे ठेलकर आज की राजनीति ज़्यादा ठोस आधार पर ड्यूटी वग़ैरह को पकड़ती है। वह सारे सिद्धान्तों को अपने प्यारे नेता की कंचनकाया में, विचार उसकी आवाज़ में और सेवा उसकी फ़रमाबरदारी में देखने लगी है। यानी पार्टी सिद्धान्तों की है, कल्चर गिरोह की है।

इस परिवर्तन की वजह है अपने नेताओं की भारतमाता में गहरी श्रद्धा। प्रो. बाशम ने कहीं लिखा है कि पुराने तैंतीस करोड़ देवताओं के बावजूद पिछले वर्षों में दो नये देवताओं का हमारे यहाँ जन्म हुआ है। एक हैं सन्तोषी माँ जिनकी पताका कॉन्वेंट स्कूलों तक में फहरा रही है, दूसरी हैं भारतमाता, पर वाराणसी में उनके मन्दिर के बावजूद उनकी अभी साख नहीं बनी है, क्योंकि उनके सेवकों ने ही उनकी सूरत और सीरत के बारे में सब गड्डमड्ड कर रखा है। बंकिम बाबू ने उन्हें दशप्रहरणधारिणी दुर्गा में देखा, रवि बाबू ने कभी उन्हें पुल्लिंग मानकर उनके रथ की घर्घर-ध्वनि से सभी दिशाओं को मुखरित पाया, कभी उन्हें नारी मानकर उनको सफ़ेद बर्फ़ का मुकुट पहना दिया। सुमित्रानन्दन पन्त उन्हें खेतों में मैला आँचल लिथाड़ते हुए देखते हैं। यही नहीं तय हो पाता कि उनका मुकुट सोने का है या बर्फ़ का, और वह है भी या नहीं। इस झमेले से अलग कितना सुखद है हुसेन की तरह दुर्गा की शक्ति का प्रतीक बना देना और उस शक्ति का दर्शन 'इन्दिरा इज़ इंडिया' में करना, और उसी राह पर चलते हुए उनकी जगह जो भी हो, उसी को भारत माता/पिता मानकर चलना। कम-से-कम इससे निराकार या धुन्धाकार की जगह कोई साकार प्रतिमा तो मिलती है जिसके आगे कर्तव्य, निष्ठा, सेवा आदि की अमूर्त, ऊलजलूल कल्पनाएँ ख़त्म हो जाती हैं और देशभक्तों के लिए राजनीति को एक साफ़-सुथरा, ठोस राजमार्ग खुल जाता है।

बहरहाल, दूरदर्शन पर राजनीति के ये तीन शब्द सुनकर मेरी श्रीमती जी हमारे नौकर को, जो बार-बार घर जाने की इजाज़त माँगता है, ड्यूटी, लॉयल्टी आदि की ख़ूबियाँ समझा रही हैं। मैं उन्हें रोकता हूँ। कहता हूँ—माना कि

ये तीनों शब्द सरकारी नौकरों के शब्दकोश के हैं पर उनके निकम्मेपन की वजह से वहाँ से खिसककर अब ये देशभक्त नेताओं के हाथ में आ गए हैं। इन्हें वहीं रहने दो, नौकर को इनसे बरी रखो। बहुत तेज़ दौड़कर पी. टी. उषा खेलकूद की चैम्पियन हो जाती हैं, पर वैसा तेज़ दौड़ने पर भी हमारे गाँव का गुरचन्ना चोर का चोर रह जाता है। तुम्हारे नौकर में फ़रमाबरदारी, वफ़ादारी आदि का माद्दा तगड़ा हो जाए, तब भी यह कहीं का राज्यपाल तो होने से रहा, ज़्यादा-से-ज़्यादा किसी माफिया गिरोह का भरोसेमन्द तमंचाबाज़ बन जाएगा। अच्छा हो कि तुम इसे अपनी समझ से ही चलने दो।

[दिनमान, 1985]

दूरदर्शन का जीवन-दर्शन

क्या आपने किसी मिनिस्टर को रिश्वत लेते देखा है? मैंने तो देखा है...

...दूरदर्शन पर 'यह जो है ज़िन्दगी' के एक घटनाक्रम में। वहाँ एक मिनिस्टर को रिश्वत लेते देखकर मज़ा आ गया, अब दूसरे घटनाक्रम में मुझे एक ऐसे ही चीफ़ मिनिस्टर का इन्तज़ार है और तीसरे में—परम् शान्तम् पापम्। इसकी ज़रूरत नहीं होगी। अपने अनेक सीरियलों में दूरदर्शन रिश्वतख़ोरी और धाँधलेबाज़ी की इतनी तफ़सील दे चुका है और वे इतने रोचक हैं कि अब उसे एक भयानक सामाजिक व्यवस्था मान सकते हैं। डी.डी.टी. के निरन्तर प्रयोग से जैसे मच्छर, वैसे ही इन नाट्य प्रयोगों से भ्रष्टाचार के मामले में हमारे मन निर्द्वन्द्व रहने लगे हैं। आगे चलकर उसे हम ज़िन्दगी की एक साहसपूर्ण पद्धति-भर मान लेंगे, जैसे कुछ नौजवान फ़िल्मों में बार-बार बलात्कार के दृश्य देखकर उसे प्रेमक्रीड़ा का एक पुरजोश तरीक़ा-भर मानने लगे हैं।

दूरदर्शन द्वारा अपनाई गई इस भंडाफोड़वादी नीति का एक और भी फ़ायदा है। इससे विरोध की राजनीति का गुब्बारा पिचकने लगा है। प्रतिपक्ष और बुद्धिजीवी अब भ्रष्टाचार की कहानियाँ किसे सुनाएँ? जनता को? उसे तो दूरदर्शन पहले ही सुना चुका है। सरकार को? उसे तो पहले ही से सब कुछ मालूम है और वही तो है जो जनता को यह सब सुनवा रही है।

तब प्रतिपक्ष को और विरोधी पत्रकारों और बुद्धिजीवियों को क्या करना चाहिए? उन्हें दूरदर्शन ही की 'रजनी' के हाथ मज़बूत करने चाहिए, दरअसल, दूरदर्शन के दर्शनशास्त्र के अनुसार, अब राष्ट्रीय जीवन की हर एक बुराई दिखाने का काम सरकार का है, उससे जाकर टकराने और उसे मिटाने का काम रजनी का है और उस पर 'वाह-वाह' और 'मुकर्रर इरशाद' कहने का काम प्रतिपक्ष और बुद्धिजीवियों का है।

रजनी भी क्या अजीब चीज़ है! बिना तलवार और घोड़े की बिलकुल कलंकी अवतार! सिर्फ़ कातिलाना निगाह और बर्छी जैसी ज़बान के सहारे वह हर क़िस्म की धाँधली को चन्द मिनटों में चित कर देती है। उसकी ललकार के आगे कोई-न-कोई पुलिस अफ़सर, ड्रग-कंट्रोलर, शिक्षा-निदेशक दुम हिलाता हुआ उसकी मदद के लिए पीछे चल देता है। इसलिए, रजनी की कामयाबी देखते हुए उससे अब कुछ और बड़े काम क्यों न कराए जाएँ, जैसे—

घटना-1 : शाम का वक़्त, घुमड़ती घटाएँ। रजनी का जमूड़ा, यानी उसका पति उसके साथ अंग्रेज़ी शराब की दुकान पर ह्विस्की की बोतल ख़रीदने जाता है। वहाँ पहुँचते ही रजनी को बीस-पचीस लाशें बिछी मिलती हैं। उसे पता चलता है कि ये मौतें दुकान से बेची गई नकली और ज़हरीली शराब से हुई हैं। रजनी उसी वक़्त नक़ली शराब की बिक्री के ख़िलाफ़ आन्दोलन छेड़ देती है, जनता उसके पीछे खड़ी हो जाती है। वह दुकानदार को गिरफ़्तार कराने के लिए चौराहे के सिपाही को सीटी बजाकर बुलाती है। पर उसके पहले दुकानदार रजनी के पाँव पकड़ लेता है, उसकी स्तुति करता है और क्षमा माँगने लगता है। रजनी आगे के लिए उससे असली शराब बेचने का वादा लेकर उसे माफ़ कर देती है, पर कहती है, "इन हत्याओं के लिए तुम्हें जेल जाना ही पड़ेगा।"

दुकानदार जवाब देता है, "इसकी आप फ़िक्र न करें, इनके मुँह में मैं जैसे ही असली शराब डालूँगा, ये उठकर खड़े हो जाएँगे।"

घटना-2 : ख़ूँख़्वार गुंडों के एक गिरोह, यानी माफ़िया का बाज़ार में आतंक छाया है। वह होटल और सिनेमावालों, दुकानदारों आदि से तगड़ी माहवारी वसूल करता है और घूस लेनेवाले कुख्यात हाकिमों तक से हिस्सा लेता है। जो उनकी माँग से इनकार करता है, उसके कान-नाक काट लिये जाते हैं। एक होटलवाले की फ़रियाद पर रजनी तमतमाकर एस.पी. से मिलने जाती है, फिर उसके लिबलिबपन से चिढ़कर आई.जी. पुलिस से मिलती है और यह जानकर कि माफ़िया सरदार को एक मंत्री की शह मिली है, मंत्री पर धावा बोल देती है। मंत्री टालमटोल करता है। पर जैसे ही रजनी क हती है कि मैं रजनी-वजनी नहीं, असल में मैं प्रिया तेंडुलकर हूँ और अभी प्राइम मिनिस्टर से मिलकर आई हूँ और अभी वापस जाकर उनके आगे तुम्हारी पोल खोलती हूँ तो वह घबराकर माफ़िया सरदार को बुला लेता है। सरदार आते ही रजनी के आगे हाथ जोड़कर अहिंसावादी बन जाता है और वादा करता है कि बहन जी, भविष्य में मैं दुकानदारों से

उतने ही प्रेम से रुपया वसूलूँगा, जितने प्रेम और आत्मीयता से हमारी पार्टी मिल-मालिकों से चुनाव का चन्दा लेती है।

घटना-3 : ट्यूनिशिया में फिलिस्तीनी मुक्ति संगठन के कैम्प पर इस्राइल की बमबारी के ख़िलाफ़ हमारे प्रधानमंत्री का वक्तव्य पढ़ते ही रजनी पहले अमेरिका के राष्ट्रपति रीगन के पास जाकर उन्हें फटकारती है, फिर उनसे निराश होकर भारत के प्रसिद्ध पुलिस अफ़सर और गुजरात के डी.जी.पी. रिबेरो को साथ लेकर इस्राइल के प्रधानमंत्री से मिलने का फ़ैसला करती है। रिबेरो उसे आतंकवाद के ख़िलाफ़ शानदार कामयाबी पानेवाले पंजाब के गवर्नर अर्जुन सिंह को अपने साथ ले जाने का सुझाव देते हैं।

अब इस एपिसोड में किस चमत्कार से रजनी ने इस्राइल पर अपनी नैतिक दिग्विजय प्राप्त की, इस खोज का काम मैं 'रजनी' के लोकप्रिय निर्देशक बासू चटर्जी के लिए छोड़ रहा हूँ।

[नवम्बर, 1985]

देवता ग़रीबी की चपेट में हैं

कुलान्तपीठ, कुलूत या कुल्लू के दशहरा की सबसे बड़ी ख़ूबी यह है कि वह आदिम पुराण और आधुनिक कालों की चेतना को आपस में मिलाकर हमवार कर देता है और ठेठ लोकजीवन से सरककर इतनी आसानी से व्यापक सार्वजनिक जीवन में आ जाता है कि हमें किसी असंगति का एहसास नहीं होता।

अगर इस विराट आयोजन को 'सांस्कृतिक उत्सव' जैसा नाम दिया जाए तो उसमें भी चकरानेवाले कई तत्त्व निकलेंगे। यह संस्कृति अगर है तो समाजशास्त्रीय अर्थ में या नृशास्त्रीय अर्थ में है?

और इसे उत्सव कहें या एक परिसीमित समुदाय का कोई कर्मकांड, कोई अनुष्ठान? क्या यह दर्शकों और पर्यटकों के लुभाने को गाजे-बाजेवाला एक गेला-भर है? या साथ ही जनजीवन की घनी आस्थाओं को उभारनेवाला एक सामूहिक कर्म भी, जिसमें वशिष्ठ और जमलू को छोड़कर कुल्लू घाटी और आसपास के 'देवते' 'ठाकुर' यानी रघुनाथ जी के दरबार में हाज़िर होते हैं, विजयादशमी के सातवें दिन लोग व्यास नदी के किनारे घास, झाड़ियों और लकड़ियों में आग लगाकर लंका-दहन का संकेत देते हैं। भैंसे, सूअर, केकड़े, मुर्ग़े आदि की बलि दी जाती है। बाद में रघुनाथ जी अपने मन्दिर में और 'देवते' अपने-अपने गाँव चले जाते हैं।

पिछली चार अक्तूबर को कुल्लू का दशहरा देखकर कुछ बातें समझने में कोई कठिनाई नहीं हुई : कि यह मैसूर का भव्य राजसी आयोजन नहीं है, कि यह वाराणसी की रामलीला नहीं है। (इस छोटे-से साम्य को छोड़कर कि वाराणसी रामलीला के प्रमुख संरक्षक काशी नरेश हैं और कुल्लू के दशहरे में कुछ कैसी भूमिका कुल्लू राज्य के वर्तमान वंशधर की है।) और सबसे

ख़ास बात यह कि विजयादशमी को जहाँ दशहरे के अधिकांश समारोह ख़त्म हो जाते हैं, कुल्लू का दशहरा विजयादशमी से शुरू होता है।

शिमला से लगभग 230 किलोमीटर दूर पाशमोचन करनेवाली विपाशा-व्यास नदी के किनारे बसा हुआ कुल्लू अनेक धार्मिक सम्प्रदायों, परम्पराओं और संस्कृतियों का केन्द्र-बिन्दु है।

यहीं से 91 किलोमीटर आगे रोहतांग का दर्रा है, जिसके पार लाहुल और स्पीती की घाटियाँ और तिब्बत का सीमारम्भ है। आदिम ग्राम-संस्कृति की इस क्षेत्र में अब भी एक स्वतंत्र मर्यादा है, जिसे आधुनिकता का तंत्र तोड़ नहीं सका है, और न प्राचीन शैव और शाक्त सम्प्रदायों का प्रभाव ही। इसी अर्ध-कबीलाई, अर्ध-परिनिष्ठित संस्कृति में जहाँ नाग, सिद्ध, योगिनियों के बीच हिडिम्बा एक पूजित देवी हैं, सोलहवीं सदी में श्री रघुनाथ जी पधारे। इसके साथ एक कथा जुड़ी हुई है, जिसे दोहराते डर लगता है कि अयोध्या के राम जन्म-भूमि मुक्ति-मोर्चेवाले कहीं अपनी तोपें कुल्लू की ओर न घुमा दें।

कथा यह है कि कुल्लू के राजा जगत सिंह ने एक ब्राह्मण को सताया और ब्राह्मण का प्रताप देखिए, राजा असाध्य रोगों से पीड़ित हो गए। निदान यह बताया गया कि अयोध्या से स्वयं रघुनाथ जी द्वारा निर्मित रघुनाथ जी की मूर्ति वहाँ लाई जाए।

तब बड़े छल, छद्म और चमत्कारों के बीच रघुनाथ जी की मूर्ति कुल्लू लाई गई। राजा ने सारा राज्य रघुनाथ जी को सौंप दिया, ख़ुद उनके छड़ीदार बन गए। उसी समय से आसपास के गाँवों के देवता भी वहाँ की ज़मीन के मालिक बन गए। तभी से इस दशहरे का आरम्भ हुआ।

अंग्रेज़ों के ज़माने में 1862-1865 के दौरान बन्दोबस्त में देवताओं की ज़मीन उनके लिए बाक़ायदा निर्धारित कर दी गई। पर आज़ादी के बाद एक क़ानून द्वारा लौकिकता के दबाव में अधिकांश ज़मीन उसे मिल गई जो उसे जोतता है। अब अधिकांश देवता ग़रीबी की चपेट में हैं, शायद मलाणाँ के जमलू को छोड़कर, जिनका बीसवीं सदी के सारे क़ानूनों के बावजूद अपने गाँव पर एकच्छत्र राज्य है।

तभी बाजे-गाजे के साथ दूर के गाँवों से देवताओं का रघुनाथ जी के दरबार में पहुँचना कठिन हो रहा है। दशहरा में श्री रघुनाथ जी के दरबार में जहाँ पहले 360 'देवते' पहुँचते थे, और 1947 तक लगभग 200, वहाँ अब

70-72 आ जाएँ तो ग़नीमत है। उत्सव-प्रेमी सरकारी और ग़ैरसरकारी जन इस समस्या का निदान ढूँढ़ रहे हैं।

वैसे न आनेवाले देवताओं में वशिष्ठ जी हैं जिनका गुरु का दर्जा है और जमलू, जो ऋषि जमदग्नि हैं और परशुराम जैसे पुत्र के पिता हैं।

रघुनाथ जी की रथयात्रा होती है। आज उनके अपेक्षाकृत छोटे दरबार में भी जब नरसिंहें, ढोल और दूसरे बाजे बजने शुरू होते हैं और अलग-अलग इतिहासवाले अलग-अलग देवता भक्तों के कंधों पर विराजमान होकर रथ के इर्द-गिर्द जमा होते हैं, तब एक ऐसा महोत्सव बनता है जिसे दर्जनों सांस्कृतिक सम्बन्ध परिषदें और अकादमियाँ मिलकर नहीं बना सकतीं। यह सिर्फ़ लोक-आस्था में ही सम्भव है।

पहले का शरत्कालीन मेला तिब्बत की ओर से आनेवालों और घाटी के लोगों तथा पंजाब के मैदानवालों के बीच व्यापार का माध्यम था। आज इस पारम्परिक अनुष्ठान को केन्द्र बनाकर सात दिन का मेला लगता है। नुमाइश और एक मुक्ताकाशी मंच पर लोकनृत्यों का सायंकालीन आयोजन आधुनिकता की देन है, जो कि न केवल अपने में ग़लत नहीं है, बल्कि जिसकी सम्भावनाएँ भी बहुत-सी हैं।

इस साल (1984 में) चार अक्तूबर का सायंकालीन आयोजन इतना आकर्षक था कि कुल्लू में कई वर्ष का सूखा, आरम्भ में मुख्यमंत्री श्री वीरभद्र सिंह का सौम्य भाषण और उनके द्वारा सूखे और राहत का हवाला और उपराष्ट्रपति का उद्घाटनवाला वक्तव्य तक—जिसमें संस्कृति का राष्ट्रीय एकता के लिए इस्तेमाल और प्रधानमंत्री की दरिद्रों के प्रति चिन्ता का ज़िक्र था—उसे फीका नहीं बना पाया।

हिमाचल प्रदेश इसे अन्तरराष्ट्रीय लोकनृत्य समारोह कहता है, क्योंकि कभी-कभी एक-आध विदेशी नृत्य-मंडली भी आ जाती है। कुछ ज़्यादा कल्पनाशीलता दिखाकर, गुणवत्ता के प्रति कुछ और आग्रह अपनाकर, कार्यकुशलता (प्रोफ़ेशनलिज़्म) पर कुछ और ज़ोर देकर और लोक-संस्कृति के अखिल भारतीय स्तरवाले कुछ और असली जानकारों की मदद लेकर कुल्लू-मनाली की नयनाभिराम घाटी में इसे सचमुच ही ऐसा अन्तरराष्ट्रीय समारोह बनाया जा सकता है, जिसके सामने यूरोप के ऐसे अनेक समारोह इकरंगे जान पड़ने लगें।

[नवम्बर, 1984]

जब ऊपर बहुत नीला आसमान था

[सुरेन्द्र चतुर्वेदी की स्मृति में]

सुरेन्द्र चतुर्वेदी से, जिन्होंने इंग्लैंड में कम्पनी सेक्रेटरी का प्रशिक्षण पाकर यहाँ पर स्वेच्छा से पत्रकारिता का पेशा अपनाया था, मेरा परिचय 'कविताएँ : 1956' की मार्फत हुआ था। यह 1958 की बात है। ये उस संग्रह के सम्पादकों में से थे और मैंने तब उन्हें सिर्फ़ साहित्यकार समझा था। तब हिन्दी की नई कविता में मिथकों के प्रयोग और 'ओ प्रभु' का बोलबाला था जो इस संग्रह में काफ़ी खुलकर आया था। उस पर मेरा एक व्यंग्य लेख 'आधुनिक कविता में भक्तिकाल' 'ज्ञानोदय' में छपा जिसे सुरेन्द्र ने कलकत्ते में पढ़ा और मुझे साहित्यकार के रूप में आगे के लिए याद रखा।

बाद में जब हम लखनऊ में मिले तब हमें मालूम हुआ कि साहित्यकार तो हम लोग कुछ यूँ ही हैं, वास्तव में पेट पालने के लिए हमारे व्यवसाय कुछ और हैं। पर हमारी मित्रता साहित्यिक रुचियों से ही शुरू हुई, जिसमें परिवारों की घनिष्ठता भी जुड़ती गई और हमारे व्यवसायों से, यानी पत्रकारिता या अफ़सरी से, एक-दूसरे का कभी कोई लेना-देना नहीं रहा। धीरे-धीरे लखनऊ के हर वर्ग और समुदाय में सुरेन्द्र के लिए एक ख़ास जगह बनती गई, उनके खुलेपन, हाज़िरजवाबी, सदाशयता, पूर्णतः दुर्भावहीनता, सूझ, समय आदि ने उन्हें हज़ारों दोस्त और प्रशंसक दिए और ताज्जुब यह कि मुझे, या मुझ जैसे किसी दूसरे को कभी भी यह शुबहा नहीं हुआ कि मैं उनका सबसे नज़दीकी दोस्त नहीं हूँ।

हम लोग आमतौर से अपनी शामें—और छुट्टियों की सुबहें भी—साथ-साथ गुज़ारते रहे और इसका नोटिस एक बार 'सारिका' में कमलेश्वर ने कुछ ऐसी बेअख़्तियारी से लिया कि अगर हमारी चमड़ी मोटी न होती तो वे और

सारा 'सारिका'-परिवार दफ़ा 500, ताज़ीरात हिन्द की चपेट में आ जाता। बहरहाल, वे अच्छे दिन थे जब हम लोगों के ऊपर बहुत नीला आसमान था, पाँवों के नीचे बहुत हरी दूब थी और दुश्चिन्ताओं का क्षितिज निगाह से बहुत दूर हुआ करता था।

1972 में मैंने स्कूटर ख़रीदा। चार पहिए छोड़कर दो पहियों की तेज़ सवारी पर उतरते हुए मैं घबरा रहा था। सुरेन्द्र ने कहा, "स्कूटर चलाने के लिए आपको किसी से कुछ सीखना नहीं है। बस इतना याद रखिए, स्कूटर पर बहुत धीरे, बड़े रिलैक्स्ड मूड में लिए। पीछे कोई सवारी आ रही हो तो बाईं ओर दुबक जाइए और विनम्रता से उसे निकल जाने दीजिए। आपकी कछुआ-चाल से घबराकर दूसरा भले ही ऐक्सिडेंट कर बैठे, आपका कुछ नहीं बिगड़ेगा।"

कैसी विडम्बना है कि जो ऐसी सीख दे सकता था, जो कार या स्कूटर हमेशा, हर हालत में, बहुत सँभालकर, बड़े ही विश्रान्त ढंग से चलाता था, उसे अन्त में स्कूटर की ही एक सांघातिक दुर्घटना के साथ जुड़ना था।

समय, कहा जाता है, सबसे बड़ा चिकित्सक है। पर कुछ घाव ऐसे हैं जिनका पूरा इलाज समय भी नहीं कर पाता; घावों के निशान मिट नहीं पाते, उनको छूते ही झटके के साथ बहुत गहराई में कुछ दुखने लगता है।

सुरेन्द्र चतुर्वेदी का न रहना भी ऐसा ही है। समय का अन्तराल यहाँ उतना कारगर नहीं हो रहा है। इसीलिए सुरेन्द्र के बारे में संस्मरण लिखने का अभी वक़्त नहीं आया। उन हज़ारों घटनाओं को, जिनके बीच से हम अपनी सारी 'हरारत और शरारत' (सुरेन्द्र के ही शब्द) के साथ गुज़रे थे, एक कहानीकार की मुद्रा से बखान करना मेरे लिए आसान नहीं है। अभी अपनी बात सिर्फ़ एक नये कवि की कुछ पंक्तियों से कही जा सकती हैं :

> The candlelight, the sound of friends, is coming to my ears,
> The clink of glass, the taste of Wine, forever sent to cheers
> The happy talk, the hopeful dreams, the laughter we have shared,
> The stunts we've pulled, the games we've played,
> The way that people stared... ... ...
>
> —Jeannettee Ann Ross

क्षमा की रोशनी, साथियों की आवाज़ें—कान में गूँजती हुई—

ग्लासों की खनक, मदिरा का स्वाद
हमेशा उल्लास की ओर करता अग्रसर,
आनन्दभरी बातें, आशाओं भरे सपने,
जिसमें हम शामिल रहे—वह हँसी,
जो हमने दूसरों पर आजमाए—वे चकमे, जो साथ खेले—वे खेल,
जिस तरह लोगों ने घूरा—वह अन्दाज़...

[जनवरी, 1981]

किसी मध्यस्थता के बिना

डॉ. लक्ष्मीनारायण लाल से मेरा परिचय 'सूने आँगन रस बरसै' के दिनों में हुआ था। यह 1955 की बात है। इसके तीन साल पहले उत्तर प्रदेश में ज़मींदारी-उन्मूलन एवं भूमि-सुधार अधिनियम लागू हो चुका था। 'सूने आँगन रस बरसै' एक भूतपूर्व ज़मींदार की हवेली, उसके सामने के सूने सहन और हवेली की ज़िन्दगी के ख़ालीपन की गाथा थी। उन दिनों प्रगतिशील आन्दोलन अपनी शीतावस्था में था। इसके बावजूद उसकी आवाज़ में इतना ज़ोर बाक़ी था कि यदा-कदा 'भेड़िया आया' की पुकार लगाई जा सके। तभी लक्ष्मीनारायण लाल की इस कहानी को तुरन्त प्रतिक्रियावादी घोषित कर दिया गया। कहा गया कि उनकी सहानुभूति ज़मींदार वर्ग के साथ है। आसानी से भुला दिया गया कि इस कहानी का लेखक उस प्रान्तर का है जिसमें छोटे किसानों की इफरात है और यह भी भुला दिया गया कि वह ख़ुद ऐसे ही किसानों के घर का है। वे उसकी पी-एच.डी., चिकने और आकर्षक चेहरे, साफ़-सुथरे कपड़े, डिग्री कॉलेज की प्राध्यापकी और सभी करुणामूलक मानवीय स्थितियों के प्रति द्रवणशीलता के कारण उसे प्रतिक्रियावादी के सिवाय कुछ मान ही नहीं सकते थे।

वे न तब पहचान पाए थे, न आज पहचान पा रहे हैं कि मानवीय स्थितियों के प्रति लक्ष्मीनारायण लाल की सहानुभूति चयनप्रवण नहीं थी, वह सहज थी। 'सहज' का यहाँ उसके शाब्दिक अर्थ में प्रयोग हो रहा है : अपने-आप साथ-साथ उत्पन्न होनेवाली। और 'सहानुभूति' का भी यहाँ शाब्दिक अर्थ ही लिया जाए : किसी की अनुभूति की स्थिति के साथ अपनी अनुभूति को एकाकार करना। इसमें दूसरे को सही परिप्रेक्ष्य में समझने का भाव है, उसके लिए अनिवार्यतः आँसू बहाने का नहीं। और चूँकि लक्ष्मीनारायण लाल ख़ुद अपने को अपने ही द्वारा निर्धारित मानदंडों से असम्पूर्ण मानते हुए सम्पूर्णता

की एक निजी अवधारणा को रूपायित करने में संघर्षशील रहे थे, इसलिए उन्हें हर असम्पूर्ण, हर असफल व्यक्तित्व से सहानुभूति थी, चाहे वह नये कथा-साहित्य का पारम्परिक खलनायक भूतपूर्व ज़मींदार हो, या चाहे वह मिस्टर अभिमन्यु ही क्यों न हो।

सहानुभूति की इस अवधारणा में उसके अर्थ को खींचकर उसमें 'स्वीकृति' या 'अनुमोदन' को अनिवार्यतः शामिल नहीं किया जा सकता। उसमें प्रत्याख्यान भी सम्भव है, कम-से-कम उस सीमा तक जिस तक लक्ष्मीनारायण लाल स्वयं अपने ही किसी अंश का प्रत्याख्यान कर सकते हैं। अगर कोई दुर्दशाग्रस्त है, चाहे वह 'सूने आँगन रस बरसै' की हवेली का स्वामी हो या 'अन्धा कुआँ' की सूका काकी हों, जिनका शरीर मार खा-खाकर जर्जर हो गया है, या मिस्टर अभिमन्यु हो जो चक्रव्यूह तोड़ने की क्षमता रखते हुए भी उसे तोड़ते-तोड़ते रुक जाते हों, या 'रातरानी' की कुन्तल हो जो मज़दूरों के संघर्ष में घायल होने पर भी आँचल में बँधे केसर के फूल की बात करती है, या 'कजरीबन' की हत्यारिन कजरी हो—लक्ष्मीनारायण लाल इन सबकी अनुभूति से अपने साथ बोलते-बतियाते हैं। पर इसका अर्थ यह नहीं कि वे उनकी प्रत्येक प्रवृत्ति या कार्य को स्पृहणीय या स्वीकार्य मानते हैं, वे उन्हें 'सहानुभवनीय' भर मानते हैं और ज़रूरत पड़ी तो उनका प्रत्याख्यान भी कर सकते हैं, जैसे स्वयं अपने ही जीवन में प्राध्यापक, ड्रामा-प्रोड्यूसर, सम्पादक जैसे अपने ही स्वरूपों का समय-समय पर उन्होंने प्रत्याख्यान किया था।

[2]

आज के व्यक्ति के और कहा जा सकता है कि सम्पूर्ण मानवता की समस्याओं और गुत्थियों के प्रति डॉ. लाल का चिन्तन और संवेदना इतने कोणों से और इतने व्यापक फ़लक पर प्रकट होती है कि प्रगतिवादी या जनवादी विचारधारा उन्हें दिग्भ्रमित और इतिहास-मूढ़ न कहकर केवल नज़रअन्दाज़ कर दे तो यह उसकी सौम्यता होगी। और यही हो रहा है। इधर के दशकों में डॉ. लाल को ऐसी सौम्यता मिली भी है।

इसी कोटि की सौम्यता उन्हें बुद्धिजीवियों के एक दूसरे समुदाय से भी मिली है। यह समुदाय साहित्य में सान्द्रता, गहनता और लगभग अमूर्त-सी एक ऐसी बौद्धिक जटिलता का आग्रही है जिसकी पहली और आख़िरी शर्त आज के

पाश्चात्य साहित्य के भाव-बोध पर सुपरिचित ढंग से खड़े होने की क्षमता है। उसे प्रगतिवादी तो प्रतिक्रियावाद का लौह-स्तम्भ मानते हैं, पर वह स्वयं अपने को साहित्य और कलाओं के सूक्ष्माभिसूक्ष्म रहस्यों का एकान्तद्रष्टा मानता है। यह समुदाय उस सारे साहित्य को 'इकहरा' और 'सतही' मानकर केवल इस आधार पर ख़ारिज करने को तैयार बैठा है कि वह जनसाधारण तक सीधे सम्प्रेषित हो सकता है। यदि वह साहित्य भारतीय जीवन की समस्या को भारतीय मनीषा के सहारे समझाने और समझने की कोशिश करता है और पश्चिम में प्रचलित अनेक जटिल अवधारणाओं और सिद्धान्तों की मदद के बिना भी जी लेता है तो उक्त समुदाय की तर्क-शृंखला में वह उसके सतहीपन का ही प्रमाण है। पर, जो भी हो, डॉ. लक्ष्मीनारायण लाल का अधिकांश साहित्य, और मुख्यत: उनके नाटक, इसी कोटि के हैं और पाठकों से दर्शकों तक सम्प्रेषित होने के लिए उन्हें उक्त कोटि के बुद्धिजीवियों की मध्यस्थता ज़रूरी नहीं लगी। अत: डॉ. लाल चिन्तकों के इस वर्ग को भी आकर्षित नहीं कर पाए हैं।

पर उन्हें शायद कभी महसूस ही नहीं हुआ है कि इन दो ताक़तवर खेमों की ओर जानेवाले रास्ते उनके लिए बन्द हैं। अपने रचना-संसार के विशाल और अछोर क्षेत्र में संचरण करते हुए उन्हें इतने खुले हुए रास्ते मिले हैं, और उन्होंने ख़ुद इतने ही छिपे हुए रास्ते खोजे हैं कि उनकी गतिशीलता कभी बाधित नहीं हुई है। वे स्वयं अपने यक्ष थे जो निरन्तर प्रश्न करता रहा है और स्वयं ही अपने युधिष्ठिर थे जो उनका उत्तर निकालते हैं। इन दोनों के अलावा उनमें एक तीसरा पात्र भी था जो प्रश्नों से बेचैन होता था, बेचैनी के साथ बराबर उत्तरों की खोज में लगा रहता था और बेचैनी में पाठकों और दर्शकों के एक विराट समुदाय को किसी की मध्यस्थता के बिना बराबर भागीदार बनाकर चलता था।

[3]

बस्ती ज़िले का बहुत छोटा गाँव जलालपुर। उसके एक विपन्न परिवार में 1927 में जन्मे डॉ. लक्ष्मीनारायण लाल अट्ठाईस वर्ष की आयु तक आते-आते उन सब साधनों से लैस हो चुके थे जो उन्हें समाज में एक सम्भ्रान्त और सुरक्षित मध्यवित्तीय गृहस्थ बनाते और साहित्य तथा नाट्यकर्म के क्षेत्र में उन्हें संघर्षरहित गति से प्राप्त एक सम्माननीय आसन देते। हिन्दी में डॉक्टरेट लेकर वे डिग्री कॉलेज में प्राध्यापक बन चुके थे, किसी अच्छे विश्वविद्यालय में नियुक्ति

पाने में उन्हें कोई अड़चन न थी—वास्तव में बाद में वे दिल्ली विश्वविद्यालय में नियुक्त हुए ही। 1955 तक उनका उपन्यास 'बया का घोंसला और साँप' बहुचर्चित हो चुका था और 'मादा कैक्टस' के सहारे वे नाट्य-क्षेत्र की एक विशिष्ट प्रतिभा के रूप में अपना स्थान बना चुके थे।

पर कहीं कोई बेचैनी थी जो उन्हें आजीविका के क्षेत्र में व्यवस्थित नहीं रहने देती थी, जो साहित्य के क्षेत्र में उन्हें बार-बार शार्टकटवाले रास्तों से खींचकर फिर से अनजानी, अनदेखी राहों पर डाल देती थी। डॉ. लक्ष्मीनारायण लाल की सम्पूर्ण जीवन-यात्रा इसी बेचैनी की अपरिभाषित क्रियाओं का इतिहास है।

"मेरा लेखन गायन की तरह है, जो प्रतिक्षण सचल रहता है। इसका मूल कारण है कि मेरे सारे लेखन का आधार जीवन है।" अमृता प्रीतम के साथ बातचीत में डॉ. लाल ने एक जगह कहा है। यह सचलता उसी बेचैनी की अभिव्यक्ति है। तभी कोई नौकरी, कोई ठर्रा, कोई फॉर्मूला, लेखन की कोई रूढ़ि उन्हें बाँध नहीं पाती। वे जो पा लेते हैं, उसका प्रत्याख्यान करते हैं—कुछ आजमाने के लिए। और इस प्रत्याख्यान में किसी प्राप्त वस्तु का तिरस्कार नहीं है, अपने वर्तमान व्यक्तित्व द्वारा उस प्राप्ति का अतिक्रमण-भर है। जो मिल जाता है, कुछ और आजमाने की ललक में वह पीछे छूट जाता है।

तभी निजी जीवन में विश्वविद्यालय का प्राध्यापक पद, रेडियो की ड्रामा-प्रोड्यूसरी, नेशनल बुक ट्रस्ट के सम्पादक का पद वे पीछे छोड़ते चले जाते हैं और उसी मार्ग पर चलते रहते हैं जिसमें उनकी कला का विकास है। आनुषंगिक रूप में उसी में उन्हें आजीविका मिल जाती है। वे साहित्यकर्मियों और रंगकर्मियों के सामान्य बुद्धिविलास में नहीं बँधते। नये-नये बौद्धिक और रागात्मक अनुभवों की खोज उन्हें जयप्रकाश नारायण से स्वामी अखंडानन्द सरस्वती के सान्निध्य में ले जाती है। अपनी ज़मीन, पाश्चात्य चिन्तनों और संस्थाओं के अन्ध आरोपण से उकताकर वे अवधकिशोर शरण जैसे समाजशास्त्री और तत्त्वचिन्तक के जिज्ञासु भाव से सहचर बनते हैं। वे किसी दूसरे के प्रमाण पर किसी सिद्धान्त को नहीं ग्रहण करते। वे स्वयं चिन्तन करते हैं, और यह सही है कि उनका चिन्तन हमें कहीं-कहीं आश्वस्त नहीं करता, पर ऐसा इसलिए है कि वे अपने को अपने चिन्तन से भी स्वतंत्र करना चाहते हैं। वे ख़ुद कहते हैं, "व्यक्ति की विशेषता उसके साहित्य में तभी व्यक्त हो सकती है जब वह व्यक्ति स्वयं स्वतंत्र हो। वह अपने-आप में पूरी तरह से यह विश्वास कर सके कि इस जगत में पूरी तरह से उसके अनुरूप दूसरा नहीं है।"

इस अन्वेषणधर्मिता ने उनके मार्ग को जटिल बनाया। पर उसका सबसे ज़्यादा लाभ मिला उनके रचना-कर्म को। दो दर्जन से भी ऊपर नाटकों में जैसा विस्तृत फ़लक इस नाटककार में मिलता है, मानवीय स्थितियों और सम्भावनाओं की जो विविधता इनमें परिलक्षित होती है, एक जड़ बिन्दु पर स्थित होकर नहीं, बल्कि भिन्न-भिन्न कोणों से समस्या के अनेक पक्षों को परखने का जो रचनात्मक आग्रह इनमें दिखाई देता है, और पाठकों और दर्शकों का जितना विशाल समुदाय अपने को इन नाटकों में अन्तर्ग्रस्त पाता है—वह किसी भी साहित्य की विशिष्ट उपलब्धि का लक्षण है।

[छायानट, 1988]

एक बेचैन रिश्ता : सत्ता और संस्कृति

'सत्ता और संस्कृति' के सवाल को अगर 'सत्ता बनाम संस्कृति' का नाम दिया जाए तो मसले का एक पक्ष, यानी कि वह पक्ष उजागर हो जाता है जो यह मानता है कि सत्ता को, जिसे सीधे-सादे ढंग से सरकार कहा जा सकता है, संस्कृति के मामले में संस्कृतिकर्मियों के लिए उनकी इच्छानुसार संसाधन जुटा देने के अलावा, उस क्षेत्र में कोई हस्तक्षेप नहीं करना चाहिए। एक अतिवादी वर्ग ऐसा भी है जो सरकार से किसी संसाधन की भी अपेक्षा नहीं करता, संस्कृति के क्षेत्र को पूरी तरह सत्ता-निरपेक्ष बनाने के पक्ष में है।

इस सवाल पर विचार करते समय अमूर्त चिन्तन न करके हम उसका आज के भारतीय परिप्रेक्ष्य में परीक्षण करें, यानी ऐसे सत्ता-तंत्र के प्रसंग में, जो तानाशाही या राजशाही न होकर मूलतः प्रजातांत्रिक है और सिद्धान्ततः जिससे अपेक्षा की जाती है कि उसके सारे कार्य जनकल्याण और जनाकांक्षाओं के सन्तोष से अनुप्राणित होंगे।

यह भी देखना होगा कि 'संस्कृति' का अर्थ यहाँ उस सीमित धारणा में न लिया जाए जिसके अन्तर्गत 'सांस्कृतिक कार्यक्रम' को सिर्फ़ नाच-गाने का पर्याय बना दिया गया है, बल्कि उसके बृहत्तर अर्थ को सामने रखकर उसके प्रसंग में सत्ता-तंत्र की भूमिका को परखा जाए।

इसे भी न भुलाया जाए कि प्रजातांत्रिक समाजों में भी सरकारों की प्रवृत्ति 'स्टेटिज़्म' की ओर बढ़ रही है और प्रचार-माध्यमों, क़ानूनों और कार्यकारी नीतियों के सहारे प्रत्यक्ष और अप्रत्यक्ष रूप से राजसत्ता का हस्तक्षेप नागरिकों के जीवन के लगभग हर पहलू में हो रहा है और सिद्धान्त रूप में संस्कृति का अक्षतयोनित्व स्वीकार कर लेने पर भी व्यवहार में उसे सत्ता-तंत्र की लोलुप निगाहों से सुरक्षित रखना हमेशा सम्भव नहीं होता।

ये सारे तत्त्व सत्ता और संस्कृति के रिश्तों के निर्धारण में, कम-से-कम भारत देश के प्रसंग में, एक व्यावहारिक दृष्टि की माँग करते हैं।

सत्तातंत्र द्वारा तथाकथित 'सांस्कृतिक विकास' के नाम पर संस्कृति को संरक्षण दिए जाने के ख़तरे स्पष्ट हैं। सत्तातंत्र कोई काम केवल 'करणीयता के कारण ही कार्य है' के सिद्धान्त पर नहीं करता। वह हर काम योजनाबद्ध तरीक़े से कुछ राजनीतिक, आर्थिक और सामाजिक उद्‌देश्यों की पूर्ति के लिए करता है और संस्कृति के प्रोत्साहन के नाम पर चलाई गई उसकी योजनाएँ सत्तातंत्र की निगाह में उसी हद तक प्रासंगिक हैं, जिस हद तक वे उपर्युक्त उद्‌देश्यों की पूर्ति में सहायक होती हैं। अगर उस प्रक्रिया में साहित्यकारों, कलाकारों, संस्कृतिकर्मियों और बुद्धिजीवियों का प्रतिष्ठान से अच्छा सम्बन्ध बनता है तो सत्तातंत्र के लिए यह सांस्कृतिक योजनाओं का एक मीठा आनुषंगिक फल (बाइ-प्रॉडक्ट) है। पर असली फल यह है कि सत्तातंत्र सांस्कृतिक योजनाएँ चलाकर, कभी कलाओं के प्रोत्साहन के नाम पर, कभी लुप्तप्राय कलाओं के संरक्षण के उद्‌देश्य से और कभी कलाचेतना को लोकजीवन तक ले जाने के बहाने (जैसा कि क्षेत्रीय सांस्कृतिक केन्द्र 'उलटे बाँस बरेली को' नीति के अन्तर्गत कर रहे हैं) संस्कृति के एक बड़े, व्यापक दायरे को सरकारी इलाक़े में खींचता है और उसे सत्ता-विरोध और प्रतिपक्ष का हथियार बनने से बचा लेता है। इन योजनाओं का सबसे ज़्यादा सफल परीक्षण साम्यवादी देशों में हो ही चुका है, यह दूसरी बात है कि वहाँ के सत्तातंत्र अब अपनी सफलता ही को शक्की निगाहों से देखने लगे हैं।

तो क्या इसका विकल्प यही है कि 'सैकड़ों फूलों को अपने-आप खिलने दिया जाए?' संस्कृति को संस्कृतिकर्मियों, तथाकथित बुद्धिजीवियों ('तथाकथित' इसलिए कि बुद्धि को अपनी जीविका का माध्यम बनाकर जीनेवाला उस सम्मान का अधिकारी नहीं है जो हम बुद्धिजीवी के साथ जोड़ने के आदी हो गए हैं) और जनसाधारण की सहज चेतना के सहारे (जो अब फ़िल्मी गीतों और रेडियो तथा दूरदर्शन के प्रसारणों से आक्रान्त है) पनपने को छोड़ दिया जाए?

प्रो. पूरनचन्द जोशी ने इस प्रसंग में अपने निबन्ध 'संस्कृत और सम्प्रेषण : भारतीय परिदृश्य' में टी.एस. इलियट और अपने गुरु प्रो. डी.पी. मुकर्जी के विचार उद्धृत किए हैं। इलियट की धारणा है कि संस्कृति को योजनाबद्ध करने का विचार या चेष्टा ही संस्कृति की मूल प्रकृति के प्रतिकूल है। संस्कृति का विकास मानवीय हस्तक्षेप द्वारा नहीं, उसकी मूल प्रकृति के अनुकूल

स्वयंचालित होना चाहिए। इस पर प्रो. मुकर्जी की प्रतिक्रिया यह है कि आज के वैज्ञानिक युग में संस्कृति को योजनाबद्ध तो किया ही जाना चाहिए, पर इसका यह आशय नहीं कि संस्कृति का निर्देशन नौकरशाही के हाथों में हो।

उन्होंने सांस्कृतिक योजना की दो भागों में कल्पना की है—पहला भाग है संस्कृति के विकास के लिए उपयुक्त परिस्थितियाँ बनाना, जिनमें संस्कृति देश के शैक्षणिक, वैज्ञानिक और तकनीकी विकास से जुड़कर एक नई गतिशीलता ग्रहण करती है। और दूसरी ओर नगरों और गाँवों के पुनर्निर्माण का अंग बनती है। वस्तुत: इस पक्ष पर सम्यक् विचार इन आधारों पर किया जा सकता है कि हम संस्कृति को अतीतधर्मी या कालनिरपेक्ष, लगभग स्वतंत्र अस्मितावाली, वस्तु मानकर उसको संरक्षण और मूल रूप में प्रचार की वस्तु मानते हैं या उसे सामाजिक, आर्थिक और उसी के साथ राजनीतिक बदलाव की प्रक्रिया में एक गतिशील जीवन-पद्धति का परिवर्तन मान और अविभाज्य अंग। इसमें शायद ज़्यादा बहस की गुंजाइश नहीं कि संस्कृति के पुराने स्वरूप के संरक्षण की अनिवार्यता को मानते हुए भी उसके सही रूप की अवधारणा हम उपर्युक्त दूसरे पहलू में ही स्वीकार करेंगे।

ऐसी दशा में सत्तातंत्र से यह अपेक्षा करना कि सामाजिक और आर्थिक विकास की नीतियों को योजनाबद्ध ढंग से चलाते हुए, और उसी क्रम में शिक्षा और प्रसार-माध्यमों पर तगड़ा नियंत्रण रखते हुए भी वह संस्कृति के क्षेत्र में 'हैंड्स ऑफ़' की नीति अपनाए—एक अतिवादी प्रवृत्ति का द्योतक होगा। जनता से प्राप्त किए हुए अनन्त संसाधनों पर काबू पा लेने के बाद सत्तातंत्र का दरअसल कुछ हद तक यह दायित्व भी हो जाता है कि सांस्कृतिक संरक्षण और विकास की दिशा में उन कार्यों को प्रोत्साहित करें जो ग़ैरसरकारी इरादों और प्रयासों की हैसियत के बाहर हैं।

भारतीय पुरातत्त्व सर्वेक्षण शायद ऐसी हदबन्दी का सबसे अच्छा उदाहरण है। पुरातात्त्विक अनुसन्धान और उत्खनन आदि के क्षेत्र में सरकार का एकाधिकार न होते हुए भी, और इस दिशा में निजी संस्थागत प्रयासों के सक्रिय होने की क़ानूनी व्यवस्था होते हुए भी, पुरातात्त्विक सर्वेक्षण और उत्खनन का कार्य निर्विवाद रूप से, तीन-चौथाई शताब्दी पहले से, सरकारी तंत्र द्वारा होता आ रहा है। वहाँ भी इस बात की गुंजाइश है कि सत्तातंत्र की मानसिकता और राजनीति पर शंका करते हुए उस पर आरोप लगाया जाए कि वह सर्वेक्षण-कार्य और ऐतिहासिक-शोध का राजनीतिक दुरुपयोग कर रहा है। (ऐसे आरोप लैटिन

अमेरिका के कुछ देशों में लगाए भी गए हैं), पर सत्तातंत्र ने ऐसे आरोपों के लिए कोई आधार नहीं दिया है—जबकि दूरदर्शन आदि के प्रसंग में, यहाँ तक कि आकाशवाणी से प्रसारित होनेवाले लोकगीतों तक में, सत्तातंत्र ने उक्त प्रकार के आरोपों के लिए सब प्रकार के आधार-ही-आधार दिए हैं; पिछले सालों में ऐसे आधारों के अलावा शायद कुछ भी नहीं दिया है।

उसी प्रकार उच्चस्तरीय संग्रहालयों, अभिलेखागारों आदि की स्थापना और रखरखाव में भी प्रजातांत्रिक ढाँचे में सत्तातंत्र का महत्त्वपूर्ण योग हो सकता है, पर एकाधिकारी के रूप में नहीं, सार्वजनिक संस्थागत प्रयासों में एक भागीदार के रूप में।

पर कुछ ऐसे क्षेत्र भी हैं जहाँ सत्ता को आसानी से 'हैंड्स ऑफ़' रखने का सबक़ दिया जा सकता है। ये वही क्षेत्र हैं जहाँ सत्ता या नौकरशाही कला-बाज़ार में दलाल की हैसियत से—'इम्प्रेसारियो' की तरह—प्रकट होती है, या कला के विभिन्न स्वरूपों में किसी स्वरूप-विशेष को संरक्षण या तरजीह देती हुई जान पड़ती है, जहाँ वह लोक-संस्कृति में अपने आग्रहों को आरोपित करती है, जहाँ प्रतिष्ठान-विरोधी कला-चेतना को प्रत्यक्ष या अप्रत्यक्ष ढंग से कुचलने की कोशिश करती है, जहाँ संस्कृतिकर्मियों और कलाकारों में बड़े चुपके से श्रेणी-विभाजन की प्रक्रिया लागू करती है और जहाँ वह 'धूर्तता' या 'मूर्खता' के कारण कला के उन मृतप्राय पक्षों को गरिमामंडित करने का प्रयास करती है जो सामाजिक बदलाव और चेतना की गतिशीलता के प्रसंग में हमारे लिए प्रासंगिकता खो चुके हैं, यानी इतिहास बन चुके हैं और बौद्धिक जिज्ञासा के आधार बनकर ही जो जहाँ हैं, वहीं बने रहने के अधिकारी हैं।

संस्कृति के उदात्त पक्षों के संरक्षण और उसके स्वस्थ विकास में, उपर्युक्त ख़तरों के बावजूद, सत्ता की एक निश्चित भूमिका है। पर विकृति वहाँ से शुरू होती है जब सत्तातंत्र और उसका एक विशिष्ट पुर्जा, यानी नौकरशाही अपने को संस्कृति का शास्ता और उद्धारक मानने लगती है और यह तय करने लगती है कि किसे उभारा जाए और किसे पछाड़ा जाए। इस प्रवृत्ति के शिकार कुछ मूढ़मति नौकरशाह ही नहीं होते, सत्ता से जुड़ जाने के बाद कभी-कभी बड़े प्रबुद्ध संस्कृतिकर्मी भी हो जाते हैं। इसका ताज़ा उदाहरण 9 सितम्बर, 1989 के 'हिन्दुस्तान टाइम्स' में प्रकाशित संगीत नाटक अकादमी के अध्यक्ष

श्री गिरीश कर्नाड का साक्षात्कार है। अपनी अकादमी और क्षेत्रीय सांस्कृतिक केन्द्रों (परिषदों) की चर्चा करते हुए वे कहते हैं, "यह सही है कि क्षेत्रीय सांस्कृतिक परिषदों और भारतीय सांस्कृतिक सम्बन्ध परिषद के मुक़ाबले अकादमी छोटी दीखती है पर मैं बताना चाहूँगा कि संस्कृति की आज वही परिभाषा है जो अकादमी ने निर्मित की है।...अतः जब क्षेत्रीय परिषदें कहती हैं कि हम संस्कृति को जनसाधारण तक ले जाना चाहते हैं तो मैं कहना चाहूँगा कि यह वही संस्कृति है जिसकी अकादमी ने खोज की थी, जिसे अकादमी ने रिकॉर्ड किया, जिसे अकादमी ने लोकप्रिय बनाया...।"

गिरीश कर्नाड जैसे विचक्षण और प्रबुद्ध व्यक्ति के मुँह से ये बातें आश्चर्यजनक लगती हैं। 'जन-संस्कृति को जन तक ले जाने' का क्षेत्रीय परिषदों का दावा ज़्यादा हास्यास्पद है या अकादमी द्वारा संस्कृति की खोज और परिभाषा के निर्धारण का दावा? बहरहाल, सत्ता जन और जन-संस्कृति के बीच व्याख्याकार बनने की कोशिश में किस तरह एक दीवार बन जाती है, इसकी सम्भावना उपर्युक्त वक्तव्य में आसानी से देखी जा सकती है।

इस जटिल विषय पर, कई सीमाओं के कारण, यहाँ कुछ ज़्यादा लिखना सम्भव नहीं है। पर यह मानना होगा कि जहाँ संस्कृति के क्षेत्र में सत्तातंत्र की भूमिका अनिवार्य है, वहाँ उसके क्षेत्र-निर्धारण का विषय निर्विवाद नहीं है और सत्ता और संस्कृति का रिश्ता वस्तुतः बेचैनी का रिश्ता है। अगर सत्ता यह तय कर ले कि वह सांस्कृतिक योजनाओं से अपने को दूर रखेगी तब भी वह बेचैनी-भरा रिश्ता ख़त्म नहीं होगा। क्योंकि उस दशा में, संस्कृति विभाग के निष्क्रिय हो जाने पर भी यदि गृह विभाग या मंत्रिमंडल सचिवालय 'क' नामक उत्कृष्ट कलाकार को पद्मश्री बनाने के बाद 'ख' नामक किसी अधकचरे चापलूस कलाकार को पद्मविभूषण बना दे तो एक संवेदनशील कलाजगत में बेचैनी की लहरें उठाने के लिए इतना ही काफ़ी होगा।

[छायानट, 1989]

पंडित, ठाकुर, लाला, बाबू, मुंशी आदि

जब प्रधानमंत्री राजीव गांधी भूतपूर्व प्रधानमंत्री जवाहरलाल नेहरू के लिए 'पंडित जी'-'पंडित जी' की रट लगाते हैं तो यक़ीन मानिए, वे एक अत्याधुनिक इक्कीसवीं सदी में नहीं, सिर्फ़ एक चुनाव-वर्ष में प्रवेश कर रहे होते हैं—चुनाव-वर्ष, जिसमें ब्राह्मणों को याद दिलाना होता है कि पंडित जी भले ही विलायत में पढ़े हों, कढ़े वे ब्राह्मण-परिवार से ही थे। पर यह सोचना राजीव गांधी के साथ ज़्यादती होगी कि जवाहरलाल नेहरू को पंडित उन्होंने बनाया है। उन्होंने सिर्फ़ इतना किया है कि सार्वजनिक रूप से वे नाना कहकर उनका बार-बार बखान नहीं करते। मसलन वे संसद में 'जवाहर रोज़गार योजना' की घोषणा करते हैं, उसे 'नाना रोज़गार योजना' नहीं कहते।

इसके विपरीत कुछ ही दिन पहले वे 'इन्दिरा जी' न कहकर लोकसभा में उन्हें माँ की हैसियत से याद करते रहे, उस दिवंगत माँ की याद करते रहे जिसके ते एकमात्र बचे हुए पुत्र हैं। प्रसंग दुखद है पर जो बात उभरकर आती है वह यह है कि वोट की ज़रूरत पड़े तो नाना को पंडित जी कहकर सम्बोधित करो और पिछली प्रधानमंत्री इन्दिरा गांधी को 'माँ' कहकर याद करो। एक ही साँस में बाज़ाब्ता सरकारी तंत्र बन जाओ, उसी के साथ घरेलू बालक भी।

पर यहाँ मुझे मौजूदा प्रधानमंत्री के बारे में कुछ और नहीं कहना है, उनका ज़िक्र तो 'पंडित जी' के प्रसंग में आ गया था और यहाँ बात पंडित, ठाकुर, लाला, बाबू, मुंशी आदि की हो रही है। यह सभी जानते हैं कि जवाहरलाल नेहरू के आगे 'पंडित' बहुत पहले से, अंग्रेज़ों के वक़्त से ही लगा चला आ रहा है। कैम्ब्रिज के इस विलायती रंग के साहब को 'पंडित' चिढ़ाने के लिए नहीं कहा जाता था, यह अंग्रेज़ों द्वारा भारत में अपनाई गई तहजीब और शिष्टाचार का अंग था।

शिष्टाचार यह था : सार्वजनिक जीवन में सभी महत्त्वपूर्ण लोगों को उनकी जाति के हिसाब से सम्मानसूचक शब्द दो, ब्राह्मण के लिए पंडित, राजपूत के लिए ठाकुर, कायस्थ के लिए बाबू और कहीं-कहीं मुंशी, बनिया के लिए लाला। शूद्रों और पिछड़ी जातियों के लिए इस सबकी ज़रूरत नहीं थी, क्योंकि सार्वजनिक जीवन में उनकी ख़ास गिनती नहीं होती थी, और कभी ज़रूरत पड़ जाए तो 'बाबू' से काम चला लिया जाता था—जैसे, 'बाबू' जगजीवन राम।

पुराने नेताओं के नाम के आगे 'श्री' या 'मिस्टर' की जगह कुछ-न-कुछ चिपका ही रहता था। 'पंडित' मदनमोहन मालवीय, 'चौधरी' चरणसिंह, 'ठाकुर' हुकुमसिंह, 'बाबू' राजेन्द्र प्रसाद, 'बाबू' जयप्रकाश नारायण, 'लाला' लाजपत राय। उसी परम्परा में जवाहरलाल नेहरू भी, जो ब्राह्मण कहे जाने और पाँव छुए जाने पर गजों उछलते थे, पंडित होकर रह गए और इस क़दर पंडित हुए कि उनका नाती आज उन्हें बिना झिझक पंडित कहता है।

यह शिष्टाचार सिर्फ़ राजनेताओं, वकीलों, डॉक्टरों आदि तक ही सीमित न था। (वैसे व्यावसायिक जीवन में डॉक्टर लोग पंडित, लाला, बाबू आदि कहलाने से बच जाते थे—उनके नाम के आगे 'डॉ.' की चिप्पी लगकर उनकी जाति के सम्मानसूचक उल्लेख को बचा लिया जाता था।) यह शिष्टाचार साहित्य, शिक्षा, कला के क्षेत्र में प्रतिष्ठित व्यक्तियों पर भी चिपकता था, 'पंडित' महावीरप्रसाद द्विवेदी, 'बाबू' श्यामसुन्दर दास, 'ठाकुर' गोपालशरण सिंह, 'लाला' सीताराम 'भूप' और अन्त में—पर सबसे प्रथम—'मुंशी' प्रेमचन्द।

आज भी हम उन्हें मुंशी प्रेमचन्द के नाम से याद करते हैं। यह और बात है कि यह चिपकू शिष्टाचार उनकी सन्तान पर लागू करते हुए उनके पुत्रों को हम मुंशी श्रीपतराय या मुंशी अमृतराय नहीं कहते, वैसे ही जैसे कि राजीव गांधी भले ही जवाहरलाल नेहरू को 'पंडित जी' कहें, हम ख़ुद उनको 'बाबू राजीव गांधी' नहीं कहेंगे।

साहित्यकारों और कलाकारों आदि पर ही नहीं, यह शिष्टाचार सरकारी सेवाओं में भी लागू होता था। उसमें अपवाद भी थे, पर बिना अपवादवाली सेवाओं के अफ़सरों की सूची—सिविल लिस्ट—अपने-आप में एक पठनीय सामग्री होती थी। 1949 में, जब मैं राज्य की सिविल सर्विस में प्रविष्ट हुआ, तो मेरे उन वरिष्ठों की पुरानी सूची, जो आई.ए.एस. में जाने से छूट गए थे, एक विचित्र जन्तु-उद्यान का रजिस्टर जैसी दीखती थी : पंडित रामकृष्ण त्रिवेदी, बाबू महावीरशरन दास, ठाकुर जयकीरत सिंह आदि। पर वे सारी सूचियाँ

आज़ादी के पहले की थीं। आज़ादी के बाद इन नामों के आगे का यह चिह्न-शिष्टाचार समाप्त हो गया था और मैं सरकारी रिकॉर्ड में पंडित श्रीलाल शुक्ल होते-होते बच गया था।

अब अपवादों पर आइए। सरकारी सेवाओं में पहला अपवाद अखिल भारतीय सेवाओं का था। अगर आप आई.सी.एस. या आई.पी.एस. आदि हैं तो आपको पंडित, बाबू, लाला आदि होने की ज़रूरत नहीं है। यह मान लिया गया कि आई.सी.एस. होते ही आप पंडित, लाला आदि का नाका पार कर गए। तभी एक भाई बी.पी. बागची, आई.सी.एस. हो तो दूसरा भाई पंडित गौरीप्रसाद बागची, डिप्टी कलेक्टर हो सकता था।

दूसरा अपवाद मुक़दमेबाज़ और अपराधीगण थे। अदालत में न कोई पंडित था न बाबू—मुक़दमेबाज़ की हैसियत से आपका नाम ही आपका सहारा था, वह भी ज़्यादातर भ्रष्ट, अशुद्ध और ख़ुरदरी आवाज़ से पुकारा जाता हुआ।

तीसरे अपवाद के पीछे के तर्क को समझाना कुछ मुश्किल है। यह चिपकू शिष्टाचार मुख्यतया उत्तर भारत की उपज थी—उत्तर प्रदेश (तब का संयुक्त प्रान्त), बिहार, मध्य प्रदेश, पंजाब आदि प्रान्तों तक की, सीमित। महाराष्ट्र (तब बम्बई या बृहत्तर बम्बई) इस शिष्टाचार से अछूता था, तभी बाल गंगाधर तिलक के आगे 'पंडित' की मजबूरी कभी नहीं चिपकी, बी.बी. खेर, मोरारजी देसाई, एस.के.पाटिल—ये सब उस इल्लत से अछूते निकल गए जो लाला लाजपतराय से लेकर पंडित जवाहरलाल नेहरू के आभिजात्य की अलम्बरदार थी।

दक्षिण के प्रान्त तो बिलकुल अछूते रहे। चक्रवर्ती राजगोपालाचार्य, पट्टाभि सीतारमैया, के. कामराज आदि को क्या पंडित या बाबूवाले खिताब के साथ सोच सकते हैं? कुल मिलाकर यह शिष्टाचार उत्तर भारत की सांस्कृतिक सम्पदा बनकर रह गया।

ऐसा क्यों था? इसका जवाब तो विज्ञ इतिहासकार या समाजशास्त्री ही दे सकते हैं। मैं सिर्फ़ अन्दाज़ा लगा सकता हूँ। 1857 के गदर का असली और तीखा प्रभाव उत्तर भारत में ही पड़ा था। साम्राज्यवादी सत्ता को इस क्षेत्र में अब भी ख़तरा मालूम हो सकता था। तभी उत्तर भारत में ऐसे कई बारीक तरीक़े अपनाए गए जो लोगों में सामूहिक चेतना का विकास होने से रोकें।

पंडित, बाबू, लाला, मुंशीवाला यह ख़ूबसूरत शिष्टाचार कहीं उन्हीं तरीक़ों में से तो नहीं था? ऐसा तो नहीं कि सभी उल्लेखनीय व्यक्तियों को एक बृहत्तर

और संगठित समाज की व्यापक अवधारणा से दूर रखने के लिए उन्हें पंडित, ठाकुर, बाबू, लाला आदि से बाँटकर क्षुद्र जातिगत हितों को उभारने की एक बड़ी सभ्यतापूर्ण कोशिश की गई?

और उसी माहौल में मौजूदा प्रधानमंत्री के परनाना मिस्टर नेहरू से पंडित मोतीलाल नेहरू बन गए और बीसवीं सदी में कैम्ब्रिज से लौटे हुए उनके नाना भी अपनी खरी साहबियत के बावजूद 'पंडित' की उपाधि से विभूषित हो गए। पता नहीं यह उपाधि थी या व्याधि, पर जिस इत्मीनान से इसे आज भी उछाला जा रहा है, उससे लगता है कि पंडित, ठाकुर, चौधरी, बाबू, लाला, मुंशी आदि इस समय भी हमारे लिए उतना ही सहज है जितना नई टेक्नोलॉजी, समाजवाद के सिद्धान्त और एक वर्गहीन-जातिहीन समाज के सपने।

आप आदर्शवाद के धक्के से उत्पन्न पवित्र क्रोध के साथ सोच रहे होंगे कि मैं भी जाति-पाँति के किस टुच्चे प्रसंग को उभार रहा हूँ। पर यह न भूलिए कि यह चुनाव-वर्ष है, जिसमें सभी राजनीतिक दल जाति-वर्ग-हीन समाज का पुरज़ोर दावा कर रहे हैं और उसी के साथ हमारे चारों ओर जाति-पाँति के टुच्चेपन की घेराबन्दी करने की तैयारी में भी हैं। तब कुछ देर के लिए थमकर पंडित, लाला, ठाकुर, बाबू, चौधरी, मुंशी की संस्कृति पर ग़ौर कर लेना शायद हमारे लिए नुक़सानदेह न होगा।

[2 मई, 1989]

उस महोत्सव के बाद

पर्यटक की लालसा को उकसाने और उसे उकसाकर तृप्त करने के लिए हमारे पास महोत्सव की एक तश्तरी है, जिसमें हर साल लखनऊ को पेश किया जाता है। जैसे शहर के किसी पुराने रईस के यहाँ आपको एक क़ीमती, पर बदरंग ख़ासदान में पान के बीड़े पेश किए गए हों।

महोत्सव है बटेर, तीतर, मुर्ग़ों की लड़ाई; महोत्सव है पतंगबाज़ी, इक्का-ताँगा-दौड़ (ग़नीमत है कि पिछला महोत्सव इनसे अछूता रहा), महोत्सव है पुलाव, मुतंजन, शीरमाल, कोरमा, शामी कबाब, मुरब्बा और दूध की गिलौरियाँ, लखनऊ की नजाकत, नफ़ासत और हुनर को कई पहलुओं से पेश करनेवाली नुमाइश, महोत्सव है आतिशबाज़ी, कवि सम्मेलन और मुशायरा, और कई तरह के उम्दा नाच-गाने, जिन्हें अब सांस्कृतिक कार्यक्रम कहा जाता है।

एक दिन ऊब से ऊँघते और दूसरे दिन राजनीति की मार सहते हुए इस शहर के लिए यह एक ऐसा सालाना सपना है जिसे हम बहुत दिन भूले रहते हैं, फिर अचानक प्रकट होकर वह ख़ुद हमें एक हसीन भुलावे में डाल जाता है।

जो लखनऊ का इतिहास भगवान शेषनाग के अवतार लक्ष्मण जी से जोड़ते हैं, उन्हें पुराण और पुरातत्त्व की अँधेरी गुफाएँ तलाशने का पूरा हक़ है, भले ही वे अभी तक उन्हें खोज न पाए हों। बहरहाल, उनके लिए यह महोत्सव तो कल के पतनशील इतिहास का पुनरुत्थानवादी संस्करण है ही। पर मुझ जैसों के मन में भी, जो लखनऊ का क्रमबद्ध इतिहास मुगलकाल के आरम्भ से पढ़ने के आदी हैं, लखनऊ की इस बहुचर्चित संस्कृति के बारे में—जो महोत्सवों में अपनी बहुविज्ञापित अदाओं के साथ उतरती हैं—कई शंकाएँ पैदा होती हैं।

जिस लखनवी संस्कृति की खोज, पुनर्निर्माण, प्रचार, विज्ञापन और बिक्री के लिए इतने-इतने सरकारी और ग़ैरसरकारी माध्यम बरसों से ओवरटाइम

मेहनत कर रहे हैं, वह वास्तव में बुरहान-उल-मुल्क अमीनउद्दीन खाँ नैशापुरी की लखनऊ में सूबेदारी के बाद उनकी सन्तति के शासन-काल में छिटकी हुई चार दिन की चाँदनी भर है। और भी खोलकर कहें तो शुजाउद्दौला के ज़माने से लेकर वाजिद अली शाह के बादशाहत छोड़ने तक लगभग सौ साल का करिश्मा!

और यह बिना झिझक के स्वीकार किया जाना चाहिए कि ये सौ साल एक सम्पन्न संस्कृति को पनपाने में, उसे अपना एक ख़ास अन्दाज़ और रंग देने में बख़ूबी कामयाब रहे। उर्दू काव्य और गद्य का विकास, एक नये अन्दाज़वाला गायन, नृत्य और वादन, नये ढंग की पोशाकें, जेवरात, पाक-कला और रहन-सहन के तरीक़े, अपना निजी शिष्टाचार और सामाजिक व्यवहार, अपनी वास्तुकला, अपने ढंग के मेले, त्योहार, महफ़िलें, यह सब और इसके सिवाय और भी बहुत कुछ सौ साल में फूला-फला। पर इसके पहले क्या था? और इसके बाद में क्या है? यह सब समय के एक विस्तीर्ण रेगिस्तान में कैक्टस के वृहदाकार रंग-बिरंगे फूलों की तरह खिलता रहा, मुरझाता रहा।

लखनऊ की संस्कृति का सबक़ है—वही संस्कृति सहज रूप से विकसित होती है, वही सफल होती है, वही हज़ार परिवर्तनों और विचारात्मक मुठभेड़ों को झेल पाती है जो इतिहास के समानान्तर नहीं चलती, उसका अन्तरंग हिस्सा बनकर पनपती है। लखनऊ की संस्कृति बक्सर की लड़ाई और वाजिदअली शाह की जलावतनी के दो पाटों में पिसते हुए बेचैन इतिहास में बिलासोन्मुख, बेफ़्रिक रईसों की ज़िन्दगी के इर्द-गिर्द पनपी थी। ईस्ट इंडिया कम्पनी के बढ़ते हुए दबाव, अन्दरूनी झगड़े और षड्यंत्र और सामन्तवादी सनकीपन की छाया में पलती हुई यह संस्कृति न तो तेज़ी से बढ़ते हुए काल-प्रवाह पर कोई छाप छोड़ पा रही थी और न लखनऊ शहर के आसपास के इलाक़ों और गाँवों की ही ओर बढ़ पा रही थी, जो इस संस्कृति का ऊपरी लबादा ओढ़ चुकने पर भी अपनी सदियों पुरानी रूढ़ियों और परम्पराओं में खोए हुए थे। इन्हीं सीमाओं के कारण यह संस्कृति आज हमारे वर्तमान का जीवन्त हिस्सा नहीं बन पाती, वह सिर्फ़ उसी बेचैन इतिहास के कुछ उनींदे क्षणों का ख़्वाब बनकर हमारी चेतना में बसी हुई है।

गुस्ताख़ी मुआफ़ हो, कम-से-कम इसी उत्तर प्रदेश में वाराणसी और ब्रजभूमि की संस्कृति के बारे में ऐसा नहीं कहा जा सकता।

तभी अपने सफलतम क्षणों में भी लखनऊ महोत्सव हमारे जीवन्त अनुभव का हिस्सा नहीं बन पाता, एक त्रासदी-भरी शताब्दी की उथल-पुथल से सँभालकर निकाले गए कुछ क़ीमती अनुभवों का ज़खीरा-भर रह जाता है।

ऐसा नहीं है कि इस संस्कृति में मूल्यवत्ता की कोई कमी हो। शताब्दियों तक जो दो सम्प्रदाय शासक और शासित के असहज रिश्ते में जीते हुए अपनी-अपनी विरासत बचाने के लिए व्यग्र रहे हों, वे यहाँ लखनवी संस्कृति में घुल-मिल जाते हैं। यहाँ इस्लाम का साम्प्रदायिक अभिवादन 'सलाम अलेकुम' ग़ैरमज़हबी 'आदाब' में बदल जाता है। एकेश्वरवादी होते हुए भी मियाँ अमानत यहाँ 'इन्दर सभा' लिखते हैं, वाजिदअली शाह अपनी गोपिकाओं के साथ रास रचाकर कन्हैया का अभिनय करते हैं। सभी त्योहार सभी सम्प्रदायों के लिए खुले हैं। यहाँ सहिष्णुता और सद्भाव के बलबूते पर टिकी हुई एक मिली-जुली संस्कृति उभरती है जो आज भी हमारे समाज के जीवन्त अनुभव का अंग है।

पर इस ख़ूबसूरत हक़ीक़त की कमज़ोरी क्या है? कमज़ोरी यह है कि किसी महोत्सव में पर्यटकों के आगे तश्तरी में पुलाव और कोरमे की तरह इसे पेश नहीं किया जा सकता। यह अपने-आप में हमारी सामाजिक चेतना के भीतर निरन्तर चलनेवाला एक महोत्सव है। अफ़सोस यह है कि बिजली की जगमगाहट के साथ दूसरे महोत्सव में इसका स्टाल नहीं लगाया जा सकता।

[21 मार्च, 1989]

मेरे व्यंग्य-लेखन का एक ऐतिहासिक क्षण

1945 की बात है। तब तक विश्वविद्यालयों में विद्यार्थी को देखते ही उसे लफंगा मानने का चलन नहीं हुआ था। ऐसे प्रोफ़ेसर काफ़ी संख्या में थे जो लड़कों को 'जेंटिलमैन' कहकर सम्बोधित करते थे, यही नहीं, उन्हें ऐसा समझते भी थे।

मैं प्रयाग विश्वविद्यालय में था। वातावरण सब प्रकार से विद्यार्थी को जेंटिलमैन बना डालनेवाला था। हमारे छात्रावासों के मीटिंग हॉल में योग्य और विशिष्टता पानेवाले विद्यार्थियों की वार्षिक सूचियाँ टँगी हुई थीं। ये आई.सी.एस. में, पी.सी.एस. में, इसमें, उसमें—किसी भी तुक की सरकारी नौकरी की परीक्षा में सफल होनेवालों की सूचियाँ थीं। हम किसी-न-किसी दिन इन्हीं सूचियों में टँगने की उम्मीद बाँधे चुपचाप किताबें पढ़ते रहते, उससे भी ज़्यादा चुप होकर खेलते और छात्रावास के पुरातनकालीन शौचालयों, गन्ध भरे, लगभग गन्दे भोजनालयों और बिना पानी के ग़ुसलख़ानों में आते-जाते हुए अपने को जेंटिलमैन बनाए रखने की कला सीखते।

मेस और—रेलवे बोर्ड की भाषा में—संडास तो जैसे-तैसे चल जाते, क्योंकि वे जैसे-तैसे अपने उद्‌देश्य की पूर्ति कर देते थे, पर बिना पानी का ग़ुसलख़ाना कहाँ तक सहा जाता? शायद पानी का दबाव कम था। जो भी हो, नल से बूँद-बूँद पानी टपकता था। बूँद-बूँद से घंटे-भर में बाल्टी भरती थी और चौथाई मिनट में रीती हो जाती थी। ग़ुसलख़ाने के आगे 'क्यू' लगता था, पर 'क्यू' का कोई नियम ज़रूरी न था। नहानेवालों की भीड़ में दंगे की स्थिति पैदा हो जाती थी। इस स्थिति ने कुछ नेता पैदा किए। नेताओं ने नहाने की व्यवस्था में सुधार करना चाहा। तब तक हम सीख गए थे कि किसी भी सुधार के लिए धुआँधार आन्दोलन करना ही एकमात्र तरीक़ा है। हम आन्दोलन पर उतर आए।

सिर्फ़ बाथरूमी चप्पल और पैजामे पहने हुए, हाथ में तौलिया और साबुन लिये नंगे बदन जवाँमर्दों का एक जत्था हमारे छात्रावास से बाहर निकला। जुलूस की शक्ल में हम वाइस चांसलर डॉ. अमरनाथ झा के बँगले की ओर बढ़े। आसपास के छात्रावासों के लड़के भी हमारे दुख से दुखित होकर जिस्म के कपड़े उतार-उतारकर, तौलिया झटकारते हुए, जुलूस में शामिल हो गए। 'इंक़लाब ज़िन्दाबाद' का वातावरण बन गया। 'लोटे-लोटे की झनकार, सारे बाथरूम बेकार' के नारों से ख़ुद हमारे ही दिमाग़ गूँज उठे।

ऐसे मौक़े पर प्रयाण-गीत के लिए मैंने एक कविता लिखी थी, जिसे यहाँ दोहराना ही इस टिप्पणी का असली उद्देश्य है।

यह कविता उस जमाने के प्रसिद्ध प्रयाण-गीत—

खिदमते हिन्द में जो कि मर जाएँगे
नाम दुनिया में अपना भी कर जाएँगे

की तर्ज पर लिखी गई थी और इस प्रकार थी—

हम बिना बाथरूम के मर जाएँगे।
नाम दुनिया में अपना भी कर जाएँगे।
यह न पूछो कि मरकर किधर जाएँगे,
होगा पानी जिधर, बस उधर जाएँगे।
जून में हम नहाकर थे घर से चले,
अब नहाएँगे फिर जब कि घर जाएँगे।
यह हमारा वतन भी अरब हो गया,
आज हम भी ख़लीफ़ा के घर जाएँगे!
...आदि-आदि।

यह मेरी पहली व्यंग्य-रचना थी। पता नहीं, उस 'करुण-करुण मसृण-मसृण' वाले जमाने में—जबकि ज़्यादातर मैं ख़ुद उसी वृत्ति का शिकार था—मैं यह प्रयाण-गीत कैसे लिख ले गया। जो भी हो, इसका यह नतीजा ज़रूर निकला कि लगभग दस साल बाद मैंने जब व्यंग्य लिखना शुरू किया तो मुझमें यह आत्मविश्वास था कि मैं दस साल की सीनियारिटी का व्यंग्य-लेखक हूँ और दूसरों की तरह किसी भी पोच बात को सीनियारिटी के सहारे चला सकता हूँ।

ख़ैर, अपने व्यंग्य-लेखन के बारे में इतना तो मैंने लगे हाथ—यूँ ही बता दिया। जहाँ तक बाथरूमों की बात है, ख़लीफ़ा—डॉ. झा ने हमारे आन्दोलन को सफल बनाने में बड़ी मदद की। आज की तरह विद्यार्थियों के जुलूस को देखते ही उन्होंने पुलिस नहीं बुलाई, गोली नहीं चलवाई, प्रेस के लिए तक़रीर नहीं दी, इसे अपनी इज़्ज़त का सवाल नहीं बनाया। सिर्फ़ दो-एक छोटे-छोटे वाक्यों में जुलूस के सनकीपन का हवाला देते हुए उन्होंने आश्वासन दिया कि ठीक ढंग के नये बाथरूमों की व्यवस्था हो जाएगी। यही नहीं—आज आपको ऐसी बात सुनकर अचम्भा भले ही हो—उन्होंने अपना आश्वासन जल्दी ही पूरा भी कर दिया।

[धर्मयुग, 1963]

भूतनाथ की चोरी

मेरे पास बैठे मेरे सहपाठी के गन्दे बस्ते में एक गन्दी जिल्दवाली किताब रखी हुई थी। पिछले पाँच दिन से मेरा मन इसी किताब में अटका हुआ था। उसे हाथ से छूने के लिए, आँखों से खा जाने के लिए मैं उतावला हो रहा था। इस गन्दी जिल्द में भूतनाथ के पाँचवें से आठवें भाग तक बँधे हुए थे। पहले के चार भाग मैं पढ़ चुका था। आगे के लिए मुझे इसी जिल्द का सहारा था। पर मेरे सहपाठी ने मुझे किताब देने से इनकार कर दिया था।

मेरे सहपाठी के बड़े भाई का नाम भूतनाथ ही पड़ गया था। असली नाम जानने के लिए बड़ा शोध करना पड़ेगा, भूतनाथ की-सी ऐयारी करनी पड़ेगी। वह पहले कलकत्ते में कुछ करता था। उत्तर प्रदेश के इन इलाक़ों से लोग कलकत्ते जाते हैं, वहाँ 'कुछ' करते हैं और पैसा कमाते हैं। शायद उसका 'कुछ' बहुत कुछ असफल रहा। इसीलिए कुछ दिन बाद वह घर लौट आया, साथ में चन्द्रकान्ता, चन्द्रकान्ता सन्तति और भूतनाथ का पूरा सेट ले आया। कुछ दिनों तक गाँव में तिलिस्म और ऐयारी का बोलबाला रहा। लोगों की बातचीत के ढंग और नाम तक बदलने लगे। उसी हल्ले में मेरे सहपाठी के भाई को लोग भूतनाथ कहने लगे। मेरे सहपाठी का महत्त्व बढ़ गया। वह अचानक भूतनाथ का छोटा भाई हो गया। तब मैं मिडिल स्कूल की छठी कक्षा में पढ़ता था। उससे माँगकर मैंने भूतनाथ के चार भाग पढ़े। आगे के भागों के न मिलने पर, उसका पुराना एहसान भूलकर, शुद्ध भारतीय परम्परा के अनुसार, मैं उसका दुश्मन बन बैठा।

ख़रीदने या माँगने से भूतनाथ के अगले भाग पाना सम्भव न था। शराफ़त का मेरे लिए वही रास्ता बचा था कि मैं इस जिल्द को चुरा लूँ। यह उन दिनों की बात है जब इस तरह की चोरी करने से कोई बाल-अपराधी के रूप में एक

सामाजिक समस्या बनने का अधिकारी नहीं होता था। पकड़े जाने पर दो-चार लप्पड़ लगा दिए जाते और किताब छीन ली जाती, बस, बात यहीं तक रह जाती। इसलिए किताब चुराने का पूरा प्रश्न मेरे आगे इसी रूप में आया कि किस तरह बिना पकड़ में आए किताब टाँच दी जाए।

जो भी हो, मैंने किताब टाँच दी। वास्तव में यह बहुत आसान बात थी और मेरे लिए बिलकुल नई भी न थी। भूगोल के घंटे में मास्टर साहब का हम लोगों पर बड़ा द्रावक प्रभाव पड़ता था। सभी लड़के बार-बार पानी पीने या पानी निकालने के लिए बाहर जाते थे। मेरा सहपाठी भी कुछ देर के लिए बाहर गया और मैंने होशियारी से किताब टाँच दी।

मैं जानता था कि कुछ देर बाद वह किताब की चोरी का तमाशा खड़ा करेगा। अत: मैं पहले ही किताब छिपाकर पानी पीने के लिए बाहर चला आया। कुएँ के पास गन्दा पानी थम गया था, बड़ी-बड़ी घास उगी थी और केले का एक झुरमुट था। वहीं मैंने भूतनाथ (भाग 5-8) को बिना किसी रस्म के दफ़न कर दिया। शाम को निकालने का इरादा करके चुपचाप अपने निष्कलंक चेहरे के साथ दर्जे में आकर अपनी जगह बैठ गया।

एक घंटे बाद क्लास में छानबीन शुरू हुई। मेरे सहपाठी ने घोषणा की कि किसी ने उसकी किताब भूतनाथ (भूतनाथ 5-8) चुरा ली है। इस पर मास्टर साहब ने उसके दो-चार झापड़ लगाकर प्रारम्भिक वक्तव्य दिया कि सिर्फ़ उसके जैसे लफंगे ही ऐसी गन्दी किताब पढ़ सकते हैं। जिल्द को देखते हुए किताब का यह वर्णन अक्षरश: सत्य था। अब मास्टर साहब ने दूसरा वक्तव्य दिया, "सब लड़के अपनी-अपनी जगह खड़े हो जाएँ। सबके बस्तों की तलाशी ली जाएगी।"

यह रोज़ का कारोबार था और हम सब इसके अभ्यस्त थे। हम खड़े हो गए दर्जे के मानीटर ने सबके बस्तों की तलाशी लेनी शुरू की, मैं दार्शनिकों की तरह चुपचाप खड़ा रहा। आदमी को पकड़ में आने का डर न हो तो दार्शनिक जैसा दिखने में लगता ही क्या है?

अचानक एक लड़के के बस्ते में किताब मिल गई। दर्जे में शोर मचने लगा। मैं अचम्भे में आकर इस करिश्मे को देखता ही रह गया। मास्टर साहब ने पहले तो लड़के पर चार-पाँच बेंत बिना कुछ कहे ही फटकार दिए, फिर गालियाँ देते हुए पूछा, "क्यों बे, आगे डाका डालेगा क्या?"

रोते-रोते लड़के का चेहरा फूल गया। किसी तरह से उसने कहा, "मैंने

इसे चुराया नहीं है। यह किताब केले के पेड़ के पास पड़ी थी। मैंने यूँ ही उठा लिया था।"

मास्टर साहब ने उसे दो बेंत और रसीद किए और कहा, "झूठे की औलाद! चोट्टे! सच-सच बता, किताब क्यों चुराई?"

अब मेरे लिए आगे बरदाश्त करना मुश्किल था। मेरे ही कारण मेरा साथी मार खा रहा था। मुझसे कुछ बोले बिना नहीं रहा गया। आगे क्या होगा, इसकी चिन्ता किए बिना ही मैं अपनी जगह से चिल्लाकर बोला, "मुंशी जी, यह ठीक कह रहा है। पता नहीं कौन बदमाश इसे केले के पास फेंक आया था। मैं जब पानी पीने गया था तब मैंने ख़ुद देखा, यह किताब केले के पास ही पड़ी थी।"

फिर तो क्लास के एक और मशहूर लड़के ने मेरी बात का समर्थन किया। अन्त में इन गवाहियों पर अपराधी को रिहा कर दिया गया। भूतनाथ फिर मेरे पड़ोसी के बस्ते में रख लिये गए। कुछ देर इस बात पर बहस चलती रही कि किताब केले के पास कैसे पहुँची। फिर बात ख़त्म हो गई।

अपने साथी पर मार पड़ते देखकर भी मैंने सच बात नहीं बताई, इसलिए आप मेरी कायरता की निन्दा कर सकते हैं। वैसे करने को आप सब कुछ कर सकते हैं, पर मेरे इस व्यवहार का एक कारण था। कारण यह था (और है) कि मैं हीरो नहीं हूँ। यह मेरी बड़ी प्रारम्भिक कमज़ोरी है। काश, मैं उस मौक़े पर चिल्ला सकता, "मुंशी जी, उसे छोड़ दीजिए, असली अपराधी मैं हूँ..." तो सचमुच ही इस धटना से मेरे चरित्र में दुर्लभ मानवीय गुणों का परिचय मिल सकता था। पर इसका नतीजा आगे चलकर कुछ और ही होता। तब मुझे ख़ुद आज अपने हाथ से यह संस्मरण न लिखना पड़ता। इस घटना को वीर-पूजकों ने पहले ही उड़ा लिया होता और छोटे दर्जों की पाठ्य-पुस्तकों में इसकी कहानी चलने लगी होती। ख़ेद है कि स्कूल-मास्टर के बेंत के डर ने मुझे सच कहते-कहते भी झूठ बोलने पर मजबूर कर दिया, और इस तरह एक अच्छी-ख़ासी कहानी के आदर्शवादी अन्त को बिगाड़कर रख दिया।

[धर्मयुग, 1963]

राजनीतिज्ञों की पंचायत

पंडित जवाहरलाल नेहरू ने जब भारत की खोज की, वे लगभग पचपन साल के हो चुके थे। उनके नाती राजीव गांधी उनसे कई क़दम आगे निकल गए हैं। पैंतालीस की उम्र तक आते-आते उन्होंने भारत में पंचायत की खोज कर ली है।

पंचायतें पहले से चली आ रही हैं। उत्तर प्रदेश में इनकी स्थापना 1948 के एक अधिनियम द्वारा हुई थी। तब पंचायतों की आमदनी के कई स्वतंत्र साधन थे, उनमें कर लगाने का अधिकार भी था। कई पंचायतों पर एक न्याय पंचायत होती थी। उन्हें कुछ ऐसे मुक़दमे करने का अधिकार था जो किसी दूसरे न्यायालय में नहीं जा सकते थे। दूसरे राज्यों में भी ऐसे प्रयोग हुए। सामुदायिक विकास में पंचायतों की केन्द्रीय भूमिका बनी। ग्राम-स्तर पर इस तरह एक ग़ैर-राजनीतिक नेतृत्व उभरने लगा। इससे सत्तातंत्र घबड़ा गया और वे लोग विलाप करने लगे, जिन्हें प्रधानमंत्री आज सत्ता के दलाल कहते हैं।

तब छठे दशक में देश के लगभग सभी राज्यों में कांग्रेसी सरकारें थीं। जैसा कि हम उत्तर प्रदेश में भुगत चुके हैं, पंचायतों के इस स्वरूप का विरोध विपक्ष ने नहीं, छिपे तौर से सत्तारूढ़ सरकारों ने किया। नौकरशाही को सबसे ज़्यादा तकलीफ़ थी। ग्राम-स्तर पर पनपती हुई ये अराजनीतिक संस्थाएँ उसकी निरंकुशता को ललकार रही थीं, सत्तारूढ़ पार्टी के ग्रामस्तरीय कार्यकर्ता ख़ुद पंचायतों को एक राजनीतिक चुनौती जैसा ले रहे थे, जो एक अराजनीतिक, पर गाँवों में एक विकासपरक नेतृत्व की शुरुआत कर रही थीं। अतः क़ानूनों में ऐसे संशोधन होने लगे जो एक ओर इन संस्थाओं पर नौकरशाही का शिकंजा कस रहे थे, दूसरी ओर इन्हें निष्क्रिय बना रहे थे।

एक ओर यह हुआ, दूसरी ओर केन्द्र द्वारा पंचायती राज-पद्धति के अध्ययन के लिए बलवन्तराय मेहता टीम का गठन हुआ। टीम की सिफ़ारिशें

बेशक बड़ी प्रगतिशील थीं, पर आन्ध्र प्रदेश जैसे कुछ राज्यों को छोड़कर उनका क्रियान्वयन बड़े प्रतिक्रियावादी ढंग से हुआ। उत्तर प्रदेश में 1958 का ज़िला परिषद और क्षेत्र समितियों से सम्बन्धित अधिनियम इसका प्रमाण है। सातवाँ दशक आते-आते पंचायती राज-पद्धति के सुधार के नाम पर पंचायती राज को एक ऐसे जानवर का दर्जा दे दिया गया, जिसे ज़रूरत पड़ने पर ज़िन्दा अजायबघर में भी रखा जा सकता था और मुर्दा अजायबघर में भी।

पंचायती राज का पहला सिद्धान्त यह था, और आज भी होना चाहिए कि विकास और सामाजिक बदलाव की प्रक्रिया में उनकी सक्रिय भागीदारी हो। यानी वे सरकारी सहायता को हजम करने के लिए 'सोकेज पिट' भर बनकर न रह जाएँ, श्रमदान और ख़ुद अपने साधनों के सहारे विकास-कार्यों में पहल करें। पर सत्तातंत्र उधर पैसे की राजनीति का ग़ुलाम बन चुका था, पंचायत जैसी संस्थाओं को हटाकर राष्ट्रीयकृत बैंकों के सहारे बैंक-मैनेजर-सरकारी दलाल-लाभार्थी का तिगड्डा पनपने लगा था और विकास तथा 'ग़रीबी हटाओ' के नाम पर अफ़सरशाही के हाथों में नोटों की गड्डियाँ उछलने लगी थीं। इसने विकास-कार्य में पंचायतों की साझेदारीवाली भूमिका को बेहोश कर दिया। बची-खुची कसर 1975 में बीस सूत्री कार्यक्रम के उन सूत्रों ने पूरी कर दी जो पंचायतों को नज़रअन्दाज़ करके, पर उनके सभापति की दलाली की मार्फत, गाँवों में लाभार्थी तक पहुँचना चाहते थे।

अब यह विडम्बना देखिए। जिस सत्तातंत्र ने पंचायती राज को ज़हर की छोटी-छोटी ख़ुराकें देकर—'स्लो प्वायजनिंग' द्वारा—मौजूदा हालत में पहुँचाया है, उसी का मुखिया आज अचानक चौंककर 'आम आदमी के अधिकार' का नारा बुलन्द करने लगा है। वह हमें समझा रहा है कि पंचायतों के बारे में वह कई साल से चिन्तित है और उसकी यह खोज आकस्मिक नहीं है। उसे पंचायती राज के बारे में राज्य सरकारों पर भरोसा नहीं है, तभी केन्द्र सरकार को अधिकार सम्पन्न करने के लिए वह संविधान में एक नया अध्याय जोड़ने जा रहा है, संसद में एक पंचायती राज विधेयक ला रहा है और उसी जोश में वह नगरपालिकाओं और नगर निगमों के लिए भी एक केन्द्रीय विधेयक की बात करने लगा है।

वह, जिसने अपने संसदीय दल का चुनाव झेले बिना ही प्रधानमंत्री की कुर्सी एक कृतज्ञ राष्ट्रपति के हाथों पा ली थी और जो आज भी पार्टी के अन्दरूनी चुनावों के नाम से मुँह चुराता है, पंचायतों के नियमित चुनावों को

लेकर इतना व्यग्र है कि वह इस काम को केन्द्रीय चुनाव आयोग को सौंपना चाहता है। ग्राम-विकास के लिए केन्द्रीय योजनाओं की जो रक़म राज्य सरकारों के माध्यम से पंचायतों तक जानी है, उसे भी वह केन्द्रीय वित्त आयोग की देखरेख में राज्यस्तरीय वित्त आयोगों की मार्फत भेजना चाहता है, क्योंकि पता नहीं कि राज्य सरकारें उस रक़म को कहीं 'हाइजैक' कर दें।

अधिकारों के विकेन्द्रीकरण के इस खेल में पंचायतों के चुनाव, उनका वित्तीय नियंत्रण और संवैधानिक स्थिति अब 'राज्य-सूची' से हटकर 'संयुक्त सूची' में आने जा रही है। पंचायतें केन्द्र के हाथ में कब और कैसे पहुँचेंगी, यह देखने की बात है। हम देख रहे हैं, हम देखेंगे। नारा विकेन्द्रीकरण का है, ख़तरा सम्पूर्ण केन्द्रीकरण का।

ध्यान दिया जाए कि पंचायतों का समय से चुनाव न कराके उन्हें निष्क्रिय रखने का श्रेय भी मुख्यतः कांग्रेसी सरकारों को है। आन्ध्र प्रदेश, कर्नाटक, केरल, तमिलनाडु, पश्चिम बंगाल जैसे ग़ैरकांग्रेसी सरकारवाले राज्यों में ये चुनाव नियमित रूप से हुए हैं, कांग्रेसी महाराष्ट्र में ये भले ही रुक गए हों। क्या कांग्रेस के अध्यक्ष को अपनी ही पार्टी की राज्य सरकारों को नियंत्रित करने के लिए संविधान तक को बदलवाना ज़रूरी हो गया है?

जो भी हो, विकेन्द्रीकरण के नारेबाज़ी की शुरुआत और उठाव—अमरीकी शैली में, जो अब भारत सरकार एवं इंका-शैली भी है, उसमें—बड़े नाटकीय ढंग से हुआ है। पंचायतों की भूमिका पर विचार करने के लिए क्षेत्रीय स्तर पर सभाएँ की गई हैं, दिल्ली में एक-दो दिवसीय महिला-सम्मेलन आयोजित हुए हैं, मुख्यमंत्रियों के साथ प्रधानमंत्री की जल्दबाज़ी में एक बैठक हुई है और अभी—10 मई को—अखिल भारतीय कांग्रेस कमेटी का एक निर्विवाद अधिवेशन हुआ है, जिसमें सबने सबसे सहमति व्यक्त की है।

बकवास भी हुई है। कमेटी में कहा गया है कि पंचायती राज आने पर सत्ता के दलालों, न्यस्त स्वार्थों और भ्रष्टाचारियों की कमर टूट जाएगी। पं. कमलापति त्रिपाठी ने तो यहाँ तक कहा कि इससे देश की अखंडता और एकता मज़बूत होगी, वे यह भी कह सकते थे कि इससे पेट्रोलियम पदार्थों का उत्पादन बढ़ेगा, या विदेशी मुद्रा-सन्तुलन की समस्या सुलझ जाएगी। पंडित हैं, कुछ भी कह सकते हैं।

अब आप मुझसे पूछ सकते हैं, क्या आप पंचायती राज के ख़िलाफ़ हैं? अगर प्रधानमंत्री पंचायतों के नियमित चुनाव कराना चाहते हैं, उन्हें नियमित

वित्तीय सहायता दिलाते हैं, विकास-योजनाओं के ग्रामस्तरीय कार्यान्वयन में उन्हें भागीदार बनाते हैं, महिलाओं और कमज़ोर वर्गों का उनमें प्रतिनिधित्व सुनिश्चित करते हैं, तो क्या आप इस सबके ख़िलाफ़ हैं?

मेरा जवाब है—हरगिज़ नहीं। मैं, जो पेशेवर विपक्ष नहीं हूँ, यह कह रहा हूँ और उसी के साथ शायद प्रतिपक्ष भी यही कह रहा है। दरअसल, प्रतिपक्ष बदहवास हो रहा है—जैसे उस वक़्त हुआ था जब प्रधानमंत्री ने मताधिकार की न्यूनतम आयु घटाकर अठारह वर्ष कर दी थी। विपक्ष सिद्धान्ततः सत्ता के विकेन्द्रीकरण का विरोध नहीं कर पा रहा है, पर वह घबराया हुआ है—सोचता है कि कहीं कोई पेच है। प्रधानमंत्री का चुनावी दाँव यहाँ भी कारगर होने जा रहा है।

आप मुझसे पूछ सकते हैं—तो इसमें आपको क्या एतराज है? जवाब है—सिर्फ़ यही कि पूरे खिलवाड़ में राज्य सरकारों को हाशिए में फेंककर संघीय व्यवस्था के लिए ख़तरा पैदा किया जा रहा है—एक सही काम है जो ग़लत ढंग से होने जा रहा है, और डर है कि कहीं यह ग़लत ढंग ही सही काम के नतीजों पर हावी न हो जाए।

पर, सच पूछिए तो मैं इतना निराशावादी नहीं हूँ। पंचायतों को हथियार बनाकर वे राज्यों के साथ जो भी करने जा रहे हों, मैं बहुत चिन्तित नहीं हूँ। इसके दो कारण हैं—

पहला कारण तो यह है कि श्रीमान राजीव गांधी जो भी समझें, यह विशाल भारत देश सुल्तानपुर, अमेठी या बछरावाँ की म्यूनिसिपैलिटी या नोटीफ़ाइड एरिया नहीं है जहाँ नाली की सफ़ाई से लेकर चुंगी की चोरी तक का काम अकेला एक अफ़सर सँभाल ले। सम्पूर्ण केन्द्रीकरण के बावजूद, सिर्फ़ अपने भूगोल और संख्या के बूते वे पंचायतें उस सत्ता को कभी-न-कभी हथिया ही लेंगी, जिन्हें श्री राजीव गांधी अपनी या अपने गवर्नरों की मुट्ठी में बन्द रखना चाहते हैं। भारत की जनसंख्या और भूगोल यहाँ प्रधानमंत्री के ख़िलाफ़ है।

दूसरा कारण ऐतिहासिक है। इतिहास बताता है कि कभी एक दुर्घटना हो गई, कभी किसी ग़लत आदमी ने कोई ग़लत फ़ैसला कर लिया, कभी किसी सही आदमी ने कोई ग़लती कर दी, पर उसका बिलकुल ही अप्रत्याशित नतीजा निकला। जैसे अष्टम् हेनरी ने अपनी प्रेमिका को पत्नी बनाने के पीछे पोप से बिगाड़ किया और वहीं से ग्रेट ब्रिटेन में राजसत्ता पर धर्मसत्ता का शिकंजा ढीला पड़ने लगा और एक नये राजतंत्र की शुरुआत हुई। लन्दन शहर में भयानक

अग्निकांड हुआ, बरसों आग सुलगती रही और उसी में वहाँ की महामारी और गन्दगी स्वाहा हो गई, तथा एक आधुनिक नगर के विकास का रास्ता साफ़ हुआ। मैकाले ने अपना दास बनाने के लिए हिन्दुस्तानियों को अंग्रेज़ी पढ़ाने की पेशकश की, पर उसी पढ़ाई ने पश्चिमी चिन्तन की खिड़कियाँ खोल दीं और दासता-विरोधी आन्दोलन का सूत्रपात कर दिया और हाल ही में, अपनी ही पार्टी के बुज़ुर्गों को प्रतिक्रियावादी साबित करने के फेर में इन्दिरा गांधी ने समाजवाद का नारा ही नहीं लगाया, बैंकों का राष्ट्रीयकरण भी कर दिया। बाद में भले ही उनका 'समाजवाद' टाँय-टाँय फिस हो गया हो, बैंकों के राष्ट्रीयकरण का लाभ राष्ट्र के हित में बढ़ता ही जा रहा है।

कौन जाने, सत्ता के विकेन्द्रीकरण के नाम पर केन्द्रीकरण की यह फूहड़ कोशिश भी कोई अजीब नतीजा दिखा दे। क्या पता कि पार्टी के निठल्ले देहाती बछेड़ों के लिए जो चरागाह तैयार की जा रही है, वह एक ऐसे सामाजिक बदलाव का रंगमंच बन जाए जिसके नीचे सत्ताधीश और सत्ता के दलाल एक-दूसरे का मुँह ताकते रह जाएँ।

[16 मई, 1989]

एम.एस.टी. और आतंकवाद

शाहजहाँपुर से हरदोई का रास्ता डाकगाड़ी लगभग एक घंटे में तय करती है। इस अवधि में विश्वदर्शन जी ने अपने साथ बैठे हुए मुसाफ़िरों को अपने ज्ञान और सूझ-समझ से चमत्कृत कर दिया। उन्होंने नामीबिया की स्वतंत्रता पर एक प्रवचन दिया, इजरायल और पी. एल. ओ. के सम्बन्ध में भारत की वैदेशिक नीति की भर्त्सना की, पर नेपाल को लेकर उसी नीति को सराहा, अन्तरराष्ट्रीय मुद्राकोष को अमरीकी पूँजीवाद का एक जाल बट्टा-भर बताया और जापानी मुद्रा येन की बढ़ती हुई हैसियत पर एक सारगर्भित टिप्पणी देनी चाही। पर तभी हरदोई स्टेशन आ गया। उसी के साथ उनके डिब्बे में लगभग सौ एम.एस.टी. वाले बड़े आत्मविश्वास के साथ हँसी-ख़ुशी के माहौल में घुस आए।

एम.एस.टी.—यानी मंथली सीजन टिकटवाले मुसाफ़िर। उनके आते ही पूरे डिब्बे का माहौल बदल गया। विश्वदर्शन जी जापानी येन को भूलकर अपनी रिजर्व सीट बचाने के चक्कर में पड़ गए। दरअसल वे जिस बेंच पर बैठे थे उसमें तीन मुसाफ़िरों के बैठने की व्यवस्था थी। उन्हें मिलाकर तीनों मुसाफ़िर सीटों का बाक़ायदा आरक्षण कराके बैठे थे। अब एम.एस.टी. वालों ने उनसे बिना कोई बात किए बेंच पर क़ब्ज़ा करना शुरू कर दिया। एक विश्वदर्शन जी के दाएँ बैठ गया, एक उनके और दाएँ बैठे एम.एस.टी. के बीच में। विश्वदर्शन जी ने खिसककर बाएँ बैठना चाहा पर वहाँ एक एम.एस.टी. पहले ही डेढ़ इंच छूटी जगह में धँसकर बैठ गया था। थोड़ी ही देर में उन्हें लगा कि वे अगर खिड़की के पास जाकर खड़े हो जाएँ तो ज़्यादा आराम रहेगा, पर उसके पहले ही आरक्षित सीट पर बैठा हुआ एक दूसरा मुसाफ़िर एम.एस.टी. की दबसट से बचने के लिए उठ खड़ा हुआ और खिड़की के पास जाकर बाहर की प्रकृति-शोभा निहारने लगा।

बैठने की दिक़्क़त थी ही, पुराने मुसाफ़िरों के बीच बातचीत का जो पुराना सिलसिला था वह भी पूरी तौर से टूट चुका था। अन्तरराष्ट्रीय समस्याओं को जाने दें, अब विश्वदर्शन जी रेलयात्रा, क़ानून और व्यवस्था की बिगड़ती स्थिति और आतंकवाद जैसी उन राष्ट्रीय समस्याओं तक पर भी नहीं बोल पा रहे थे, जिन पर कोई भी भारतीय किसी भी वक़्त कुछ भी आसानी से कह सकता है। पुराने मुसाफ़िरों की बोलती बन्द हो गई थी। बोलने का अब एकमात्र अधिकार एम.एस.टी. वालों के साथ केन्द्रित हो गया था। वे अपने प्राइवेट मज़ाक़ डिब्बे के किसी भी कोने से किसी भी ओर उछाल सकते थे, ख़ास बात यह कि वे सब अपने-आप से बहुत ख़ुश थे, वे मामूली बात पर ठहाका लगाकर हँस रहे थे और विश्वदर्शन जी बड़ी कुंठा और ख़ामोशी के साथ उनके हर ठहाके पर सोचने लगते थे कि इसमें हँसने या इतना ऊँचा ठहाका लगाने की क्या बात है।

विश्वदर्शन जी ही नहीं, लगता था कि सभी पुराने मुसाफ़िर एम.एस.टी. वालों के सामने परास्त और पूरे तौर से आतंकित हैं। मुसाफ़िर ही नहीं, काला कोट पहने हुए जो टिकट चेकर डिब्बे में कुछ देर के बाद प्रकट हुआ, वह और भी आतंकित जान पड़ा। पर फ़र्क़ इतना था कि भयभीत दीखने के बजाय उसने एम.एस.टी. वालों के प्रति बेसरोकारी का 'पोज' बना रखा था। उसने छाँट-छाँटकर डिब्बे में पहले से सफ़र कर रहे मुसाफ़िरों के ही टिकट चेक किए, किसी से तीन-टायरवाले डिब्बे में अनधिकृत रूप से चलने के नाम पर जुर्माना वसूला, किसी से पैसेंजर गाड़ी के टिकट की जगह डाकगाड़ी के टिकट का अतिरिक्त किराया माँगा। पर कमाल देखिए, एम.एस.टी. वालों का न उसने टिकट देखा, न उनसे अनधिकृत डिब्बे में घुस आने की बात उठाई। सच पूछिए तो उनकी ओर आँख तक नहीं उठाई।

अपनी मौन-कुंठा में विश्वदर्शन जी को एक नये उपन्यास की याद आई, जिसमें एम.एस.टी. लेकर दैनिक यात्रा करनेवाले यात्रियों के जीवन-दर्शन का विशद वर्णन है। उसकी बानगी देखिए—

"वैसे उनका (एम.एस.टी. वालों का) जीवन-दर्शन कुछ ज़्यादा ही व्यावहारिक है। मसलन, अगर उनका गाँव स्टेशन से दो मील की दूरी पर है तो स्टेशन आने के पहले गाँव के पास चेन खींच लेना या हौजपाइप निकालकर गाड़ी को रोक लेना बिलकुल स्वाभाविक होगा। एक दिन की बात हो तो स्टेशन से घर तक पैदल चल लें, पर हर रोज़ दो-दो बार दो मील पगडंडी नापने का काम कौन चिड़ीमार करेगा? वैसे ही गाड़ी में चाहे जैसी भीड़ हो, वे तो

बैठकर चलेंगे ही। उन्हें रोज़ ही रेल से चलना है, खड़े-खड़े कहाँ तक टाँगें तोड़ें? तभी वे किसी शरीफ़ दिखनेवाले मुसाफ़िर के दाएँ-बाएँ, जगह हो या न हो, धँस जाएँगे और उसे अपने नितम्ब के एक बटा-चौंसठ अंश पर टिकने को मजबूर कर देंगे। मुसाफ़िर हयादार हुआ तो ख़ुद खड़ा हो जाएगा।...यही व्यवहार-बुद्धि टिकट पर लागू होती है। रोज़-रोज़ चलना है, कहाँ तक टिकट ख़रीदें? कल तो लिया ही था, और अगर माहवारी टिकट की बात हो तो इस महीने में दशहरे की छुट्टियाँ भी हैं, सिर्फ़ दस दिन के लिए माहवारी टिकट लेनेवाले भकुए इस इलाक़े में नहीं रहते!"

अगर आप मान लें कि विश्वदर्शन जी को यह दर्शन-लाभ पिछली 17 मई को हुआ था तो बात बहुत आसान हो जाएगी, क्योंकि उस दिन लखनऊ स्टेशन पर एम.एस.टी. वालों ने सचमुच ही बड़ा तगड़ा प्रदर्शन किया था। उन्हें रायबरेली जाना था, पर लखनऊ पहुँचने पर उन्हें पता लगा कि उनकी गाड़ी और रायबरेली की ओर जानेवाली कोई भी गाड़ी आज स्टेशन नहीं छोड़ पाएगी। कारण? कारण यह कि रायबरेली लाइन के एम.एस.टी. रेल पटरी पर बैठकर गाड़ियों का चक्का जाम किए हैं। उसका कारण? उसका कारण यह कि पिछले दिन रेलवे प्रशासन ने एम.एस.टी. वालों से बड़ा भयानक दुर्व्यवहार किया था। कैसा दुर्व्यवहार? ऐसा कि अनधिकृत डिब्बों में चलने के कारण उनसे जुर्माना वसूला गया था, पुलिस की मदद से उनकी यात्रा खंडित की गई थी। यह भी आरोप था कि पुलिस ने उनसे नाजायज़ रकम ऐंठी थी।

यह ज़ोरदार प्रदर्शन कई घंटे चला और भयानक गर्मी और उमस के माहौल में लगभग आधे दिन के विलम्ब के बाद विश्वदर्शन जी की गाड़ी जब रायबरेली की ओर चली तब तक उनकी यात्रा निरर्थक हो चुकी थी। उनका मनोबल ध्वस्त हो चुका था। नामीबिया की समस्या तो बहुत दूर की बात है, वे अपनी समस्या अपने-आप तक से बताने की हिम्मत नहीं जुटा पा रहे थे। पर इस प्रदर्शन से फ़ायदा ज़रूर हुआ। उपर्युक्त उपन्यास का अशिक्षित लेखक और उसके जैसे हज़ारों लोग, लगता है, एम.एस.टी. के नाम से ही घबरा उठते हैं। लगता है कि वे एम.एस.टी. को आतंक का पर्यायवाची मानते हैं। प्रदर्शन का फ़ायदा यह हुआ कि उनके सामने पहली बार एम.एस.टी. वालों का अपना पक्ष भी प्रस्तुत हुआ। सार्वजनिक रूप से लोगों को मालूम हुआ कि यात्रा करने के लिए उन्हें भी एक सीट की ज़रूरत है। यह भी मालूम हुआ कि वे शौक़िया यात्रा नहीं करते हैं, जीविका

या व्यवसाय के कारणों से वे भी दूसरे मुसाफ़िरों की तरह रेलवे-यात्रा की नारकीयता से जूझने के लिए अभिशप्त हैं।

उनकी एक माँग यह भी थी कि ट्रेनों में उनके लिए अलग से एक डिब्बा जोड़ा जाना चाहिए। ज़रूर जोड़ा जाना चाहिए, बस एक छोटी-सी शंका रह जाती है कि उसके बाद भी एम.एस.टी. पूरी गाड़ी पर क़ाबिज़ नहीं होगा—इसकी क्या गारंटी है? बहरहाल, यह मामला तो रेलवे और एम.एस.टी. के बीच का है, विश्वदर्शन जी जैसे मुसाफ़िरों के पक्ष में इससे ज़्यादा बात क्या होगी कि एम.एस.टी. को एक विशेष डिब्बे में सीमित कर दिया जाए ताकि यात्रियों के ये दो वर्ग एक ही ट्रेन के अलग-अलग डिब्बों में शान्तिपूर्ण सहअस्तित्व की भावना से यात्रा कर सकें और ऐसी दुर्घटना दुबारा न हो जहाँ अपनी बेटी को 'ईवटीजिंग' से बचाने के लिए एक प्रोफ़ेसर को अपना रिवाल्वर निकालकर गोली चलानी पड़ती है और इस प्रकार एक एम.एस.टी. का वध करना पड़ता है। लखनऊ में दिलकुशा के पास ट्रेन पर यह भयानक घटना आज भी बहुतों को याद होगी।

रायबरेली लाइन के एम.एस.टी. के प्रदर्शन की बात तो आज की है, पर ऊपर जिस उपन्यास का उद्धरण दिया गया है वह पुराना है और उसमें भी उसी साइन के डेली पैसेंजरों का ज़िक्र है। मैंने उसके लेखक को 'अशिक्षित बताया है। ऐसा कहने का मुझे पूरा हक़ है, क्योंकि उस उपन्यास का लेखक मैं ही हूँ। उपन्यास का नाम 'पहला पड़ाव' है। उसका ज़िक्र सिर्फ यह साबित करने के लिए किया गया है कि समाज की समस्याओं को—वह चाहे एम.एस.टी. की ही क्यों न हो—समाजशास्त्री ही नहीं समझते, कथाकार भी समझ लेते हैं, फ़र्क़ इतना है कि एक शोध और अध्ययन के माध्यम से समझता है, दूसरा संवेदना से।

[23 मई, 1989]

दुराचार बनाम भ्रष्टाचार

आस्ट्रेलिया के प्रधानमंत्री बाब हॉक को रोने की आदत है। कई महीने पहले वे इस कारण रोए थे कि उनके परिवार के लोग नशीली दवाएँ लेने के आदी हैं और उन्हें परेशानी है कि जब वे उन तक को ठीक नहीं कर पाए तो नशीली दवाओं की राष्ट्रीय समस्या से वे कैसे निपटेंगे। लोगों ने उनकी सभ्य और सच्ची स्वीकारोक्ति को मानकर यह भी मान लिया कि वे जो भी कहें, नशीली दवाओं के ख़तरे का वे पूरा मुक़ाबला कर लेंगे।

अब वे दुबारा रोए हैं। कारण यह कि उन्होंने अपनी बीवी को धोखा देकर किसी माशूका के साथ रातें बिताई हैं। यक़ीनन उनके सन्ताप और विलाप को देखकर उनकी बीवी ने उन्हें मुआफ़ कर दिया होगा। कुछ साल पहले कनाडा के प्रधानमंत्री के साथ भी कुछ ऐसा ही हुआ था। पति-पत्नी के बीच में कोई 'वह' आ गई थी या आ गया था। राष्ट्रीय स्तर पर इसकी चर्चा भी हुई थी, तलाक़-वलाक़ भी। इस सबसे वहाँ की राजनीति का या किसी राजनेता का कुछ नहीं बिगड़ा। अजब नहीं कि लोग इस सबसे अपने प्रधानमंत्री पर कुछ और ही ज़्यादा रीझ गए हैं।

मगर यूनान में बात कुछ उलट गई। वहाँ के 69 वर्षीय प्रधानमंत्री एंड्रयूज पापेन्द्रू अचानक, पर पूरे होशो-हवास के साथ, 33 वर्षीया दिमित्रा लियानी के प्रेमपाश में बँधकर अपनी भावुकता की सार्वजनिक नुमाइश दिखाने लगे। उसी चक्कर में उन्होंने दिमित्रा के फ़ौजी बाप की तरक़्क़ी कर दी, उसके शौहर से उसे सौम्यतापूर्वक तलाक़ दिला दिया और लन्दन के एक अस्पताल में अपने हृदय की शल्य-चिकित्सा के दौरान अपनी इस हृदयेश्वरी की हसीन मौजूदगी को आँख से ओझल नहीं होने दिया।

इस बार यूनान की जनता ने अपने प्रधानमंत्री के मदन-महोत्सव पर जय-जयकार नहीं की, बल्कि एयर होस्टेस दिमित्रा के समुद्र-तट पर लिये कुछ

नैसर्गिक, यानी वस्त्रहीन चित्रों को प्रकाशित करके उसके दो महत्त्वपूर्ण अंगों की ओर इशारा करते हुए कविताएँ लिखीं। जिन अंगों की ओर इशारा किया गया था, उनके बारे में लिखा गया—यही वे दो चीज़ें हैं जो हमारे प्रधानमंत्री को इतना सुखी बनाती हैं।

अब छोड़ें इस बूढ़े प्रधानमंत्री को। अमेरिका का हाल सुनिए, जहाँ वैसे तो सेक्स आदि के मामलों में निजी स्वतंत्रता के नाम पर काफ़ी छूट है, पर सार्वजनिक स्तर पर वहाँ की जनता दकियानूसी भारतीयों के भी कान काटती है। तभी तो ऐसा हुआ कि अमेरिका के नये अध्यक्ष जार्ज बुश के चहेते टावर को सिर्फ़ इस कारण सुरक्षामंत्री नहीं बनाया गया कि उनके ख़िलाफ़ कुछ आरोपों के साथ रंगीनमिजाजी का भी आरोप था। टावर साहब ने सीनेट कमेटी को समझाया कि अब मैं शराबख़ोरी नहीं करूँगा। कमेटी ने इसे नज़रअन्दाज़ कर दिया, क्योंकि उन्होंने यह नहीं कहा था कि यक़ीन करें, अब मैं किसी पड़ोसी की बीवी को ग़लत निगाह से नहीं देखूँगा।

इंग्लैंड की हालत अमेरिका से भी बदतर है। क्रिस्टिन कीलर की कहानी भूल गई हो तो आजकल अख़बारों की चर्चा बनी पामेला बोर्डस को याद कीजिए। मेरी समझ में पिछले कुछ वर्षों में जिन्होंने भारत का नाम रोशन किया है, यानी योरोप या अमेरिका के अख़बारों में इस अनजाने देश को उभारे रखा है, उनमें तीन व्यक्ति मुख्य हैं—पंडित रविशंकर, सलमान रशदी और पामेला बोर्डस। (चाहें तो दूसरे और तीसरे नाम के बीच में विक्रम सेठ को भी शामिल कर लें।)

हमें हैरत है कि कभी की मिस इंडिया पामेला चौधरी, सिंह या बोर्डस को लेकर इंग्लैंड जैसे देश में इतना बवाल क्यों मचा। ऐसा क्या हुआ कि इस जाँबाज़ लड़की को इस समय बाली जैसे अनजाने देश में ख़ामोशी की घड़ियाँ काटनी पड़ रही हैं। वह तो सिर्फ़ लीबिया के सेनापतियों, अदनान खागोशी जैसे अस्त्र-शस्त्र व्यवसायियों, चन्द्रास्वामी जैसे तांत्रिकों और कुछ मिनिस्टरों के बीच अपनी 'अस्मिता' की तलाश कर रही थी। पर इंग्लैंड इतना दकियानूस है कि अब वहाँ के अख़बारों के माध्यम से सभी मिनिस्टरों के गले में सिर्फ़ एक चिड़िया चहक रही है, जिसके बोल हैं—"मैं नहीं था, मैं नहीं था, मैं नहीं था!"

यदि भारतीय नेताओं में कोई इस प्रकार के प्रेमकांड में फँसा हुआ दिखे, तो उसके भविष्य के बारे में आपकी क्या सिफ़ारिश होगी? मैं जानता हूँ कि

इस सवाल का जवाब बड़ा मुश्किल है क्योंकि सवाल ही पूर्णतया काल्पनिक या कल्पनातीत है। भारतीय नेता लँगोट के इतने सच्चे होते हैं कि उनके बारे में किसी उलटे-सीधे प्रेम-प्रसंग की कल्पना तक नहीं की जा सकती।

यहाँ तक कि प्रसिद्ध अभिनेता का दर्जा छोड़कर जो राजनेता बने हैं, उन तक की निर्मलता पर सार्वजनिक जीवन में किसी ने उँगली नहीं उठाई है। यह दूसरी बात है कि कुछ साल पहले महाराष्ट्र के एक मिनिस्टर फ्रेंकफर्ट की यात्रा में कुछ ज़्यादा ही ग़म गलत करने के जोश में कुछ एयर होस्टेसों और दूसरी कन्याओं के साथ हुड़दंग मचा बैठे।

पर यह दुराचरण का नहीं, शराबख़ोरी के दुष्परिणामों का नमूना-भर है और एक बार उस नेता को कैबिनेट से ख़ारिज करके पुनः प्रतिष्ठित भी कर दिया गया है।

इस प्रसंग में ज़्यादा-से-ज़्यादा आज पंजाब के पुलिस महानिदेशक के.पी. एस. गिल को आप याद कर सकते हैं। पर यह भी दुराचरण का नहीं, शराबख़ोरी का नमूना है और शायद इसीलिए इसके तुरन्त बाद हमारे राष्ट्रपति ने श्री गिल को पद्मश्री से सम्मानित किया है।

इन एकाध टुटपुँजिया उदाहरणों के अलावा कोई शक नहीं कि हमारे देश के नेता निर्मल और निष्कलंक हैं। इसलिए जो सवाल यहाँ उठाया गया है, उसका जवाब देने की न मुझे ज़रूरत है न आपको।

वैसे पंडित जवाहरलाल नेहरू के शताब्दी वर्ष में उनका नाम इस प्रसंग में लिये बिना बात अधूरी रह जाएगी। मैथाई नामक उनके प्राइवेट सेक्रेटरी ने जो बाद में उन पर पुस्तक लिखी है, उसमें पंडित नेहरू के अनेक महिलाओं से प्रेम-प्रसंगों का ज़िक्र है। पर मैथाई साहब की पुस्तक को घर के अन्दर काम करनेवाले बटलर और बैरा लोगों की पापबाज़ी के अलावा जनता ने और अधिक मान्यता नहीं दी है।

इसका कारण शायद यही है कि सेक्स के मामले में दकियानूसी की ख्याति रखते हुए भी भारतीय जनता का दिल कहीं ज़्यादा मुलायम है, और जब तक कोई अपने-आपको रँगे हाथों ख़ुद ही न पकड़वा दे, भारतीय समाज इस प्रकार की कहानियों को मुस्कराकर पी जाता है।

पर हमारा समाज जिस आरोप को मुस्कराकर नहीं पी जाता, उसका सम्बन्ध आर्थिक भ्रष्टाचार से है। हर औसत हिन्दुस्तानी के मन में रुपया पैदा करने की जितनी तीव्र लालसा है, उसी के अनुपात से वह पैसा पैदा करनेवालों

को भ्रष्टाचारी मानता है और भ्रष्टाचार का आरोप सुनते ही चौराहे पर हाथ उठाकर चिल्लाने लगता है।

इसमें हैरत की कोई बात नहीं है। अपने-अपने देश का चलन है। इंग्लैंड के अख़बारों को अगर पामेला बोर्डस पर चीख़ने का हक़ है तो हम कम-से-कम बोफोर्स के नाम पर तो चीख़ ही सकते हैं। वे दुराचार के ख़िलाफ़ हैं तो देखिए न हम भ्रष्टाचार के ख़िलाफ़ हैं।

[4 अप्रैल, 1989]

बताने का अधिकार और जानने का भी

प्रेस के माध्यम का इस्तेमाल करते हुए प्रेस की ही ख़ामियों पर लिखना वैसी ही अशिष्टता होगी जैसी कि किसी के घर दावत में जाकर उसके खाने में खुचड़ निकालना। पर राजनेताओं का एक वर्ग प्रेस की आलोचना करने का इतना आदी हो गया है—और उसे सुन लेने का प्रेस भी—कि मुझ जैसे लेखक की आलोचना चलते हुए हाथी के इर्द-गिर्द भूँकते हुए कुत्ते की चिल्ल-पों जैसी भी न होगी, ज़्यादा-से-ज़्यादा इसे हाथी के कान पर उड़ते हुए मच्छर की भन्नाहट माना जा सकता है। तो इस बार यह भन्नाहट ही सही।

नेताओं को शिकायत रहती है कि प्रेस ने उन्हें ग़लत समझा, उनके बारे में ग़लतफ़हमी पैदा की, पूरी खोजबीन किए बिना ही उनके ख़िलाफ़ ग़लत बातें छाप दीं और उनके पास चरित्र नाम का जो मासूम जीव है, उसकी हत्या का प्रयास किया। वे सभी चरित्रवान हैं और उन्हें अपने चरित्र के बचाव के लिए चिन्तित होना ही चाहिए, वैसे ही जैसे वे सभी छविमान हैं और उनकी छवि धूमिल न हो, इसके लिए उन्हें धूल और धुएँ का रुख़ हमेशा प्रेस की ओर करते रहना चाहिए।

पर मेरी शिकायत कुछ और ही है। भारतीय प्रेस एक ओर तो पाठकों को 'पूरी जानकारी देने के अधिकार' की बात उठाकर मानहानि-विरोधी बिल की धज्जियाँ उड़ा देता है और दूसरी ओर पाठक को सामान्य जानकारी देने में असामान्य कंजूसी बरतता है। वह सिर्फ़ गिने-चुने विषयों की तेज़ रोशनी फेंककर पाठक को अधिकांश विषयों की अँधेरी सुरंगों में भटकने के लिए छोड़ देता है।

कभी लगता है कि संसार का सारा ज्ञान-विज्ञान फेयरफैक्स या बोफोर्स के ही मसले में समा गया है, कभी सिर्फ़ सैयद मोदी हत्याकांड में, कभी

पाकिस्तानी गायिका नूरजहाँ की भारत-यात्रा में, कभी भगवान रजनीश या चन्द्रास्वामी में, कभी सलमान रशदी के ख़िलाफ़ खुमैनी के फतवे में और कभी—जैसे आजकल सत्ता-शिविर में आर. के. धवन की वापसी में। महर्षि महेश योगी को 'नोएडा' द्वारा जारी की गई नोटिस पर प्रेस कॉलम के कॉलम रंग सकता है पर स्वामी अखंडानन्द जैसे प्रखर व्यक्तित्व के देहान्त पर उनके पांडित्य से हमें परिचित कराना वह ज़रूरी नहीं समझता।

लगता है, यह पत्र-पत्रिकाओं की चौथी दुनिया नहीं है, यूकेलिप्टस का जंगल है जहाँ किसी भी एक ख़बर का तेज़ झोंका उनके इकहरे तनों को एक ही दिशा में झुकाता रहता है। कितनी नन्ही, कितनी उबाऊ, कितनी दोहराव भरी है हमारी यह 'चौथी दुनिया' जिसमें बार-बार आपको वही बताया जा रहा है जिसे आप दस जगहों से पहले ही जान चुके हैं, और जो नहीं जान पाए हैं, वह शायद ही कभी आपको जताया जाए।

बात दो-ढाई साल पहले की है। एक दिन मुझे अचानक अहसास हुआ कि मैं इथियोपिया के अकाल के बारे में कुछ नहीं जानता और इथियोपिया के बारे में जो जानता हूँ वह 'कुछ नहीं' से भी कम है। यह एहसास एक इंटरव्यू के दौरान हुआ। एक अच्छी सरकारी नौकरी के चुनाव के लिए मैं इंटरव्यू बोर्ड में तथाकथित विशेषज्ञ की हैसियत से बैठा था और मैंने ही उस उम्मीदवार से इथियोपिया के अकाल के बारे में पूछा था। उसकी जानकारी सतही तक नहीं, लगभग हवाई थी। जो भी हो, उसने बताया कि वह जो पत्र-पत्रिकाएँ पढ़ता रहा था, उनमें इस विषय पर कोई ख़ास सामग्री नहीं थी।

"क्या आप कृपापूर्वक बताएँगे कि इस विषय पर मैं कहाँ पढ़ सकता हूँ?" चलते-चलते उसने पूछा। अब मेरे सकपकाने की बारी थी। मुस्कराने की कोशिश के साथ मैंने कहा, "फ़िलहाल, जब तक मैं इस कमरे में हूँ, मेरा काम पूछने का है, बताने का नहीं।"

उस शाम बड़ी छानबीन की। तब इथियोपिया में हज़ारों बच्चे कुपोषण और भूख से मर रहे थे, पर हमारी पत्र-पत्रिकाओं में इस विषय पर कोई भी विस्तृत टिप्पणी नहीं मिली। मैं बांग्ला, मराठी, मलयाली आदि की बात नहीं जानता, कम-से-कम हिन्दी और अंग्रेज़ी में यही हालत थी। बड़ी खोज के बाद सिर्फ़ 'फ्रंटलाइन' में इस समस्या पर दो अच्छी टिप्पणियाँ और कुछ चित्र मिले।

तब से मेरी आदत हो गई है कि पत्र-पत्रिकाओं में जिसकी आशा नहीं, उसे खोजने की कोशिश करूँ और हैरत होती है कि कैसे-कैसे महत्त्वपूर्ण विषय

हमारे प्रेस से सर्वथा अछूते निकल जाते हैं। छात्रों और जनता के सम्मिलित विद्रोह के पहले अपने पड़ोसी देश बर्मा के बारे में हमारी जानकारी लगभग शून्य थी, शायद अब भी है।

अफ़ग़ानिस्तान, कम्पूचिया, पी.एल.ओ. आदि की समस्या की ऐतिहासिक पृष्ठभूमि का मुझे आज भी पूरा पता नहीं, पंजाब में अकाली दल और अकाल तख़्त की भूमिका के इतिहास तक पर कोई जानकारी-भरा लेख मैंने इधर नहीं पढ़ा। भूटान की राजशाही, अंटार्कटिका का भौगोलिक और आर्थिक महत्त्व, रूस की कम्युनिस्ट पार्टी का नीचे से ऊपर तक संगठन और उसकी प्रक्रिया—ये आज भी शोध के विषय-भर हैं। इस प्रकार के विषयों का, जिनके बारे में प्रेस को हमें बताने का और हमें प्रेस से जानने का हक़ है, अम्बार लगाया जा सकता है और उत्तर भारतवाले नागालैंड या तमिलनाडु के बारे में ही क्या जानते हैं?

विकसित देशों के मुक़ाबले भारत-जैसे अर्द्धशिक्षित देश में सामान्य ज्ञान-विज्ञान की जानकारी देने की दिशा में प्रेस को कुछ ज़्यादा ही ज़िम्मेदारी लेनी होगी। ऐसा रहा भी है। हम 'सरस्वती' और 'विशाल भारत' जैसी पुरानी पत्रिकाओं को आज भी नहीं भूल सकते, जिनके प्रत्येक अंक का आरम्भ सम्पादकीय टिप्पणियों के बहाने विश्व की सभी महत्त्वपूर्ण स्थितियों के आकलन से होता था।

पर इस पहलू को भूल जाएँ, तब भी एक दूसरा मसला हमारी बेचैनी बढ़ाने को तैयार बैठा है। वह है लीक पीटने के लालच में वैचारिक दृष्टि और विश्लेषण की कमी। उदाहरण के लिए एक शब्द-जाल लें—'प्रधानमंत्री के सलाहकार'। लगभग हर पत्रिका सात-आठ लोगों को, जो सरकारी नौकर हैं, प्रधानमंत्री का सलाहकार घोषित करते हुए उनके करिश्मों का सचित्र ब्योरा छापा करती है।

कुछ अंग्रेज़ी पत्रकारों के लिए तो यह विषय टिप्पणीबाज़ी का कल्पतरु ही बन गया है। पर असलियत यह है कि न तो इन तथाकथित सलाहकारों की कोई संवैधानिक हैसियत है और न व्यवहार में ही अभी तक यह पूरे प्रमाण से कहीं सिद्ध हुआ है कि प्रधानमंत्री ने यह काम इस सलाहकार के कहने पर किया।

दरअसल, सलाहकारों का मिथक प्रधानमंत्री के ही प्रचारकों का चलाया हुआ है जिसे हमारे प्रेस ने 'चारा, हुक और बंसी' समेत पूरा-का-पूरा निगल लिया है। इसका नतीजा प्रधानमंत्री के हक़ में बहुत उम्दा साबित हुआ है। तभी भारत सरकार का हर अच्छा निर्णय सरकार का नहीं, प्रधानमंत्री का है और जो भी घपलेवाला निर्णय है, वह सलाहकारों का है।

अगर योजना आयोग की सिफ़ारिश पर भारत सरकार ने पंजाब के लिए कोई बड़ी परियोजना स्वीकृत की हो तो हम ख़बर में पढ़ेंगे कि प्रधानमंत्री ने पंजाब के लिए दो सौ करोड़ रुपये की परियोजना स्वीकृत की है (जैसे उन्होंने वह अपनी पारिवारिक निधि से निकालकर किया हो) और जब वही प्रधानमंत्री किसी महत्त्वपूर्ण मुद्दे पर बचकानी बात कर बैठते हैं तो लगभग प्रत्येक सम्पादकीय यही कहता है कि प्रधानमंत्री के सलाहकारों ने उन्हें सही सलाह नहीं दी।

ताज्जुब है कि प्रेस के द्वारा रचे गए सलाहकारों के इस मिथक को राज्यों के मुख्यमंत्री अभी तक क्यों नहीं ले उड़े।

जानकारी के दायरे को समेटे रखने का भी अपना लुत्फ़ है। तभी पत्र-पत्रिकाएँ पढ़नेवाले हर नौजवान को आज मालूम है कि जयप्रदा का दिल किस तरह से टूट रहा है और श्रीदेवी ने अपना दिल कितना सँभालकर रखा है। पर उसे कोई भी पत्रिका यह बताने को तैयार नहीं कि 'जयप्रदा' और 'श्रीदेवी'-जैसे नामों का क्या अर्थ है और इन सुन्दर नामों के पीछे हमारी कौन सी सांस्कृतिक परम्परा है।

[28 मार्च, 1989]

जनवाणी बनाम महाजनवाणी

कहीं आप अपने देश की पुलिस को ईमानदार और सही तो नहीं समझते? ऐसा हो, तो 'अर्धसत्य' नामक फ़िल्म देखिए, जो आपको बताएगी कि पुलिस निकम्मे और भ्रष्ट गुंडों की जमात-भर है और उसमें अगर कोई ईमानदार अफ़सर फँस गया तो शराबी और दरिन्दा बने बिना उसका छुटकारा नहीं है। उत्तर प्रदेश में सरकार आपको यह खेल आधी क़ीमत पर दिखाने को तैयार है। इस पर कुछ दिनों के लिए मनोरंजन-कर माफ़ है।

और 'दामुल'? यह फ़िल्म बिहार के बारे में आपको सभी जानी हुई जानकारी देती है, कि वहाँ जंगल का क़ानूनरहित क़ानून चलता है, कि रईस गुंडे जात-पाँत का खेल खेलते हुए हर बात का समाधान तमंचा-बन्दूक़ से ढूँढ़ते हैं, कि गुंडों की उस जमात में चुनाव-अधिकारी, पुलिस, मजिस्ट्रेट, सभी कुत्ते-बिल्ली की हैसियत रखते हैं, कि हत्यारों के साथ चाय पीते हुए मंत्री प्रेस कॉन्फ्रेंस करता है और अदालत बड़ा विचार करके बेकसूर को फाँसी देती है! यह भी कि एक जवान बेवा के हाथ में दमकता हुआ तेज़ गँड़ासा ही इस सारे अनाचार का इलाज है। हम और आप इसे देखकर मुग्ध हो जाएँ, तो और बात है, मज़ा यह कि सरकार इस पर सबसे ज़्यादा 'वाह-वाह' करती है, इसे राष्ट्रीय पुरस्कार देती है। सरकार सबसे पहले इस थ्योरी की ताईद करती है कि बिहार में सरकार नाम की कोई चीज़ नहीं है।

सरकार प्राचीन काल के सन्तों का हुजूम है—जो पवित्रता की झोंक में टाट पहनकर, सिर्फ़ पानी पीकर, अपनी पीठ पर अपने हाथ से कोड़े मारा करते थे।

सरकार का, यानी कांग्रेसी सरकार का एक ख़ास शौक़ अपनी निन्दा सुनने का है, बशर्ते वह अपने ही आदमियों के मुँह से हो या कम-से-कम राजनीतिक विरोधियों के मुँह से न हो। यह पुराना शौक़ है। इसे संस्थागत

मान्यता युवा तुर्कों (जो न युवा थे, न तुर्क) के दिनों में ही मिल गई थी। पर जैसे गोबर के गंधाते ढेर से रोशनी और खाना पकाने की गैस मिल सकती है, वैसे ही इस शौक़ से कुछ फ़ायदे भी मिलते हैं। अब इसे लोहिया-जैसे निन्दक का डर नहीं कुछ रहा, क्योंकि "वही बात तो चन्द्रशेखर जी भी कर रहे हैं।"

भ्रष्टाचार? यह तो हम अच्छी तरह जानते हैं, आप बताएँ या न बताएँ। हरिजनों पर अत्याचार? आप भी आवाज़ उठा रहे हैं? बड़ा अच्छा है। आप तो हमारा ही काम कर रहे हैं। लीजिए यह इनाम लीजिए और बतौर बोनस यह पद्मश्री भी; ग़रज़ यह कि जब हम अपनी तरफ़ से ही छत पर बेलिबास खड़े हैं, तो आपने हमें नंगा कहकर कौन सी नई खोज कर ली?

अब इसी शौक़ का नया जलवा देखिए—दूरदर्शन पर जनवाणी, जिसमें एक ओर कोई जनवाणी बोलता है; दूसरी ओर केन्द्रीय मंत्री है, जो महाजनवाणी बोलता है। जनता और मंत्री दोनों ख़ुश हैं। पहले के लिए धार्मिक भाषा से यह 'पर्गेशन' है, दूसरे के लिए मनोविज्ञान की भाषा में 'मैसॉकिज़्म'। अब इसके बाद मंत्री जी के पास शिकायत भेजना बेकार है—वे सब कुछ पहले ही जान चुके हैं।

शायद इसी से प्रेरित हुए निरुत्तर, यानी उत्तर प्रदेश के मुख्यमंत्री जिन्होंने तय किया है कि उनके मंत्री लोग अब ज़िलों में जाएँगे और जनता की शिकायतें सीधे सुनेंगे। ये वही मसले हैं, जो पेचीदा दफ़्तरों, थानों, तहसीलों, कचहरियों की बाज़ाब्ता जकड़ में हैं।

सवाल : शिकायतें सुनने के बाद मंत्री जी क्या करेंगे?

जवाब : अगर सार्वजनिक शौचालय के कोने के जाले में बैठा हुआ मकड़ा ख़ुद अपना जाला समेटकर कोने की सफ़ाई कर सकता है, तो मंत्री जी समस्या का मौक़े पर तत्काल समाधान कर देंगे।

सवाल : ऐसी अश्लील बात कहने के पहले आपने यह नहीं सोचा कि मंत्री जी गांधी-युग के शौचालय शोधक नहीं हैं, वे आधुनिक सफ़ाई-पसन्द आदमी हैं, निहायत लकदक सफ़ारी सूट पहनते हैं।

जवाब : तो वे सर्किट हाउस जाकर अपने निहायत लक़दक़ सफ़ारी सूट के पतलून की नुकीली क्रीज से नाश्ते की मेज़ पर सेब तराश सकते हैं और ख़ुश हो सकते हैं कि यहाँ तो वही घिसी-पिटी शिकायतें मिलीं जो कि वहाँ मिली थीं।

आख़िरी सवाल : महाजनवाणी जनवाणी को सिर्फ़ सरकार ही में क्यों उकसाती है, पार्टी में क्यों नहीं?

आख़िरी जवाब : पार्टी में सभी के पास तलवार है, ढाल किसी के भी पास नहीं। इसलिए वहाँ असली ख़ूनख़राबा हो सकता है। सरकार में राजनीतिक केंचुए हैं, जिनकी सुरक्षा के लिए उनके ऊपर नौकरशाही का कछुआ है, जिसकी पीठ हर छड़ी की चोट उसी इत्मीनान से झेल सकती है जो कि कछुए की ठोस और ठस पीठ के लिए ही सम्भव है।

[3 अगस्त, 1985]

कुछ हवा में

दो स्थितियाँ : जनता क्वार्टर और जनता मन्दिर

जनता क्वार्टर

छोटे इंजीनियर ने एक क्वार्टर का दरवाज़ा खुलवाकर बड़े इंजीनियर के रिटायर्ड अर्दली को बताया, "इस कॉलोनी में जनता क्वार्टर बड़ी मुश्किल से मिलते हैं। बड़े साहब ने ज़ोर न लगाया होता तो तुम्हें इसके लिए आठ साल इन्तज़ार करना पड़ता।"

अर्दली ने कहा, "बहुत-बहुत शुक्रिया! पर इसमें तो सिर्फ़ यह छोटी कोठरी है और उधर वह गुच्ची-भर का रसोईघर!"

"कोठरी नहीं, यह कमरा है।" छोटे इंजीनियर ने कहा, "दीवार में कटी हुई ये पाँच दरारें देख रहे हो? ये रोशनी, हवा और धूल के लिए खिड़की का काम देंगी। उन्हें खोलने और बन्द करने का झंझट नहीं। यह खिड़की है, इसलिए यह कमरा है, कोठरी नहीं। तीन मीटर लम्बा और पौने दो मीटर चौड़ा।"

"पर सिर्फ़ एक कमरे से काम कैसे चलेगा?"

छोटे इंजीनियर बोले, "मियाँ, विलायत में बड़े-बड़े अफ़सर एक कमरे के मकान में रहते हैं।"

"पर हम घर-गिरस्तीदार लोग हैं सर, छह आदमियों का ख़ानदान है।"

"इसीलिए तो छोटा परिवार सुखी परिवार की बात..."

अर्दली ने कहा "अब तो जैसा है, वैसा है सर! सोचता हूँ बेटे की बहू कहाँ सोएगी?"

छोटे इंजीनियर बोले, "यह पाँच फ़ीट पर जो निशान लगा है, उसी से सटाकर दीवार में एक टाँड़ जोड़ देना। उसमें ज़ंजीर लगाकर ऊपर छत के कुंडों में फँसा देना। सोने का पक्का इन्तज़ाम हो जाएगा।"

"और लड़का कहाँ जाएगा?"

"ऐसा ही इन्तज़ाम उसके लिए दूसरी दीवार में टाँड़ लगाकर कर देना।"

"बाक़ी लोग?"

"वे फ़र्श पर रह लेंगे। ज़्यादा लोग हों तो ऊँचे पलंग के नीचे निचली खाट डालकर सोने का दुमंज़िला इन्तज़ाम कर लेना।"

"कभी ख़ुशी का मौक़ा आया, बहू को बच्चा होने को हुआ तो?"

"उसके लिए पलंग के नीचेवाली खाट काम दे जाएगी। वैसे उन दोनों के हमेशा आमने-सामने दीवारों की टाँड़ पर लेटने से ऐसा मौक़ा आना नहीं चाहिए।"

अर्दली ने कुछ देर ख़ामोश रहकर कहा, "मेरे यहाँ आपकी दुआ से चार-छह बक्से भी हैं।"

"इसके लिए फ़र्श से ज़्यादा फ़ायदा उठाओ। फ़र्श इसीलिए कच्चा छोड़ दिया गया है। इसमें घरवालों की तन्दुरुस्ती ठीक रखने के लिए चक्की भी गाड़ी जा सकती है। ज़्यादा बक्से हों तो फ़र्श के किनारे दो फुट गहरे और ढाई फुट चौड़े गड्ढे खोदकर बक्सों को रखा जा सकता है। बक्से फ़र्श की सतह के साथ फिट हो जाएँगे। पूरा फ़र्श चारपाइयों के लिए छूटा रहेगा।"

अर्दली ने कहा, "सर, बक्सों को दफ़न करने और गर्भवती बहू को ऊपर उछालने के पहले आप मुझे ही इस फ़र्श के बीचोबीच दफ़न कर दें। सारा झंझट ही ख़त्म हो जाएगा।"

छोटे इंजीनियर ने कहा, "तुम मॉडर्न आर्किटेक्चर के बारे में कुछ नहीं जानते हो। तुम्हें दफ़न ही होना है तो दीवार के किनारे, जहाँ गड्ढे खोदकर बक्से फिट किए जाएँगे, पहले दो फुट और गहरा गड्ढा खोदकर दफ़न हो जाओ। फ़र्श के बीच का हिस्सा किसी दूसरी जरूरत के लिए पड़ा रहने दो।"

[जनवरी, 1984]

जनता मन्दिर

बड़ा अफ़सर रिटायर होने के बाद अपने निजी बँगले में आकर योगाभ्यास, सत्य साईं संकीर्तन, अफ़ग़ानिस्तान, ईरान, इराक, पी.एल.ओ., अपनी पुनर्नियुक्ति और लड़के की फैक्ट्री के लिए नये क़र्ज़ की समस्या में खो गया। बँगले

की जगह दो साल पहले जिसका खेत था, वह एक दूसरी जगह पर एक नई कॉलोनी में ईंट-गारा ढोने का काम करने लगा।

पिछले साल इन दोनों का ही अध:पतन हुआ था। अफ़सर बड़े से बहुत बड़ा अफ़सर बनकर अचानक रिटायरमेंट के खन्दक में गिर गया था। रिटायर होने के बाद, बड़ी उम्मीदों के बावजूद, उसे कोई ओहदा नहीं दिया गया। उसकी निगाह में यह जातिवाद था। उधर उस बँगले के लिए जिस किसान का खेत लिया गया था, वह साल-भर में ही गया जी, बद्री-केदारधाम, गाँजा-चरस व शादी-ब्याह, लाउडस्पीकर और 'छोरा तू है नसीबोंवाला' जैसे रिकॉर्डों में खेतों के मुआवज़े की सारी रक़म दफ़नाकर अब मज़दूरी करने लगा था। उसकी निगाह में यह क़िस्मत का खेल था।

बहरहाल, बेटे की फैक्ट्री के कुछ कामों से और एक महात्मा के दर्शन के निमित्त बड़ा अफ़सर (रिटायर्ड) एक सप्ताह के लिए बाहर गया था। लौटने पर उसने देखा कि बँगले के नुक्कड़ पर सड़क के किनारे—फुटपाथ के ऊपर तीन-चार छोटे-छोटे मन्दिर (अधबने) विराजमान हैं और लाउडस्पीकर पर अखंड रामायण का पाठ चल रहा है। अब हुआ यह था कि बड़े अफ़सर ने चौराहे के नुक्कड़ का यह प्लाट बड़ी मेहनत से, किसी बहुत अजाने-अबूझे क़ायदे के सहारे, हासिल किया था ताकि बँगले की तीन दिशाओं के तीस फाटक तीन अलग-अलग हिस्सों में रहनेवाले परिवारों की घपलारहित स्वच्छन्दता कायम रख सकें। इन मन्दिरों ने बँगले की डेट दिशाओं को घपले में डाल दिया था।

बड़ा अफ़सर अभ्यासवश अपने क्रोध को दबाकर और भूतपूर्व अफ़सरी को भुलाकर इन मन्दिरों के मुख्य पुजारी के पास पहुँचा, जिसके जटाजूट और आँखों की लाली और सुती हुए मांसपेशियों से राणा प्रताप के किसी भील सेनानी की याद आ सकती थी। पर अफ़सर को लगा कि किसी दूर के थाने में आज भी पुलिस एक फरार हिस्ट्रीशीटर की तलाश में सर पटक रही होगी। उसने पूछा, "ये मन्दिर आपके हैं?"

"जी नहीं प्रभु, मन्दिर जंता के हैं।"

"इनके बनवाने के लिए आपने महापालिका की इजाज़त ली?"

"पालिकाजी से हमारा परिचय नहीं है प्रभू!"

"तो ये मन्दिर किसकी इजाज़त से बने?"

"जंता की इजाजत से प्रभू!"

बड़े अफ़सर ने कहा, "ये नॉनसेंस यहाँ नहीं चलेगा। यह सब हटाना पड़ेगा।"

"हटाने की बात आप जंता से ही कर लें प्रभू!"

"जनता कहाँ है?"

मुख्य पुजारी ने कहा, "आप सैंतीस साल जंता की ही सेवा करते रहे हैं। आपको यह भी पता नहीं कि जंता कहाँ है?"

बड़ा अफ़सर जितना मन्दिरों के बनने से कुढ़ रहा था, उतना ही 'जनता' जैसे महान शब्द के 'जंता'-रूपी भ्रष्ट उच्चारण से। बोला, "तो बुलाइए इसी वक़्त अपनी जनता को।"

पुजारी ने कहा, "आप श्रीभगवान के दरबार को उजड़वाना शुरू कीजिए। जंता बिना बुलाए ही आ जाएगी।"

दरअसल, चारों ओर जनता-ही-जनता थी। सात ही दिन में मन्दिरों के आसपास फुटपाथ और सड़क पर पान, भुट्टा, लइया, चना, केला, सेब, मिठाई आदि की दुकानें और चाट के खोंचे लग गए थे। रिक्शे-ताँगेवाले, साइकिल और स्कूटर की मरम्मतवाले, कान की सफ़ाई और तेल-मालिशवाले, फुटपाथी दवाओं के नारेबाज़ विक्रेता, गाय, भैंस, कुत्ते और सूअर—सभी वहाँ आ गए थे। अफ़सर को वापस जाते देख एक बुज़ुर्ग रिक्शेवाले को दया आ गई। उसने धीरे से बताया, "यह सब बब्बू.पहलवान ने कराया है साहब! पिछले मंगल को साढ़े तीन सौ रुपये का चढ़ावा आया था। आप पहलवान से बात कर लें।"

बाद में बँगले के अन्दर बड़े अफ़सर के बेटे ने पूरी बात सुनकर बाप से कहा, "पापा, पिछले साल फैक्ट्री को घाटा दिखाना था, सो तो था ही। पर इस साल यह सचमुच ही घाटा देने जा रही है। उधर मज़दूरों की हड़ताल ख़त्म होने के बाद से धुन्नी और छुन्नी गुरु बेकार बैठे हैं। सौ-पचास रुपया रोज़ उनके खाने-पीने पर ही फुँक रहा है। सोचता हूँ कि उन्हीं को लगाकर मन्दिरों की एक चेन क्यों न कायम कर दी जाए। अगले चौराहे से तीन किलोमीटर तक का एरिया लिया जा सकता है। मान लीजिए कि एक मन्दिर पर पाँच हज़ार खर्च हुआ और कुछ रुपया स्टाफ़ और साजो-सामान में गया और हर मंगल और सनीचर को औसतन दो सौ रुपया फी मन्दिर आया—ज़रा रुकिए, मैं पेंसिल और पैड लाता हूँ। इस प्रोजेक्ट की लागत और मुनाफ़े का हिसाब, पूरा कास्ट-बेनिफिट रेशियो अभी तैयार किए लेता हूँ..."

[दूरदर्शन, 1988]

काश, मैं मोटरसाइकिल होता

मैने धीरे-धीरे आँखें खोलीं, पूछा, "मैं कहाँ हूँ?"

मेरे और चमकीले आसमान के बीच एक लम्बा-चौड़ा चेहरा था, उसी ने जवाब दिया, "नाली में।"

तब मैंने दूसरा सवाल किया, "मुझे क्या हुआ है?"

"तुम्हारी मोटरसाइकिल टूट गई है।" जवाब मिला।

सुनते ही मेरी बेहोशी ग़ायब हो गई, मैं पूरी तौर से होश में आ गया। एक दरकी हुई टाँग, एक टूटी हुई बाँह, सनसनाती खोपड़ी, रुआँसी शक्ल—पूरी तौर से होश में आ जाने का शायद यही मतलब था।

मैंने पूछा, "मेरी मोटरसाइकिल को क्या हुआ है?"

"शायद तुम्हारा दायाँ हाथ टूट गया है।" भीड़ में से किसी ने कहा। हुआ यह था कि अब तक मुझे जो भूत-प्रेत और चुडैलें हवा में तैरती नज़र आ रही थीं, उन्हीं को लेकर अब यह हमदर्द इनसानों की भीड़ बन गई थी।

तो ऐसा ही हुआ था। यानी मेरा दायाँ हाथ टूट गया था। दरअसल, कुछ उससे भी ज़्यादा हुआ था। यानी टाँग की एक हड्डी भी दरक गई थी, कंधे को भी शायद कुछ हुआ था, सिर चकरा रहा था। और गन्दे पानी की एक नाली मुझमें थी, मैं नाली में था।

हमदर्द लोगों ने सहारा देकर नाली से बाहर निकाला। मैं उसी के किनारे कूड़े के ढेर जैसा पसर गया। तब तक दूर किसी मोटर का हॉर्न सुनाई पड़ा। लम्बे-चौड़े चेहरे ने कहा, "वाह! एम्बुलेंस आ गई!"

अब तक घटना-चक्र कुछ-कुछ समझ में आ चुका था। हुआ यह था कि मैं आज इस बसन्ती हवा में अपनी मोटरसाइकिल से इस अजनबी सड़क पर आ निकला था और तभी कोई ट्रक मेरी मोटरसाइकिल को पीछे से छूता

हुआ निकल गया था। ट्रक के लिए यह मामूली-सी घटना थी, मगर वही मेरे और मेरी मोटरसाइकिल के लिए दुर्घटना बन गई थी।

जो भी हो, इस वक़्त मेरी मोटरसाइकिल मुझसे पाँच गज़ दूर टूटी-फूटी हालत में पड़ी थी। मैं नाली के किनारे का ढेर था। हमदर्द भीड़ हमारे चारों ओर थी, किसी ने कहीं से शहर के अस्पताल में एम्बुलेंस के लिए फ़ोन कर दिया था। तआज्जुब की बात, महज़ इतने से एम्बुलेंस आ भी गई थी।

एम्बुलेंस का ड्राइवर बावर्दी, बामुलाहिजा, होशियार क़िस्म का आदमी निकला। उसने उस ढेर को ग़ौर से देखा जो मैं था, फिर दूसरे ढेर को भी उतने ही ग़ौर से देखा जो मेरी मोटरसाइकिल थी। फिर उसने अपने साथ के एक बाबूनुमा आदमी के साथ कुछ विचार-विमर्श करना शुरू कर दिया। बाबू कोई नक़्शा देख रहा था। ड्राइवर भी उस नक़्शे पर झुक गया। फिर सीधा होकर वह अपनी सीट पर जाकर बैठ गया। देखते-देखते उसने गाड़ी स्टार्ट कर दी। कोई कुछ कहता, इसके पहले ही गाड़ी जिधर से आई थी, उधर ही चली गई।

लम्बे-चौड़े चेहरेवाले ने इस बार कुछ ज़्यादा ही मुस्कराकर मुझे समझाया, "घबराओ नहीं भाई, झगड़ा जुरिस्डिक्शन का है।"

"जुरिस्डिक्शन?"

"यानी अधिकार-क्षेत्र? ड्राइवर कहता है कि आप जिस नाली में गिरे हैं, वह परतापगढ़ जिले में है। एम्बुलेंस इलाहाबाद की है। वह परतापगढ़ नहीं जा सकती। आपको ले जाने के लिए परतापगढ़वाली एम्बुलेंस को बुलाना चाहिए। था।"

मैंने कराहते हुए कहा, "भाई साहब, आप एक बैलगाड़ी का इन्तज़ाम कर दें। उस पर मुझे और मेरी मोटरसाइकिल को लदवाकर प्रतापगढ़ भेज दीजिए। मैं वहीं का रहनेवाला हूँ।"

वह बोला, "आपको तो परतापगढ़ भेज सकता हूँ, पर भाई, मोटरसाइकिल आपके साथ कैसे जा सकती है?"

"क्यों भाई?"

"इसलिए भाई कि तुम जिस नाली में पड़े हो वह तो परतापगढ़ में है पर मोटरसाइकिल जहाँ पड़ी है, वह ज़मीन इलाहाबाद ज़िले की है। मोटर बीमावाले इलाहाबाद से आकर इसे ले जाएँगे। इसकी मरम्मत इलाहाबाद में होगी, आपकी परतापगढ़ में।"

मैं प्रतापगढ़ भी नहीं जा पाया। लम्बे-चौड़े चेहरेवाले आदमी का नाम भारत जी था। भारत जी मुझे अपने घर ले आए। घर नाली के पास ही था। बोले, "आप इस वक़्त परतापगढ़ जाने की हालत में नहीं हैं। आपका यहीं इलाज करा दूँगा। आपकी मोटरसाइकिल मैंने इलाहाबाद के बीमा आफ़िसर के हवाले कर दी है। आप यहीं रुककर तन्दुरुस्ती बनाइए और आराम से मोटरसाइकिल का इन्तज़ार कीजिए।"

मैंने पूछा, "चाय मिल सकती है?"

वे अकेले आदमी थे। उन्होंने मुझे रसोईघर का रास्ता बता दिया।

कराहता, लुढ़कता, टटोलता हुआ मैं जब वहाँ जाकर अपनी चाय बनाने लगा, तो ड्राइंगरूम से भारत जी की आवाज़ आई, "एक प्याला चाय मेरे लिए बना लीजिएगा। प्याले जूठे पड़े हैं। पहले उन्हें साफ़ कर लेना।"

इसके बाद मेरे और भारत जी के रिश्ते साफ़ हो गए। उन्होंने जर्राह को बुलाकर मेरे जिस्म में कुछ खपच्चियाँ बँधवाईं। मैं रोज़ उनके प्याले साफ़ करने लगा, चाय बनाने लगा, फिर उनका खाना भी।

इस तरह भारत जी की सेवा और मोटरसाइकिल का इन्तज़ार करते हुए डेढ़ महीना बीत गया। तब एक दिन इलाहाबाद का बीमा आफ़िसर मेरी मोटरसाइकिल के साथ प्रकट हुआ। गाड़ी का कायाकल्प हो चुका था। वह नई गाड़ी से भी ज़्यादा नई लगती थी। कायाकल्प का ख़र्च बीमावालों ने ही उठाया था। ख़र्च में कुछ फ़र्ज़ी चीज़ें जोड़कर उन्होंने एक अच्छी-ख़ासी रक़म नकद भी निकाल ली थी। उसका दो-तिहाई मिस्त्री और बीमा-अफसर में बँट चुका था। एक-तिहाई मेरे और भारत जी के बीच बँटा।

मेरे सामने चमचमाती हुई मोटरसाइकिल थी, मुट्ठी में कड़कड़ाते नोटों का एहसास था। उससे मेरे कंधे का दर्द जाता रहा, हाथ की हड्डी एक मिनट में जुड़ गई। टाँग की घिसटन ग़ायब हो गई। भारत जी ने मेरा कन्धा थपथपाया, बीमा-अफ़सर ने मुझे बधाई दी, एक व्याख्यान भी दिया। कहा, "जब तक मैं इलाहाबाद में हूँ, आप प्रतापगढ़ के चक्कर में मत पड़िए। अगली बार दुर्घटना हो तो आप इलाहाबाद ज़िले में ही गिरिएगा। प्रतापगढ़वालों का कोई भरोसा नहीं। इलाहाबाद में हम सब ठीक कर देंगे। आपकी मोटरसाइकिल के चाहे सौ टुकड़े हो जाएँ, मैं इसका फिर से कायाकल्प करा दूँगा। और आप अपनी फ़िक्र तो करें ही नहीं। आपकी सारी दिक़्क़तें जीवन बीमावाले सुलझा देंगे। आपको हमारी टेरिटरी में कभी कोई परेशानी न होगी। एक्सिडेंट में आप मर

जाएँ, तब भी कोई बात नहीं। यक़ीन मानें, आपके मर जाने पर हम बीमावाले आपको यानी आपके घरवालों को मालामाल कर देंगे।"

मैंने कहा कुछ नहीं, सिर्फ़ सोचा, मुझसे अच्छी क़िस्मत तो मेरी मोटरसाइकिल की है!

[आकाशवाणी, इलाहाबाद, 1988]

क़िस्सा एक नामाकूल बहू का

आइए इस सप्ताह आपको और कुछ नहीं तो एक नामाकूल बहू का क़िस्सा ही सही, जो सच्ची घटना भी बन सकता है। सच तो यह है कि मैं इसे एक सच्ची घटना ही बनते देखना चाहता हूँ।

क़िस्सा शुरू होता है एक बस स्टॉप से, पर वहीं ख़त्म नहीं होता है। अजब नहीं कि किसी लालची ससुर के कंधों पर यह अब भी बेताल की तरह चढ़ा बैठा हो।

हुआ यह कि एक बुज़ुर्गवार—शक्ल से मासूम, लगभग गावदी—मुझे एक बस स्टॉप पर मिल गए। वे एक पुरानी काट का सूट पहने खड़े हुए थे। पाँवों में और भी पुराने जूते, वे ख़ुद आधी सदी से भी ज़्यादा पुराने। दूर से ही उनका पूरा अस्तित्व धुँआया-सा लगा : सिर्फ़ जूते पालिश से चमक रहे थे।

मुझे देखते ही बोले, और जब बोले तो आवाज जूतों से भी ज़्यादा चमकदार जान पड़ी। बोले, "अख्खाह! खरे साहब? कहाँ रहे इतने दिन? कैसे हैं आजकल?"

मैंने कहा, "जी, मज़े में हूँ। पर मैं खरे साहब नहीं हूँ।"

"ओ हो।" वे बोले, "आप बिलकुल खरे साहब-जैसे दीखते हैं। मुआफ़ कीजिएगा।"

सड़क के उस पार एक क़ीमती रंगीन टी.वी. का दैत्याकार विज्ञापन लगा था। मैं उसी पर निगाह लगाए रहा, पर समझता रहा कि उनकी निगाह मुझी पर लगी है। आख़िर में वे फिर बोले, "माफ़ कीजिएगा, आप खरे साहब नहीं हैं तो कौन साहब हैं? शुभ नाम?"

मैं ख़ामोश रहा, वे मेरे पास सिमट आए। कंधे से क़न्धा मिलाकर—जैसे वे मेरी हर मुसीबत में शामिल हों—खड़े हो गए। मेरी ही तरह टी.वी. के

विज्ञापन का मुआयना करते रहे। बोले, "मेरी ज़्यादा बात करने की आदत नहीं है। घरवाले, दफ़्तरवाले—सभी मेरी चुप्पी से परेशान रहते हैं। पर रंगीन टी.वी. का यह विज्ञापन देखकर मुझसे चुप नहीं रहा जाता। हमारे लिए यही सारी मुसीबत की जड़ है।"

वे चुप हो गए। मैं तटस्थ बना रहा। वे फिर बोले, "मैं तो कुछ कहता नहीं, पर कहना पड़ता है। कहे बिना काम नहीं चलता। यह रंगीन टी.वी. बड़ा खुराफाती है। इसकी वजह से बड़े-बड़े ख़ानदानों में आग लगी है। ख़ुद मेरे घर को ले लीजिए...।"

अब मुझमें हमदर्दी जगी, उनकी ओर देखा। सोचा : शायद किसी लड़की से उसकी ससुरालवालों ने इस रंगीन टी.वी. की माँग की है, शायद यह शख़्स उस ग़रीब लड़की का बाप है।

वे बोले, "सामने जिस रंगीन टी.वी. की यह तसवीर है न, क्या है कि वह मुन्नी को बहुत पसन्द है। अपने मामा के यहाँ उसे देखकर आई थी। मुन्नी? मुन्नी को आप नहीं जानते? मेरी छोटी बिटिया है, तेरह साल की—नवें में पढ़ती है।"

"है भी यह लाजवाब चीज़!" हसरत से डूबी आवाज़ में वे कुछ थमकर बोले, "सच पूछिए तो आलोक को भी यही टी.वी. पसन्द था। क्या बताऊँ खरे साहब...?"

मैंने दोहराना चाहा कि मैं खरे साहब नहीं हूँ, पर उन्होंने मौक़ा नहीं दिया। कहते रहे, "अभी पिछले साल ही तो आलोक की शादी हुई है। बताया न, आलोक, अपना बेटा। पर लड़की निकम्मी निकली। एकदम नामाकूल। फ़िलॉसफ़ी में एम. ए. हुई तो क्या। किसी कॉलेज में पढ़ाती थी। आलोक की शर्त थी, नौकरीपेशा लड़की से शादी न होगी। उसकी नौकरी छुड़ा दी गई। तब शादी हुई। हमें क्या पता था कि नौकरीपेशा की छूत उसमें हमेशा के लिए बस गई है।"

साँस खींचकर कहते रहे, "मैं तो ज़्यादा बोलता नहीं, उस वक़्त भी नहीं बोला। दहेज़ के नाम पर मुँह बन्द रखा, चूँ तक नहीं की। शादी हुई, उन लोगों ने कुछ अल्लम-गल्लम सामान भी दिया। पर पूछिए कि कोई तुक की चीज़? एक भी नहीं। एक भी काम की चीज़ नहीं। रबड़ के गद्दोंवाले दो हाहाहूती पलंग, निहायत फूहड़, किसी शरीफ़ के बेडरूम में समाएँ ही नहीं। एक ट्रक के बराबर ऊँचा फ्रिज, जिसके लिए घर में जगह निकालना मुश्किल। हमने

कहा कि भाई ऐसा तो मवेशी अस्पतालों में होता है, वहीं कहीं भेज दो।" वे खी-खी करके हँसे, फिर अचानक संजीदा हो गए। बोले, "मैं तो यूँ ही, बात उठी तो कह रहा था। वैसे, खरे साहब, मैं दहेज के बिलकुल ख़िलाफ़ हूँ।"

फिर सोचकर दुबारा कहा, "एकदम ख़िलाफ़!"

"पर वह अपनी मुन्नी है न," वे कहते रहे, "बताया न, अपनी छोटी बिटिया। उसे यह बदतमीज़ी बिलकुल पसन्द नहीं आई।" कहने लगी, 'भैया, तुम्हारी ससुरालवाले तो बड़े ही अनकल्चर्ड हैं। तुम्हारी ससुराल से रंगीन टी.वी. तो आया ही नहीं।' अब खरे साहब...।"

मैं 'खरे साहब' पर फिर एतराज़ करता पर उन्होंने मौक़ा नहीं दिया। कहते रहे, "मुन्नी को आप नहीं जानते, छोटी है पर बड़ी इंटेलिजेंट ऐंड डिलिजेंट है। हम लोग तो ज़्यादा बोलते नहीं, वह दिन-रात बोलती रहती है। अपने मामा पर गई है। अब, जब देखिए तब वही रंगीन टी.वी. की रट। और टी.वी. भी कौन-सा? यही सामनेवाला। मेरी बीवी ने कहा, 'मुन्नी टी.वी. चाहती है। मँगा दो।' मैं बाज़ार से ख़रीद लाता, पर मुन्नी की ज़िद! बोली, 'लूँगी तो अपने भैया की ससुराल का ही टी.वी. लूँगी।'"

"आख़िर में मैंने उस नामाकूल बहू को इशारा किया। पर अनकल्चर्ड फेमिली की औलाद। उसने इशारा नहीं समझा, तब खोलकर कहा। इस पर वह ऐंठ गई, बोली, 'पापा बहुत कुछ दे चुके हैं, उनसे अब कुछ नहीं माँगूँगी।' मैंने पूछा, 'क्या दे चुके हैं? यही मवेशी अस्पतालोंवाला हाहाहूती फ्रिज ही न?' तब वह क्या जवाब देती?

"महीनों खिचखिच चली। मुन्नी को समझाया, वह टस से मस नहीं हुई। उस नामाकूल लौंडिया से भी दोबारा कहा, कोई नतीजा नहीं, आख़िर में आलोक ने ही मामले को हाथ में लिया। बताया न, आलोक, मेरा बेटा। वह मुझसे भी कम बोलता है, बीवी से सिर्फ़ इतना कहा, 'अपने बाप के घर वापस जाओ और जब लौटो तो मुन्नी की फ़रमाइश के साथ लौटो।'

"बस खरे साहब, इसी बात पर मुसीबत फट पड़ी। वह सचमुच ही अपने बाप के घर चली गई। यही नहीं, रास्ते में थाने पर रिपोर्ट लिखाती गई कि हम लोग दहेज़ में रंगीन टी.वी. माँग रहे हैं। यह भी लिखाया कि उसको हमसे अपनी जान का ख़तरा है।"

तभी सामने एक बस आकर रुकी। वह मेरे रूट की नहीं थी, इसलिए मैं वैसे ही खड़ा रहा। दूसरे मुसाफ़िर बस की ओर तेज़ी से बढ़े : पर वे उसे

अनदेखा किए रहे, कहते रहे, "आज भी कोर्ट से वापस आ रहा हूँ। दो-दो मुक़दमे। एक तो दहेज़ का, दूसरा लड़के को तलाक़ का नोटिस। साली, जाहिल की औलाद! समझ में नहीं आता दुनिया में कहीं इंसाफ़ भी है!"

बस चल दी। हमारी आँखों के आगे फिर वही टी.वी. वाला विज्ञापन था। वे बोले, "माना कि यह बड़ा उम्दा टी.वी. है, पर ऐसा भी क्या कि पढ़े-लिखों का दिमाग़ ही फेर दे। पहले मुन्नी का दिमाग़ खराब किया, पर वह तो बच्ची है। पर इस एम. ए. पास नामाकूल बहू को क्या कहें, जो इस टी.वी. के पीछे शौहर को छोड़े दे रही है, बाज़ारू औरतों की तरह तलाक़-तलाक़ चिल्ला रही है। कहती है कि हम दहेज़ माँग रहे हैं।"

फिर भावुक होकर बोले, "आप ही बताइए खरे साहब मैं दहेज़ माँगूँगा?"

"हरगिज़ नहीं।" मैंने तुरन्त बताया।

बस निकल जाने पर पूछने लगे, "किस नम्बर की थी?" मैंने रूट का नम्बर बताया। बोले, "वह तो मेरी ही बस थी। अब आधा घंटा और टापना पड़ेगा।" फिर कुछ और पास आकर कहने लगे, "अब आगे का हाल क्या कहूँ खरे साहब मैं तो कुछ कहता नहीं...।"

एक अजनबी आदमी हमारी ओर आ रहा था। मैंने कहा, "सुनिए जो कहना हो, अब उनसे कहिए। असली खरे साहब वही हैं।" कहकर मैं आगेवाले बस-स्टॉप की ओर चल दिया।

[आकाशवाणी, लखनऊ, 1989]

एक नया हितोपदेश

मैं एक उपदेश-भरी कहानी सुनाने जा रहा हूँ। पर उसके पहले उसकी प्रस्तावना सुनिए जो लम्बी है, पर ज़्यादा लम्बी नहीं।

संस्कृत के पुराने कवि टकसाली बातें कहने के शौक़ीन हुआ करते थे। उन बातों को आज कहावत कहा जाएगा, तब सुभाषित कहा जाता था। उनमें से एक प्रसिद्ध सुभाषित है, 'उद्योगिनं पुरुषसिंहमुपैति लक्ष्मी'। यानी, लक्ष्मी उद्योगी पुरुषसिंह के ही पास जाती है।

यह कहावत इस अर्थ में तो लाजवाब है कि इसमें उद्योग, यानी मेहनत और जुगाड़ के जोड़ की प्रशंसा की गई है और कहा गया है कि बिना मेहनत और जुगाड़ के आप लक्ष्मी नहीं पैदा कर सकते। पर क्षमा करें, मैं ग़लत मुहावरा बोल गया। लक्ष्मी को हम पैदा कैसे कर सकते हैं? वह तो स्वयं हमारी माता है। पैदा तो रुपिया ही किया जा सकता है, जिसे हम हाथ का मैल कहते हैं और जिसे हाथ की थोड़ी-सी गन्दगी और हाथ की थोड़ी-सी सफ़ाई से कभी भी पैदा किया जा सकता है।

बहरहाल, 'उद्योगिनं पुरुषसिंह' वाला सुभाषित 'आन्तर्प्रूनरशिप' और 'इनीशि-एटिव' यानी उद्यमिता और पहले के हक़ में लाजवाब है, पर कविता की दृष्टि से यह पंक्ति निहायत घटिया है। देखिए न, यहाँ तक तो ठीक कि लक्ष्मी उद्योगी पुरुष को ही मिलती है पर उसे सिंह कहने का क्या मतलब? लक्ष्मी का सिंह से कैसा रिश्ता? सिवाय शायद इसके कि दुर्गा के रूप में लक्ष्मी सिंह पर चढ़ती हैं। पर उस हालत में, वाहन की हैसियत से, ख़ुद सिंह को दुम हिलाते हुए लक्ष्मी के पास जाना चाहिए। लक्ष्मी उसके पास क्यों जाएँ? और अगर कवि यह कहना चाहता है कि अपना वाहन समझकर लक्ष्मी उस सिंह पर चढ़ती हैं जो कि उद्योगी पुरुष है तो फिर इसमें उद्योगी की क्या ख़ूबी रही?

क्या खच्चर की तरह मुँह लटकाकर किसी को पीठ पर चढ़ा लेना ही उद्योग है? तब उस पुरुष को सिंह क्यों कहें? उल्लू क्यों न कहें? उलूक, यानी उल्लू भी तो लक्ष्मी जी की सवारी है।

इस तरह इस सुभाषित की व्याख्या अगर हम कवितावाले सिरे से करें तो लगेगा कि कविता तो यह लचर है ही, सुभाषित की हैसियत से भी मामला कुछ ढीला-ढाला है। दरअसल, यह कहते हुए मेरे मन में एक दूसरा सिद्धान्त जन्म ले रहा है, और वह यह है कि लक्ष्मी पाने के लिए उद्योग की उतनी ज़रूरत नहीं है जितनी ज़रूरत है इनसान में दूरन्देशी की और रुपये के प्रति सच्चे लगाव की। वास्तव में यह सारी प्रस्तावना यही बताने के लिए थी और इसे कुछ और साफ़ करने के लिए मैं अब वह कहानी सुनाने जा रहा हूँ जिसका मैंने शुरू से वादा किया था।

किसी ज़माने में, जो इसी ज़माने का हिस्सा है, भारत देश के किसी राज्य के अन्तर्गत किसी ज़िले में भगवान का एक भक्त रहा करता था। मेरे ऊपर पक्षपात का आरोप न लगे, इसलिए मैं उस राज्य और ज़िले का नाम नहीं खोल रहा हूँ, सिर्फ़ इतना कहना काफ़ी है कि वह ज़िला मैदानी क्षेत्र का था और 'जीरो इंडस्ट्री डिस्ट्रिक्ट' में शुमार किया जाता था, यानी वहाँ उद्योग-धन्धा नाम की कोई चीज़ नहीं थी और वहाँ के पुरुष-सिंह पूरी तौर से उद्योग-रहित थे।

तो, बुढ़ापा आने पर यह भगवान का भक्त तीर्थ-यात्रा के लिए तैयार हुआ और उसने एक ऐसे मन्दिर में भगवान का दर्शन करना चाहा जो सुदूर दुर्गम पहाड़ों पर स्थित था। पर इसी से आप इस मन्दिर को बदरीनाथ, केदारनाथ, गंगोत्री आदि न मान बैठें, क्योंकि देश के अनेक पहाड़ी राज्यों में अनेकानेक मन्दिर हैं और उस राज्य का नाम खोलकर मैं वहाँ के पर्यटन विभाग का मुफ़्त में प्रचार नहीं करना चाहता।

यह बूढ़ा भक्त जानता था कि यात्रा लम्बी है और उसकी उम्र ढल चुकी है। इसलिए यात्रा पर जाने के पहले उसने अपनी चल और अचल सम्पत्ति की वसीयत अपने दो बालिग लड़कों के नाम बराबरी से कर दी। इन लड़कों को आप सुविधा के लिए मोहन और सोहन कह सकते हैं।

ऐसा करके जब वह यात्रा पर निकलने को हुआ तो बड़े लड़के मोहन ने बड़ी विनम्रता से कहा कि पिताजी, यहाँ की सम्पत्ति का आप बँटवारा तो कर चुके पर आगे होनेवाली कमाई के बारे में आपने कुछ लिखा ही नहीं। इस पर

भक्त बोला कि बेटा मोहन, यह क्या कह रहे हो? मेरे साथ अब जो कुछ है, वह धर्म में लुटाने के लिए है, कमाने के लिए नहीं।

इस पर छोटा भाई सोहन बोला कि पिताजी, आप सत्य वचन कहते हैं। पर आपका ध्यान भगवान में इतना तल्लीन है कि वह उस पहाड़ी तीर्थधाम की बस-यात्रा की ओर नहीं जा पा रहा है।

यह सुनकर भक्त ने मोहन की ओर से सोहन तक और सोहन की ओर से मोहन तक नासमझी की नज़र घुमाई। तब मोहन ने कहा, "पिताजी, जिस टेढ़ी-मेढ़ी, ऊँची-नीची पहाड़ी सड़क से बस द्वारा आप तीर्थ की ओर जाएँगे, उसके एक किनारे ऊँचे-ऊँचे पहाड़ हैं और दूसरी ओर भयावह खड्ड। उस पर चलनेवाली बसों के ड्राइवर कभी-न-कभी अपनी बस को पहाड़ से टकराते ही हैं, और ऐसा न हुआ तो खड्ड में तो झोंक ही देते हैं। इस प्रक्रिया में कुछ गिने-चुने यात्री ही देहधारी रह पाते हैं, ज़्यादातर यात्री देह छोड़कर आत्मा का रूप ग्रहण कर लेते हैं।"

सोहन ने कहा, "बशर्ते कि आत्मा का कोई रूप होता हो।" भक्त ने धीरे-से सिर हिलाया, कहा, "हाँ, ऐसी दुर्घटनाएँ कभी-कभी हो जाती हैं।"

मोहन बोला, "पिताजी, अब इसे दुर्घटना नहीं, घटना-भर कहते हैं। जो भी हो, बस के खड्ड में जाते ही राहत-कार्य शुरू होता है। पहले ज़िला मजिस्ट्रेट देहधारियों को अस्पताल पहुँचाता है, फिर देहमुक्त आत्माओं को यथास्थान भेजता है। वह घायल देहधारियों के लिए थोड़े द्रव्य की, पर मुक्त आत्माओं के नाम पर एक बड़ी राशि की सहायता घोषित करता है। उसके बाद परिवहन-संगठन और सरकार अलग से अपनी-अपनी सहायता की घोषणा करते हैं। आप जिस राज्य में बस से यह यात्रा करने जा रहे हैं, वह इस मामले में विशेष उदार है। अगर खड्ड में बस गिर जाए तो वहाँ की सरकार प्रत्येक मुक्तात्मा देह के नाम पर कम-से-कम सत्तर हज़ार रुपये की घोषणा करेगी। अगर सचमुच ऐसा हो जाए तो पिताजी, इस द्रव्य का हम क्या और कैसे करेंगे?"

भक्त पिता ने सोचकर जवाब दिया, "पुत्रो, तुम्हारी दूरगामी दृष्टि प्रशंसनीय है। इस द्रव्य का वैसे तो तुम दोनों में बराबरी से बँटवारा हो सकता है, पर ज़्यादा अच्छा हो कि तुम पहले हमें अपनी आवश्यकताएँ बता दो। बताओ सोहन, तुम्हें कितना चाहिए?"

"सिर्फ़ पन्द्रह हज़ार। सत्तर हज़ार में से बाक़ी पचपन मोहन दादा ले लें।" कहकर सोहन ने समझाया, "दरअसल, पिताजी, पन्द्रह हज़ार में मुझे

यहाँ के नगर-विकास प्राधिकरण में छोटी-मोटी नौकरी मिल जाएगी। यही मेरी महत्त्वाकांक्षा है। कुछ वर्षों में ही आप स्वर्ग से देखेंगे कि आधे नगर की ज़मीन, नामी हो या बेनामी, मेरी है, यह दूसरी बात है कि ऐंटीकरप्शनवालों के लिहाज में महाराजाओं की-सी समृद्धि लेकर भी मुझे अपना रहन-सहन सन्तों जैसा रखना पड़ेगा।"

पिता ने कहा, "पुत्र, पर यह तो भ्रष्टाचार हुआ।"

सोहन बोला, "उसकी आप फ़िक्र न करें। इस समय सत्ता के दलालों पर वज्र गिर रहा है। पर जो सत्तावान हैं, या सत्ताहीन—वे बिलकुल सुरक्षित हैं। और मैं तो एक साथ सत्तावान होऊँगा और सत्ताहीन भी—इसमें मेरी दोहरी सुरक्षा रहेगी।"

पिता कुछ नहीं समझे, पर समझने का उनके पास समय नहीं था। अत: जल्दी में मोहन से बोले, "और तुम पचपन हज़ार रुपये का क्या करोगे?"

वह लापरवाही से बोला, "अपना दवाखाना खोलकर डॉक्टरी करूँगा।"

वृद्ध पिता ने कहा, "पर तुम्हारे पास तो कोई डिग्री नहीं है, न तुम्हें डॉक्टरी आती है।"

"उससे क्या होता है?" मोहन बोला, "इसी शहर में पान की दुकानों की तरह जो लोग डॉक्टरी का बोर्ड लगाकर दवाख़ाना चला रहे हैं, उनमें से कितनों को डॉक्टरी आती है? कितनों के पास डिग्री हैं? आप मेरी फ़िक्र न करें।"

तो, कहानी यहीं ख़त्म हुई। उपसंहार में यही कहना रह जाता हैं कि वहाँ के परिवहन संगठन ने अपनी प्रतिष्ठा के अनुकूल काम किया, बस सचमुच ही खड्ड में गिर गई, भक्त पिता सचमुच ही देहमुक्त हो गए। वहाँ की सरकार ने भी अपनी प्रतिष्ठा के अनुकूल काम किया, प्रत्येक मृतक के वारिसों के लिए सत्तर हज़ार रुपये की सहायता घोषित की गई और मोहन और सोहन की महत्त्वाकांक्षाएँ पूरी हुईं।

जहाँ तक 'उद्योगिनं पुरुषसिंह' वाली कहावत की बात है, अगर खड्ड में गिरनेवाली बस को ख़ुद मोहन या सोहन चला रहा होता तो कहा जा सकता था कि यह सत्तर हज़ार रुपिया दोनों भाइयों के उद्योग के सहारे मिला है। पर उन्हें रुपिया दूरन्देशी के कारण मिला, क्योंकि यात्रा पर जाते समय वृद्ध पिता के कोट की जेब में उन्होंने उनके नाम और पते का एक कार्ड रख दिया था, ताकि कोई घटना होने पर उन्हें लावारिस न समझा जाए और उनकी आत्मारहित देह को बख़ूबी पहचान लिया जाए।

[आकाशवाणी, लखनऊ, 1989]

धूपछाँह की भूमिका : मेरा गाँव

इलाहाबाद जानेवाली ट्रेन पर आप लखनऊ को चौदह मील पीछे छोड़ चुके हैं। अब आप खिड़की से पूरब की ओर झाँकिए, हालाँकि, बकौल नोटिस, यह आदत ख़तरनाक। रेलवे लाइन के किनारे आपको दो-तीन एकड़ का हरा-भरा लॉन दिखाई पड़ेगा। इस लॉन पर, आपको लगेगा, किसी ने लार्कस्पर की खेती की है। वैसे आपसे क्या चोरी, यह एक तालाब है। इस पर जलकुम्भी फैल गई है। ये नीले-नीले फूल जलकुम्भी के हैं।

इसके बाद ऊसर, बंजर, ढाक के जंगल। फिर गन्ने के ऊँचे-ऊँचे खेत। हरी-भरी अमराइयाँ। उनके ऊपर मन्दिर का एक कलश झाँकता है। धूप से साँठ-गाँठ भिड़ाकर असली सोने की चमक निकालता है। चमकनेवाली सभी चीज़ें यहाँ कभी-कभी सोना बन जाती हैं। अब इसी सबसे आप समझ लें कि मेरा गाँव आ गया।

आप पूछते हैं कि इसमें मेरे गाँव की विशेषता क्या? ऊसर, जंगल—ये सब तो सभी कहीं होते हैं। फिर भी अब जरा यह समझने की बात है—आपने कई मोटे-तगड़े बुड्ढे देखे होंगे जो मुँह में सिगार दबाकर घूमते हैं, पर इसी से वे चर्चिल नहीं बन जाते। आपने बहुत से तहसीली पैमाने के नेता देखे होंगे जो नंगे बदन, चश्मा लगाए, कमर में घड़ी लटकाए, चप्पल पहने सड़कों पर टहला करते हैं। पर इसी से वे महात्मा गांधी नहीं हो जाते। ठीक उसी तरह ऊसर, बंजर, जंगल, अमराइयों और मन्दिरों के सहारे कोई गाँव मेरा गाँव नहीं बन जाता।

अब आप मेरे गाँव के सामने हैं।

माफ कीजिएगा, मुझसे भूल हो गई। अपने गाँव ले चलने के लिए लगभग मील-भर पीछे छूटे हुए स्टेशन पर ही आपको उतार लेना था। अब गाड़ी रफ़्तार

पकड़ चुकी है और चलती गाड़ी से उतरना जुर्म है। फिर आपका टिकट तो पिछले स्टेशन तक का ही था। बिना टिकट आगे सफर करना भी जुर्म है। कोई बात नहीं, आप चेन खींच लें। पर चेन खींचना भी जुर्म है। फिर भी।

लीजिए, गाड़ी रुक गई। यह तो यहाँ रोज़ ही हुआ करता है। हमारी तरह बहुत-से लोग स्टेशन पर उतरना भूल जाते हैं।

सामने वह रेलवे क्रॉसिंग है। मेरे गाँव को जानेवाली कच्ची सड़क रेलवे के ऊपर यहीं से निकलती है। क्रॉसिंग पर रेलवे का फाटक बन्द है। सेर-सेर-भर के दो ताले ज़ंजीरों से लटक रहे हैं। फाटक के उस पार दो बैलगाड़ियाँ खड़ी हैं। गाड़ीवान ऊँघ रहे हैं। उनके चारों ओर मक्खियाँ भिनक रही हैं, जिससे साबित होता है कि गाड़ी में गुड़ भरा हुआ है। कुछ दूरी पर पुलिया के पास दो छोकरे चुपचाप खड़े हैं। वे भी मेरे गाँव के ही हैं। जिस वजह से गाड़ी पर मक्खियाँ भिनक रही हैं, उसी वजह से वे छोकरे भी गाड़ी के पास जमे हुए हैं। पर वे मक्खियों से ज़्यादा समझदार हैं। चुपचाप खड़े हैं। मौक़े की ताक में हैं। मौक़ा पहचानते हैं। राजनीति में जाने लायक हैं।

गाड़ी निकले देर हो गई, पर फाटक अभी नहीं खुला है। गुमटी का चौकीदार कहीं चला गया है। गाड़ी आने के पहले और गाड़ी के बाद; जब गाड़ी आती हो उस समय और जब गाड़ी नहीं आती हो, उस समय वह ज़्यादातर कहीं बाहर चला जाता है। आप पूछते हैं कि इस दशा में इन गाड़ीवानों का क्या होगा? क्या बन्द फाटक के सामने ये दिन-भर गाड़ियाँ रोके ही पड़े रहेंगे? इसका जवाब यह है कि फाटक बन्द ज़रूर है पर इसमें ताला नहीं लगा है। चौंकिए नहीं। ये बड़े-बड़े ताले फ़र्ज़ी हैं। ये तो सिर्फ़ साँकल में अलग से लटके हुए हैं। साँकल खोलकर फाटक ठेल दीजिए, फाटक खुल जाएगा। ताले अपनी जगह लगे रहेंगे। वे फाटक को खुलने से रोकेंगे नहीं। जी, यह मेरे गाँव की ही बात नहीं, सभी तरफ़ यही हो रहा है। बड़ा-से-बड़ा ताला चुपचाप साँकल में लटका हुआ है। फाटक का खुलना, बन्द होना लगा ही रहता है।

जाननेवाले ही इस रास्ते को पार करते हैं। अज्ञानी बैलगाड़ी पर बैठे-बैठे मक्खियाँ मारते हैं।

इस सड़क को एक किनारे छोड़िए। ढाक के जंगल को भी बाहर से बचा जाइए। आइए, इन अमराइयों के बीचवाला रास्ता पकड़ा जाए। आम के ये बाग़ कितने घने हैं। इस वक़्त कितना अच्छा लग रहा है—पेड़ों के नीचे कहाँ सोई पड़ी है। कवि कहता है, "कहो, कौन तुम दमयंती-सी इस तरु के नीचे

सोई?" उसे उठाने के लिए सूरज की किरणें इठलाती हुई उसकी पसलियों में धीरे-धीरे उँगलियाँ गड़ाती हैं। हवा के झोंके उसे इधर-उधर हिलाते हैं। दमयंती अँगड़ाई लेती है।

फिर से तो कहिए वही बात। आप समझते हैं कि मैं राह चलते कविता कर रहा हूँ ? जनाब, मैं उन लोगों में नहीं, जो कूड़े पर उगे हुए केले के पत्तों को देखकर वहीं गोबर में लेट जाते हैं और आँख मूँदकर प्रेम-गीत गाने लगते हैं। अपनी समझ तो यही है कि कोई हरी-भरी पत्ती चाहे आपकी छत पर उगी हो, चाहे किसी पहाड़ी झील के पास, चाहे घूरे पर, समझेंगे उसे पत्ती ही। चाहे उसे श्यामल दूर्वादल कहिए, चाहे उसे नैषध में कही गई 'बैदर्भी केलि-शैल के मरकत शिखर से उत्थित अंशुदर्भ' बताइए, घास तो साली घास ही रहेगी।

बुरा न मानिएगा, मैं अपने गाँव की हद में आ गया हूँ। इसीलिए मुँह से गाली निकल गई। हाँ, तो बात चल रही थी दमयंतीनुमा छाँह की। सच तो यह है कि यह जो बीस एकड़ का बाग़ है न, इसमें न जाने कितनी दमयंतियाँ हमेशा करवट बदला करती हैं। जरा कभी अँधेरे में इधर आइए, यहीं ऊपर की गफनार डाल मचमचाकर लगेगा, सिर पर ही उतरी आ रही है। न जाने कितनी दमयंतियों के नूपुर छम-छम करते हुए आपके कानों में बजने लगेंगे।

काँपिए नहीं, किसी से भी पूछ लीजिए। सभी कहेंगे यहाँ हर पेड़ में एक-एक 'शै' रहती है। यानी, इस बाग़ में भूत लगते हैं। आज से बीस साल पहले ये भूत इस क़दर बढ़े थे कि पुलिस तक को बीच में आना पड़ा। दस-पाँच भूतों को जेल हुई, तब कहीं बाग़ से आने-जाने का रास्ता खुला।

पर अब भी जब कोई अँधेरे में इस बाग़ से निकलता है तो सन्नाटे में उसके पीछे चटपट-चटपट की आवाज़ होती है। यह भूत के पैरों की आवाज़ है। डाल हिलती है तो उसे हवा नहीं हिलाती, भूत हिलाते हैं। यही नहीं, कभी किसी तने के पीछे से आवाज़ आती है 'ख़बरदार', तो वह भूत का ही करिश्मा होता है। और जब घबराहट में मुसाफ़िर अपना माल-असबाब वहीं पटककर भाग खड़ा होता है तो तने के पीछे ठठाकर हँसनेवाला भी भूत ही होता है। भूत लोग इस तरह मुसाफ़िर के माल को हड़पकर, आपस में बाँट-बूँटकर ग़ायब हो जाते हैं। कभी-कभी भूत लोग टॉर्च-सी चमकाते हैं। एक बार एक मुसाफ़िर ने उस रोशनी में यहाँ तक देखा कि एक भूत पुलिस के सिपाही की शक्ल बनाकर बीड़ी पी रहा है।

ज्वार और गन्ने के खेतों को सहलाती हुई अक्तूबर की हवा इस वक़्त मुझे बहकने पर मजबूर कर रही है। आप तो पहले ही घास पर बैठकर कुछ गुनगुनाने लगे। यह भी आपने अच्छा ही किया। पिकनिक की सारी शर्तें आपने पूरी कर दीं। अब बिछे हुए तौलिये पर आप बिराजे हुए हैं। 'तरु तले बिराजे हुए तौलिया ऊपर; रखे हैं केले, सेब, सैंडविच भू पर!' यही ठीक है। आइए, यहीं बैठकर इस धूप-छाँह की लहरों में अपने मन को चुपचाप बहने दें, ज़िन्दगी पर पड़ी थकान की पर्तों को ख़ामोशी से घुलने दिया जाए।

[आकाशवाणी, लखनऊ, 1960]

एक देहाती की नज़र में शहर के सौ मीटर

सौ मीटर लम्बी इस यात्रा का विवरण देने से पहले अपना परिचय दे दूँ : यह यात्रा जितनी लम्बी है, मैं उतना ही छोटा हूँ। यानी प्राइमरी स्कूल का एक मुअत्तल अध्यापक हूँ। कई साल से मुअत्तल हूँ और लगता है, कई साल तक रहूँगा।

शुरू में मैं एक कांजी-हाउस का मुंशी था। वहाँ मैं था और कुछ दूसरे जानवर थे। मेरी विपत्ति की शुरुआत एक भैंस से हुई। वह मेरे कांजी-हाउस में थी। इस पर ज़िला बोर्ड के एक मेम्बर रीझ गए। अलाउद्दीन खिलजी पद्मिनी को एक आईने में देखकर भले ही सन्तुष्ट हो गया हो, पर मेम्बर साहब इतने ही पर रुकनेवाले न थे। उन्होंने भैंस को—एकान्त में—तीन रुपये पर नीलाम कर दिया और आख़िरी बोली अपने नाम तोड़ ली। इस पर मैंने उन्हें अलाउद्दीन खिलजी का ही इतिहास समझाया—कहा कि उसके ज़माने में, जब गेहूँ एक रुपये का दस मन था, यह भैंस ज़रूर तीन रुपये की रही होगी, पर अब कम-से-कम तीन सौ की है। इस पर हम दोनों के दो गुट बन गए, भैंस तटस्थ रही।

इस पर भैंस का तीन रुपये में बिकना और मेरा हटना मेम्बर साहब की प्रतिष्ठा का सवाल बन गया। आप जानते हैं कि नेताओं और अफ़सरों के सामने जो भी सवाल उठाया जाता है, वह उनकी ओर से प्रतिष्ठा का सवाल बन जाता है। हर जायज़ सवाल का जवाब उनकी प्रतिष्ठा के सवाल में है। यह हालत तो अब है, कहीं सचमुच ही उनकी कोई प्रतिष्ठा होती तब पता नहीं क्या होता!

बहरहाल, ज़िला बोर्ड के अध्यक्ष ने मध्यम-मार्ग अपनाया, यानी मेम्बर साहब को तीन रुपये में भैंस दे दी और मुझे ईमानदार कहकर अपने बेईमान साथियों में मेरी ख़ूब तारीफ़ की। फिर मुझसे कहा, तुम पढ़े-लिखे आदमी

हो, अलाउद्दीन खिलजी का इतिहास जानते हो। आओ, तुम्हें मैं जानवरों के काम से हटाकर आदमियों का काम देता हूँ; तुम्हें आज से प्राइमरी स्कूल का अध्यापक बनाता हूँ। इस तरह से मैं कांजी-हाउस से हट गया और मेम्बर की प्रतिष्ठा बच गई।

अध्यापक-पद पर मुझे नियुक्ति तो मिल गई पर स्कूल नहीं मिला। दो महीने मैं अध्यक्ष के घर बैठा-बैठा मतदाताओं की सूचियाँ तैयार करता रहा, फिर तीन महीने उनके फार्म पर 'अधिक अन्न उपजाओ' आन्दोलन करता रहा। आख़िरकार एक दिन चोरी-चोरी मैं उस गाँव पहुँचा, जहाँ के प्राइमरी स्कूल का मैं अध्यापक था। वहाँ कोई स्कूल न था, सिर्फ़ एक कांजी-हाउस खड़ा था।

तब मैंने विद्रोह किया और इस बार अध्यक्ष की प्रतिष्ठा का सवाल बन गया। उसने मुझे मुअत्तल कर दिया और भूल गया। कई बार याद दिलाने पर भी वह मुझे भूला ही रहा। तब उसके विरुद्ध एक शिकायती पत्र लिखकर मैं किसी को देने के लिए इस शहर में आया। बस, यहाँ से मेरी सौ मीटर लम्बी यात्रा शुरू हो जाती है।

यात्रा के आरम्भिक बिन्दु पर पहुँचने के पहले ही शाम हो गई थी। मैं थक गया था। किससे शिकायत की जाए, यह जानने में और वह कहाँ है, यह खोजने में, पूरा दिन बीत गया था। पर दफ़्तरों में बड़ी खोजबीन करने के बाद भी मुझे अपना मसीहा नहीं मिला, सिर्फ़ यह जानकारी मिली कि जो दफ़्तर जितना टुच्चा होता है, उसकी इमारत उतनी ही शानदार होती है।

मैं सड़क के किनारे जहाँ खड़ा था, वहाँ एक तिराहा था। मेरे दाईं ओर एक तिकोना पार्क था जिसके किनारे संगमरमर के एक सफ़ेद मंडप के नीचे गांधी की प्रतिमा थी। प्रतिमा काँसे की थी या पत्थर की—कहना मुश्किल है, पर काले रंग की थी और सफ़ेद पत्थर की छत के नीचे गोरे-काले रंगों का भेद बख़ूबी प्रकट कर रही थी।

पार्क में बाबुओं की सभा हो रही थी, जो माँगने की हैसियत थी, वही माँग रहे थे—यानी महँगाई-भत्ते में चन्द रुपये! न उन्हें इससे कुछ ज़्यादा चाहिए था, न कुछ कम। चुंगी के टूटती छतोंवाले स्कूल, अस्पताल के बरामदों के बोरों की तरह पड़े मरीज़, क़र्ज़ का सूद चुकाने में ही ख़त्म होनेवाली तनख़्वाह, एक ऐसी व्यवस्था की चौबीसों घंटे सेवा जिसके बारे में वे कुछ नहीं समझते—इस सबके ख़िलाफ़ उन्हें कुछ नहीं कहना था। वे सिर्फ़ 'डी.ए.' चाहते थे, वही माँग रहे थे। सामने तम्बोली की दुकान थी पर, कोढ़ में खाज की तरह, रेडियो

गा रहा था, "ना माँगूँ सोना-चाँदी, ना माँगूँ हीरा-मोती, मेरे ये किस काम के?" डी.ए. की माँग के सामने यह गीत मुझे बहुत पसन्द आया। मैंने सोचा, इस महान गीत का सिद्धान्त अगर सारा देश अपना ले तो तस्करी बन्द हो जाए, गांधी का रामराज्य आ जाए।

क्यों न इसे हम अपने राष्ट्रीय गीत का दर्जा दे दें?

मैं थके पाँव, सड़क के किनारे-किनारे चल रहा था और पार्क की ओर देख रहा था। अचानक मेरा पाँव एक गड्ढे में पड़ा। मेरा पाँव अच्छा-ख़ासा देहाती है, इसलिए न झुका, न टूटा; गड्ढे में पड़ा और फिर बाहर निकल आया। मेरा चेहरा देखकर एक खोमचेवाले ने कहा, "साले अपने बाप के लिए सड़क पर फाटक बनाते हैं और उसे उखाड़ने के बाद गड्ढा तक नहीं पाटते।" मैंने सिर हिलाकर उसकी ताईद की, पर जान नहीं सका कि खोमचेवाले के साले कौन हैं और उनके वे बाप कौन हैं जिनके लिए सड़क पर फाटक सजाए जाते हैं।

बाईं ओर सिनेमा हाउस था, जिसके आगे निठल्लों की भीड़ थी। अचानक उसकी बग़ल में बिजली की रोशनी जली और रोशनी के हरफ़ों में अंग्रेज़ी की एक इबारत चमकी। फिर वह बुझी और इस बार हिन्दी की इबारत चमक उठी, जिसने मुझे बताया, "यहाँ अंग्रेज़ी शराब बिकती है।" मैंने गांधी की प्रतिमा की ओर निगाह दौड़ाई। वह अँधेरे में डूब रही थी। तब निडर होकर मैंने अंग्रेज़ी शराब की ओर दोबारा देखा और रोब खा गया। अंग्रेज भले ही चला गया हो, अंग्रेज़ी शराब छोड़ गया है। वैसे भी, मैं दिन में बहुत अंग्रेज़ी सुन चुका था। अंग्रेज़ी शराब के रोब में आकर मैं गुनगुनाने लगा, "ए, बी, सी, डी, ई, एफ, जी!..."

सहसा, 'ना माँगूँ हीरा-मोती' वाला गाना बन्द हो गया। पार्क की सभा में 'इंकिलाब ज़िन्दाबाद' के नारे गूँजे। लाउडस्पीकर पर कोई बात बड़े ज़ोर से कही गई। मैं सिर्फ़ इतना सुन पाया, "अगर यह उनकी प्रतिष्ठा का सवाल है, तो हमारी प्रतिष्ठा का भी..."

मेरे मन में आया, लपककर मैं उन्हें समझाऊँ कि भाई! खैरियत चाहते हो तो बात को उलझने से बचाओ, अगर कहीं यह उनकी प्रतिष्ठा के सवाल से जुड़ गई तो लाठी, गोली, जेल—सभी कुछ तुम्हारे लिए प्रस्तुत हो जाएगा। पर मन में बहुत सी बातें आती हैं, मैंने मुँह नहीं खोला।

इस बार गड्ढा नहीं था, पर किसी दूसरी चीज़ ने मेरा पाँव जकड़ लिया। किसी जानवर के डर से मैं अपना पाँव झटकने ही जा रहा था कि मुझे दिखाई दिया, दो रिरियाते हुए बच्चे—आदमी के बच्चे—मेरे पाँव से चिपके हुए हैं।

सुना था, दान देते ही आदमी महिमावान बन जाता है। जब उन दोनों को पाँच-पाँच पैसे देकर मैंने महिमा से अपना सिर ऊँचा करना चाहा तो लगा, आसमान का सारा बोझ मेरे सिर पर आ गया है।

पार्क के फाटक पर कई पोस्टर चिपके थे। उनमें सबसे बड़ा विज्ञापन था, 'सिनेमा में चुम्बन की समस्या पर विचार-गोष्ठी।' पढ़ने से पता चला, बम्बई में कई मनीषी और कलाकार इस शहर के मनीषियों और कलाकारों के साथ बैठकर सिनेमा में चुम्बन की समस्या का चुम्बन करनेवाले हैं।

मेरे पाँवों में दो रिरियाते बच्चों की उँगलियों की ठिठुरन थी, मेरे पीछे असंख्य कांजी-हाउसों का गोबर और फ़र्ज़ी प्राइमरी स्कूल की गर्द थी। मेरे पीछे अट्ठानबे फीसदी हिन्दुस्तानियों की भीड़ थी जो सिनेमा में चुम्बन की भीषण समस्या के बारे में अनजान थे। इस विज्ञापन ने जैसे अकड़कर मुझसे कहा, 'तुम अहमकों के लिए खाना-पीना, कपड़े, मकान—ये ही सब समस्याएँ हैं; तुम चुम्बन जैसी असली समस्या को कैसे जान सकते हो?' चिढ़कर मैंने फाटक से विज्ञापन फाड़कर नाली में फेंक दिया। फाटक की दीवार पर तब लिखा हुआ मिला—'यहाँ विज्ञापन चिपकाना मना है।'

पार्क में सभा होती रही। मैं धीरे-धीरे चलता रहा। तम्बोली की दुकान पीछे छूट गई थी, पर उससे एक नये गाने की आवाज़ आ रही थी। उस गाने को दो-तीन नौजवान फटे-पुराने कपड़े पहने, रिक्शा की सीट पर सिमटे हुए दोहरा रहे थे—"जहाँ तक महक है, मेरे गेसुओं की चले आइए...यह है रेशमी ज़ुल्फ़ों का अँधेरा, न घबराइए।"

घोड़ों की-सी आवाज़ में वे इस गाने को तल्लीन होकर गा रहे थे। सुनते ही मारे उत्साह के मेरे रोएँ फूल गए। क्या बात कही है! आशावाद इसको कहते हैं, यह गाना कोई घटिया प्रेम-गीत नहीं है। इसे भी हम राष्ट्रीय गीत समझकर गा सकते हैं, क्योंकि इसमें हमारा नेता कहता है कि इस अँधेरे से घबराओ नहीं, यह तो प्यारा-प्यारा ज़ुल्फ़ों का, अँधेरा है, सिर्फ़ नाक से सूँघते हुए, महक के सहारे चले आओ—मंज़िल ख़ुद-ब-ख़ुद आ जाएगी।

फिर भी, सिनेमा के इस फटीचर गाने में आशा का जो सन्देश था वह मुझे फुला नहीं सका। गांधी भी कभी इतनी बड़ी सान्त्वना का सन्देश नहीं दे सके थे, मेरे पाँवों की रफ़्तार तेज़ हो गई। मैं गांधी-प्रतिमा की ओर बढ़ा।

सिनेमा ख़त्म हो गया होगा। सड़क पर अचानक ही भीड़ बढ़ गई थी। रिक्शों और मोटरों के शोर के ऊपर 'महक है मेरे गेसुओं की' आवाज़ कई

ट्रांजिस्टरों पर एक साथ ऊँची होकर हवा में थम गई। अचानक चाट, लइया-चना, भूने हुए आलू और शकरकन्द, मूँगफली, किसी जघन्य चिकनाई में तले हुए कूड़े-भरे खोमचों से उठनेवाली उस गन्ध में मेरी साँस रुँधने लगी। बीस-पचीस क़दम आगे आते ही मैं पार्क के उस कोने तक आ गया जहाँ एक चबूतरा था, जिस पर सफ़ेद पत्थर का मंडप था, जिसके नीचे गांधी की काली प्रतिमा थी। प्रतिमा के नीचे, खुली हवा में, मैं एक सीढ़ी पर बैठ गया।

पर हवा बन्द थी। चारों ओर एक अजीब-सी भीड़ थी, जिससे तरह-तरह की गन्ध निकल रही थी। मज़दूरों, बाबुओं, मालिश करानेवालों, मालिश करनेवाले छोकरों, बुर्कों में आवारा-सी घूमनेवाली कुछ औरतों—इन सबकी भीड़ गांधी-मंडप के आसपास छितरी हुई थी और जानना मुश्किल था कि कौन क्या चाहता है, या धुँधलके में कौन क्या कर रहा है? मैं शान्ति और सुरक्षा चाहता था पर एक अजीब, अस्वाभाविक, अश्लील माहौल मुझे घेरता आ रहा था।

अब लाउडस्पीकरों पर कोई फ़िल्मी गाना पार्क में भी बजने लगा, पर उससे कहीं ज़्यादा साफ़ आवाज़ में 'गेसुओं की महक' वाला गाना मेरे पास एक दूसरी सीढ़ी पर होने लगा। आवाज़ साफ़ थी, पर उसकी रिरियाहट और भी ज़्यादा साफ़ थी। मैंने चौंककर देखा, वे ही दोनों बच्चे—जो मुझसे सिक्के ले गए थे, मुझसे कुछ दूरी पर बीड़ी पीते हुए—'रेशमी ज़ुल्फ़ों के अँधेरे' में आगे बढ़ने का गाना गा रहे थे।

सब कुछ किसी-न-किसी की प्रतिष्ठा का सवाल है, पर ये रिरियाते बच्चे किसकी प्रतिष्ठा के सवाल से जुड़े होंगे—मैंने सोचना चाहा। पर तन-मन की थकान के आगे सोचना भी एक मेहनत थी। जो भी हो, इतना स्पष्ट हो चुका था कि सौ मीटर की वह लम्बी यात्रा अभी ख़त्म नहीं हुई है।

[आकाशवाणी, लखनऊ, 1976]

फिर मिल गए मुहाविरों के प्रेमीजी

आजकल मुहाविरा के जो प्रेमी मुझे मिले हैं उनके बारे में कुछ कहने के पहले मुहाविरों के पुराने प्रेमी का नाम लेना आवश्यक है। वे अपनी कविता के माध्यम से मुझे बचपन में मिले थे। उनका नाम पंडित अयोध्यासिंह उपाध्याय 'हरिऔध' था। लगता है कि 'प्रियप्रवास' लिख चुकने के बाद संस्कृतप्रेमियों की भाषा से उनका जी उकता गया था। 'रूपोद्यानप्रफुल्लकायकलिका राकेन्दुविम्बानना' जैसी कविता लिख चुकने पर उनकी एक प्रतिक्रिया समझ में आती है कि वे—

हो गई बन्द बोलती अब तो
तू बहुत क्या बहक-बहक बोला

जैसी पंक्तियाँ लिखें। जो भी रहा हो, उन्होंने अचानक मुहाविरेवाले पद लिखने शुरू कर दिए और 'बोलचाल' नाम की किताब लिखी। इसमें बाल से लेकर तलवों तक के सारे अंगों के मुहाविरों पर साढ़े तीन हज़ार से ऊपर पद्य हैं। उसके बाद 'चोखे चौपदे' और 'चुभते चौपदे' के दौर में हरिऔध जी ने कविता में मुहाविरे कहे और मुहाविरों में कविता कही और उस दौर में हम लोगों को पता ही नहीं चला कि वे दोनों अलग-अलग चीज़ें हैं या एक।

जो भी हो, हमारे बचपन में हरिऔध जी के चौपदों की धूम थी और हमारे जैसे मिडिलची लड़के बड़ी शान से उन्हें एक-दूसरे पर अन्त्याक्षरी के मैदान में ढेलों की तरह फेंकते थे। उदाहरण के लिए, दाँत के मुहाविरों को लेकर यह चौपदा हमारे लिए बहुत उपयोगी था क्योंकि यह 'ह' से शुरू होकर 'ड़' पर टूटता था—

हो बली, रख डील-डौल पहाड़ का
बस बड़े घर में, समझ होते बड़ी,

हाथियों को दाँत काढ़े देखकर
दाबनी दाँतों तले उँगली पड़ी।

और पेट के मुहाविरों को लेकर यह चौपदा हमारे लिए और भी ज़्यादा उपयोगी था, क्योंकि यह 'त' से शुरू होकर 'त' पर ही टूटता था—

तू न करता अगर सितम होता
तो बड़े चैन से बसर होती,
तो न हम बैठते पकड़कर सर
पेट तुझमें न जो कसर होती।

ये पुरानी बातें हैं। मुहाविरों में ही कहें तो ऐसी मुहाविरेदार कविता के दिन लद गए। बाद में कुछ वर्ष तक जो कविता हुई वह मुहाविरों की दुश्मन थी। उस दौर में हमें महादेवी की 'रवि शशि तेरे अवतंस लोल, सीमंतजटित तारक अमोल' या पन्त की 'शत-शत फेनोच्छ्वसित स्फीत फूत्कार भयंकर' या निराला की 'उत्ताल तरंगाघात प्रलयघन गर्जनजलधिप्रबल' जैसी पंक्तियाँ तो मिलीं पर 'उफ़ न करता अगर सितम होता' का रंग देखने में नहीं आया। कई बरस बाद जब भगवतीचरण वर्मा ने लिखा कि—

हम दीवानों की क्या हस्ती है आज यहाँ कल वहाँ चले
मस्ती का आलम साथ चला हम धूल उड़ाते जहाँ चले।

तब लगा कि कविता की भैंसागाड़ी संस्कृति के खाँचे से निकलकर अब फिर हरिऔध के मुहाविरे की लीक पर आ रही है। बहरहाल, यह बात यहीं छोड़ी जाए, क्योंकि डर है कि बात मुहाविरों से छिटककर कहीं कविता की ओर न पहुँच जाए।

बचपन में हरिऔध जी-जैसे जो हमें मुहाविरे के प्रेमी मिले थे, वे साफ़-सुथरे और खुले दिलवाले कवि थे। वे सीधी-सादी बातों को मुहाविरों की मार्फत कविता तक पहुँचा देते थे। हरिऔध जी और उनके जैसे दूसरे कवियों की यह खूबी थी कि वे मुहाविरों का इस्तेमाल टेढ़ी बात को सीधा बनाने के लिए करते थे, जबकि मुहाविरों की आदत है कि वे सीधी बात को भी टेढ़ा बना देते हैं।

अब, लगभग 40 साल बाद, जबकि बातें और चीज़ें बदल गई हैं या बदली हुई दीखती हैं, मुझे क़दम-क़दम पर मुहाविरों के कोई-न-कोई नये प्रेमी मिलते ही रहते हैं पर इनके और हरिऔध के मुहाविरों के प्रेम में ज़मीन-

आसमान का फ़र्क़ है। शुरू ही में बता दूँ कि ये नये मुहाविरा-प्रेमी कवि नहीं हैं बल्कि एक ऐसी नीम के कीड़े हैं जिन्हें सिर्फ़ नीम अच्छी लगती है और उस नीम का नाम राजनीति है। ये पद्य में नहीं, गद्य में बात करते हैं और गद्य में भी रोज़मर्रा के प्रचलित अख़बारी शब्दों का प्रयोग करते हैं। इनकी बातचीत में पुराने मुहाविरों का प्रयोग नहीं होता पर इनकी ख़ूबी यह है कि जो हमारे आपके लिए सीधे-सादे शब्द हैं, वे इनके मुँह से निकलते ही मुहाविरे बन जाते हैं। यानी, जिस तरह हरिऔध जी टेढ़े-मेढ़े मुहाविरों का प्रयोग सीधी बात को चमकाने के लिए करते थे, उसके विपरीत राजनीति के मैदान में छुटे हुए हमारे मुहाविरा-प्रेमी सीधे-सादे शब्दों का प्रयोग मुहाविरों की तरह करके सीधी बात को टेढ़ी बना देते हैं और यह तब जबकि हरिऔध जी पद्य बोलते थे और ये गद्य बोलते हैं।

एक उदाहरण सुनिए। कल दोपहर जब एक नये मुहाविरा-प्रेमी मुझे कॉफ़ीहाउस में मिले तो उनकी शक्ल से ही मुझे लगा कि वे किसी मुहाविरे में बात करनेवाले हैं। वैसे उनकी शक्ल में कोई ख़ास बात नहीं थी : जाने-पहचाने, सफ़ेद पायजामा, ऊँचे कालरवाला सफ़ेद कुर्ता, काली दाढ़ी, कंधे से लटकता भूदानी झोला और पतला तमतमाया हुआ चेहरा जैसी हुलिया थी। मिलते ही उन्होंने बताया कि "इस देश की राजनीति में ठहराव आ गया है, प्रतिक्रियावादियों ने प्रगति के रास्ते बन्द कर दिए हैं।"

बात सुनने में सीधी है पर वास्तव में इसका एक-एक शब्द मुहाविरा है। यह बात हरिऔध जी ने अपने चौपदों में कही होती तो वे कहते कि—

रह गई धरती यहीं की ही यहीं
ठीक कोई कर कभी सकता नहीं।

पर हमारे नये मुहाविरा-प्रेमी कह रहे हैं कि "प्रतिक्रियावादियों ने प्रगति के रास्ते बन्द कर दिए हैं।"

इस वाक्य का मतलब देश और काल के हिसाब से अलग-अलग होगा। मान लीजिए कि वे किसी बैंक से होकर आ रहे हैं तो इसका मतलब होगा कि बैंक के नालायक मैनेजर ने मुझे ओवरड्राफ्ट देना बन्द कर दिया है। अगर वे किसी चुनाव की तैयारी में हों तो इस वाक्य का मतलब होगा कि स्थानीय चीनी मिल के मालिक ने चन्दा देने से इनकार कर दिया है। अगर वे ट्रेड-यूनियन की बैठक से आ रहे हैं तो इसका अर्थ होगा कि विरोधी गुटवालों

ने हड़ताल के बारे में उनके सुझाव को नामंजूर कर दिया है। अगर वे किसी मंत्री से मिलकर आ रहे हैं तो इसका सीधा मतलब है कि उन्हें किसी कमेटी का चेयरमैन या मेम्बर बनाने में आना-कानी की गई है। इस तरह आप देखेंगे कि मुहाविरों की हैसियत से प्रतिक्रियावादियों का अब कोई स्थिर अर्थ नहीं रहा है और बदलते हुए प्रसंग में हममें या आपमें से कोई किसी भी वक़्त प्रतिक्रियावादी बन सकता है। वही हालत प्रगति की है। बतौर मुहाविरा, प्रगति से गति, अगति दुर्गति, कुसंगति आदि में से कोई भी अर्थ निकाला जा सकता है और जब हमारे नये मुहाविरा-प्रेमी जी कहते हैं कि आज की राजनीति में ठहराव आ गया है तो अजब नहीं कि इसका मतलब हो कि वे अपने पेट्रोल के बिल का महीनों से भुगतान नहीं कर पाए हैं, या यह भी मतलब हो सकता है कि दो गुटों के झगड़े में उनकी पार्टी के दफ़्तर पर ताला पड़ गया है।

हमारे नये मुहाविरा-प्रेमी जी बराबर कहते हैं कि हमें जनता की भलाई करनी है। इसलिए जनता अब जनता नहीं रही, जनता भी उनकी ज़बान पर एक मुहावरा बन गई है, क्योंकि जनता की भलाई के लिए ही वे जनता को फुटपाथ से भगाकर सड़कें चौड़ी करते हैं, झुग्गियों को उठाकर स्काईस्क्रेपर बनवाते हैं, छोटे किसानों के खेत छीनकर कालीनें बनाने की फैक्टरियाँ लगवाते हैं। छोटे दुकानदारों को धमकाकर चन्दा वसूलते हैं। संक्षेप में, जनता की भलाई के लिए वे जनता को रगड़ देते हैं और जनता सोचती रह जाती है कि यह मुहाविरेवाली जनता कहाँ है, किस तरफ़ को है, किधर है।

उसी तरह जनता के कमज़ोर वर्गों के मुहावरे का भी वे कभी-कभी इस्तेमाल करते हैं। जब वे कमज़ोर वर्गों की बात करें तो यह समझिए कि उनका इशारा हमेशा समाज के शोषित वर्ग से है, क्योंकि बिक्री-कर के प्रसंग में वे बड़े-बड़े व्यापारियों को कमज़ोर वर्ग बनाकर पेश करेंगे, वेतनवृद्धि के लिए वे इंजीनियरों, डॉक्टरों को कमज़ोर बना देंगे और चूँकि नशाबन्दी का ज़िक्र उठा है, इसलिए अजब नहीं कि सारे पियक्कड़ ही अब उनके मुहाविरों में कमज़ोर वर्ग हो जाएँ।

इस मिसाल से अब आप समझ गए होंगे कि आज के नये महाविरे पुराने मुहाविरों से बहुत दूर हैं, क्योंकि पुराने मुहाविरे उद्योग से निकलते हैं और आज के मुहाविरे राजनीति की बहुत बड़ी फैक्ट्री है। उसी तरह अब हमें जो मुहाविरा-प्रेमी मिल रहे हैं, उनमें और हरिऔध जी की तरह यह मुहाविरेदार चौपदा कहनेवालों में बड़ा फ़र्क़ है—

बात मुँहदेखी कही जाती नहीं,
किस तरह कर चापलूसी चुप रहें।
दिल किसी का कुढ़ रहा हो तो कुढ़े,
दिल यही है चाहता दिल की कहें।

[आकाशवाणी, लखनऊ, 1976]

गाँव से शहर की ओर क्यों? क्या महत्त्वाकांक्षा के कारण?

पुरानी कहावत है कि गीदड़ की मौत आती है तो वह बस्ती की ओर भागता है। इस कहावत में चोट गीदड़ पर नहीं, बस्तीवालों पर है जो गीदड़ को बस्ती में देखते ही सोचने लगते हैं कि हो न हो, यह किसी ख़ास मतलब से आया है। इसी धोखे में वे उसे देखते ही मार देते हैं। गाँव से शहर की ओर आनेवालों को देखते ही हमें गीदड़वादी दर्शन का शिकार नहीं बनना चाहिए। शहर में आनेवाले 'गँवारों' पर हज़ारों चुटकले प्रचलित हैं। समस्या के विश्लेषण को इस तरह से आप बहुत दिन तक नहीं टाल सकते।

कुछ समय से, विशेषतया पिछले महायुद्ध के बाद से, हज़ारों लोगों का कारवाँ धीरे-धीरे देहात से शहर की ओर खिंचता चला जा रहा है। वहाँ से लोग शहरों में आकर दफ़्तरों, दुकानों, कारख़ानों और सत्ता की ऊँची कुर्सियों पर आबाद हो रहे हैं। वे महानगरियों की आभिजात्यपूर्ण, किन्तु अन्तर्मुखी संस्कृति को कुरेदकर उसमें अपनी कृषिप्रधान परम्परा का बीजारोपण कर रहे हैं। नागर सभ्यता के पुजारी शिकायत करते हैं कि उनके कारण महानगरियों में छोटे कस्बोंवाली प्रवृत्ति (स्माल टाउन मेंटैलिटी) पनपने लगी है। सजे-बजे ड्राइंगरूमों, होटलों, क्लबों में बिवाईदार पाँव और झबरी मूँछवाले भूतपूर्व गँवारों के साथ गोल्फ और कॉफ़ी की चर्चा होती है। पर ख़ुशामद और हँसी की तह के नीचे दो संस्कृतियों का शीतयुद्ध-सा चलता रहता है। स्पष्ट है, समय आ गया है कि इस स्थिति पर तथ्यपरक दृष्टि से विचार कर लिया जाए।

गाँव से लोग शहर की ओर आ रहे हैं। इसके पीछे क्या है? क्या इसमें केवल महत्त्वाकांक्षा ही है? इस सम्बन्ध में यह जानना आवश्यक है कि गाँव

छोड़कर बाहर जीविका कमाने के बारे में हमारा सनातन दृष्टिकोण क्या है। एक पुरातन कवि ने कहा है—

किं तया हतया राजन् विदेशगतया श्रिया।
अरयो यां न पश्यंति यां न भुजंति बांधवा: ॥

इस कवि के अनुसार सम्पत्ति के केवल दो उद्देश्य हैं, एक तो यह कि उसे बन्धु-बान्धव मिलकर खाएँ और दूसरा यह कि दुश्मन उसे देख-देखकर जले। परदेस में जाकर पैसा पैदा करने पर दो में से एक उद्देश्य की भी पूर्ति नहीं होती है। इसलिए इस कवि की राय में परदेस जाकर मुर्दा सम्पत्ति बटोरना बेकार है।

रूखा-सूखा खाकर, ठंडा पानी पीकर घर पर सन्तोष से पड़े रहना ही वास्तव में आदर्श ग्रामीण दर्शन है। कृषिप्रधान संस्कृति में महत्त्वाकांक्षा के पनपने की ज़्यादा जगह नहीं है। घाघ की लोकोक्तियों में सुख की चरमसीमा यही है कि घर पर पत्नी ताज़े घी से मिली हुई दाल को तिरछी निगाहों से देखते हुए परोस दे। ऐसी स्थिति में गाँव का आदमी जब बाहर निकलता है तो पहला कारण तो यही समझना चाहिए कि सम्भवत: वहाँ दाल-रोटी का साथ छूट चुका है, तिरछी निगाहें टेढ़ी निगाहों में बदल गई हैं।

विशेष रूप से उत्तर प्रदेश के पूर्वी ज़िलों से बाहर निकलनेवालों की प्राय: यही स्थिति है। बढ़ती हुई आबादी और छोटी होती हुई जोतों की दयनीय स्थिति गाँववालों को गाँव से बाहर खदेड़ रही है। बम्बई, कलकत्ता जाकर कमाना तो कोई बात ही नहीं है, वह संसार के किसी भी कोने में सिर छिपाने को तैयार है। वह फिजी, मॉरीशस, सूरिनाम और ट्रिनिडाड तक गया है। आज़ादी के पहले वह बर्मा और बैंकाक में पूरी चौपाल के साथ बैठा हुआ था। स्थानीय बोली में उसके लिए एक शब्द भी निकल आया था—बंका। बंका वह है जो गाँव छोड़कर बैंकाक पहुँच गया है। बंका की महत्त्वाकांक्षा यह नहीं कि वह दक्षिण-पूर्वी एशिया में इस गौरवमय देश का सांस्कृतिक प्रतिनिधि बनकर जाए, या वहाँ के समाज का मुकुटमणि बने। उसकी यही महत्त्वाकांक्षा है कि वह भूखों मरने से बच जाए और कुछ बचत हो तो उससे गाँव में पक्का मकान बनवा ले, जिसमें बन्धु-बान्धव बैठकर उसकी सम्पत्ति का भोग करें, जिसे देख-देख शत्रुगण जलते रहें।

मगर उन वर्गों के अस्तित्व से भी इनकार नहीं किया जा सकता जो सचमुच ही महत्त्वाकांक्षा की चोट से शहर की ओर भागते हैं। इनमें पहला

वर्ग आलसी रईसों का है। उनकी सम्पत्ति ख़त्म हो चुकी है। उसके साथ ही समाज को पैरों के नीचे घिसटता देखने का आनन्द भी ख़त्म हो चुका है। गाँव में इनकी दुकान का दीवाला पिट चुका है। थोड़ी-बहुत आशा इन्हें शहर से है। वहाँ दो-चार होटलों और क्लबों के बैरे इन्हें सलाम कर लेंगे, कुछ राजनीतिक और सांस्कृतिक कलाबाज़ियों में भाग लेने का मौक़ा मिल जाएगा, दैनिक पत्रों के स्थानीय समाचारों के बीच या सम्पादक के नाम लिखे पत्रों के नीचे कभी-कभी नाम भी छपता रहेगा। अब इनकी महत्त्वाकांक्षा के पोषण के लिए इतना ही काफ़ी है। ये इसीलिए शहर की ओर भाग रहे हैं।

महत्त्व के लालच में वहाँ आनेवालों में एक दूसरा वर्ग वर्तमान नवशिक्षितों का भी है। ये हमारे ग्रामीण शिक्षालयों की देन हैं। इन्होंने गाँव के ही किसी हायर सेकेंडरी स्कूल में उच्च शिक्षा पाई है और शहर से सिनेमा की सेकेंड हैंड धुनों के सहारे जान-पहचान कर ली है। इनका मन गाँव से बिचक चुका है। घर पर रहकर अपने पारिवारिक व्यवसाय में अपनी शिक्षा को प्रयुक्त करने की जगह इन्हें बाहर किसी सिनेमा हाउस में द्वारपाल का काम करना ज़्यादा गौरवपूर्ण जान पड़ता है। यह भी शहर की ओर भाग रहे हैं।

चाहे आलसी रईस हों, या गाँव से उखड़े हुए नवशिक्षित, भूमिहीन मज़दूर हों या बेरोज़गार कारीगर—इन सबका शहर में लगभग एक-सा भविष्य है। कुछ संघर्ष के बाद वे वहाँ पैर जमा लेते हैं, पर गाँव में जिस तरह वे एक बृहत्तर जीवन के आत्मीय अंग थे, उस तरह वे शहर में नहीं हो पाते। पेट की चिन्ता से मुक्त होकर वे मन की चिन्ता से आक्रान्त हो जाते हैं, फुटपाथों की बियाबान भीड़ की ओर पथराई निगाहों से देखते हैं, वहाँ के भावलोक में विस्थापित बनकर घूमते हैं, वहाँ की अजनबी ज़िन्दगी के सौतेले बेटों की तरह रहते हैं और उनमें से ज़्यादातर अन्त में एक सामाजिक असंगति बनकर रह जाते हैं।

तसवीर का यह रुख़ बहुत आकर्षक नहीं, पर महत्त्वपूर्ण है। शुरू में मैंने बड़े नगरों में पनपनेवाले छोटे क़स्बे की प्रवृत्तियों का ज़िक्र किया है। इसके लिए शहरों के आदिम निवासी गाँववालों को इसका उत्तरदायी ठहराते हैं। शिकायत कुछ हद तक सही है, पर इसका कारण यही है कि गाँववाले को अपनी अर्थव्यवस्था में पचा लेने पर भी शहर उसे अपने भावजगत में नहीं पचा पाता। वह वहाँ रहता है, पर प्रायः इस तरह जैसे वह एक पारदर्शी शीशे के पिंजड़े में बन्द हो। वहाँ रहते हुए भी वह वहाँ आत्मसात् नहीं हो पाता। परिणाम यह होता है कि परिस्थिति के प्रति उसका अन्तर्विरोध बढ़ता जाता है।

अपने उच्चतर गुणों का वह शहर की धरती में आरोपित करने से हिचकिचाता है, कृषक मनोवृत्ति से वह सन्देह और शंका से परिचालित होने लगता है। उसकी दृष्टि में एक विशेष कोण उभर आता है, वह शहर के भीतर अपना गाँव बना लेता है, महानगरी को पिचकाकर वह उसे एक क़स्बे में बदलने लगता है।

यह तसवीर आज के संक्रान्ति काल की है, पर इसके कुछ आकर्षक रुख़ भी हैं। यह देश विराट है और यहाँ जीवन की विषमताएँ भी विराट हैं। गाँव और शहर का रहन-सहन भी अब तक दो विराट विषमताओं का प्रतिनिधित्व करता रहा है। वहाँ की उपलब्धियाँ सब क्षेत्रों में एक-दूसरे का पूरक अंग नहीं बन पाई हैं। बल्कि प्राय: एक-दूसरे के समानान्तर ही चलती रही हैं। आर्थिक व्यवस्था के क्षेत्र में गाँव और शहर एक-दूसरे के बहुत पहले से पूरक थे, पर यह बात जीवन के और क्षेत्रों में अब तक उस तरह लागू नहीं थी। किन्तु समाज-तत्त्व के सूक्ष्म द्रष्टाओं को अब जान पड़ने लगा है कि बीच का फ़ासला मिट रहा है। सतह पर तो यही दिखाई देता है कि गाँव में कुएँ की जगत पर नंगे बदन बैठा हुआ धारीदार अंडरवियर पहने कोई निकम्मा नौजवान सिनेमा के किसी सेकेंड हैंड गाने को अपनी ओर से संशोधित करके गा रहा है, या शहर के किसी सांस्कृतिक समारोह में माइक के सामने बैठी हुई भद्र महिला अपने लिपस्टिक-रंजित होंठों से धान रोपने के वक़्त गाए जानेवाले किसी ग्राम-गीत की अवतारणा कर रही है। पर वास्तव में बात कुछ इससे ज़्यादा गहरी हो गई है। ग्राम-गीतों को फ़ैशन समझकर बहुत समय तक नहीं गाया जा सकता, न जामिनी राय की कलाकृतियों का केवल देखा-देखी, ड्राइंगरूम में हमेशा के लिए टाँगा जा सकता है। इनके पीछे की प्रेरणा अव्यक्त रूप से जनमानस को धीरे-धीरे आच्छन्न करती जाती है। जो जान-पहिचान नक़ल और बनावट से शुरू हुई थी, वह अब अधिक स्थायी, अधिक कोमल स्तरों पर पहुँच रही है।

इस वातावरण को सुदृढ़ बनाने में यह तथ्य भी सामने आता है कि प्राय: गाँव से शहर आनेवालों की महत्त्वाकांक्षा में कोई असामाजिक तत्त्व नहीं है। योरोप के सामन्तवादी युग में शहर में रहनेवाले समृद्ध लोगों का यह एक स्वप्न था कि वे गाँव में जायदाद लेकर बस जाएँ। अपने जंगल, अपनी शिकारगाह, अपनी कोठियाँ—सब कुछ अपना हो। नगर की सुविधाएँ भले ही न रही हों पर शान्ति और आलस्य के सहारे सुख से रहा जा सकता था। अपने-आप में यह प्रवृत्ति बड़ी निर्दोष दीखती है पर सामाजिक दृष्टि से इसका एक सामन्तवादी पक्ष भी है। जीवन से भागने की यह महत्त्वाकांक्षा चाहे जितनी काव्यपूर्ण और

भावुकतामय रही हो, गाँवों की अर्थव्यवस्था को छिन्न-भिन्न करने में यह उतनी की क्रूरतापूर्ण सिद्ध हुई। इस चरागाही रूमानियत ने किन सामाजिक विषमताओं को उभारा और इसका क्या अन्त हुआ, यह बताने की आवश्यकता नहीं है। आज गाँवों से शहरों की ओर जो पलायन हो रहा है, उस पर महत्त्वाकांक्षा का यह असामाजिक पक्ष नहीं लागू होता। सभी जानते हैं कि धरती माता के अंचल की विशालता, अब केवल कविता ही में रह गई है। वास्तव में ऐसे न जाने कितने हैं, जिन्हें उस अंचल में सूई की नोक के बराबर भी जगह नहीं मिल पाती। अतः यदि वे 'सूच्यग्रं नैव दास्यामि' की घोषणा नहीं झेल पाते और चुपचाप शहर की ओर भाग चलते हैं तो इससे वे केवल जीवन के एक यथार्थ को ही स्वीकार करते हैं। महत्त्वाकांक्षा का इससे अधिक निरीह, इससे अधिक दयनीय रूप और क्या हो सकता है?

[आकाशवाणी, लखनऊ, 1976]

तलाश जारी है आम आदमी की

इस बातचीत का शीर्षक सुनकर आपको शायद हैरत हो कि अपने मुल्क में आम आदमी की तलाश की जरूरत कहाँ से पैदा हुई जबकि सड़कों, फुटपाथों, गली-कूचों में, हाट-बाज़ार में, मेलों और सिनेमाघरों में, जिधर देखिए जो दिखाई देंगे वे ज़्यादातर आम आदमी होंगे। वे बराबर हमारी नज़र के सामने हैं, फिर उनकी तलाश की शुरुआत कैसे हुई और ऐसा क्यों है कि आम आदमी अभी हमें मिला नहीं है और उसकी तलाश बराबर जारी है?

पर सवाल की इस प्रकार से व्याख्या करना उसे ज़रूरत से ज़्यादा आसान बना देना होगा। वास्तव में आम आदमी को पहचानने का काम, मेरा मतलब है कि राजनीति, समाजशास्त्र, साहित्य और कला आदि के स्तर पर आम आदमी को पहचानने का काम इतना आसान नहीं है; बल्कि ऐसा भी है कि शताब्दियों से कला और साहित्य के क्षेत्र में जो रूढ़ियाँ पनपी हैं उन्होंने आम आदमी की पहचान को और भी मुश्किल बना दिया है।

बात को समझने के लिए पहले राजनीति की बात लें। एक ज़माना था जब राजा ईश्वर का अंश माना जाता था और पूरा समाज राजा, सामन्त, प्रजा और दासों के वर्ग में बँटा हुआ था। उस समाज में ये सब थे, पर आम आदमी नहीं था। आम आदमी इसलिए नहीं था कि सामाजिक जीवन में उसे कहीं भी सामूहिक स्तर पर आत्म-निर्णय का हक़ नहीं था। एक उलझी हुई ऐतिहासिक प्रक्रिया के अन्तर्गत धीरे-धीरे समाजवाद की प्रतिष्ठा हुई और पूरे सामाजिक तंत्र में आम आदमी का चेहरा बार-बार उभरकर स्टेज पर आने लगा। पर उसी के साथ यह एहसास भी होने लगा कि बहुत जगहों पर समाजवाद या तो सिर्फ़ नारे की तरह या मुखौटे की तरह इस्तेमाल हो रहा है और उसके प्रभाव से स्टेज पर आम आदमी का चेहरा जो बार-बार सामने आता है, वास्तविक चेहरा नहीं है, वह भी एक मुखौटा है।

इस स्थिति को ज़्यादा विस्तार से समझाने की शायद ज़रूरत नहीं है। यह हमारा-आपका बहुत पुराना और रोज़ का अनुभव है। बार-बार आम आदमी को इसलिए झुठलाया गया है और ऐसा अनेक बार हुआ है कि आम आदमी अपनी बारी का इन्तज़ार करता हुआ लगातार कई दिन, महीने, बरस क्यू में खड़ा रहा है और क्यू में सबसे आगे कोई-न-कोई खास आदमी आदम आदमी का चेहरा लगाकर किसी-न-किसी तरकीब से पहुँचता रहा है। और अगर आप सचमुच ही आम आदमी के लिए कुछ करना चाहते हैं तो फरेब के इस माहौल को छोड़कर आपके लिए यह लाज़िमी हो जाएगा कि ख़ास आदमी के मुँह पर लगे हुए आम आदमी के मुखौटे को आप एक झटके से अलग कर दें, और यही वह बिन्दु है जहाँ से आम आदमी की तलाश शुरू होगी।

पर राजनीति की बात छोड़िए, इसलिए नहीं कि राजनीति ख़राब चीज़ है बल्कि इसलिए कि मैं राजनीति की चर्चा न भी करूँ तब भी यह आपको हर तरफ़ इफरात से मिल जाएगी और राजनीति की जितनी इफरात है, उतना ही आम आदमी के साथ फरेब है और उसी अनुपात से आम आदमी को और ज़्यादा मेहनत से खोजने की ज़रूरत है। इसलिए, बात के इस पहलू को यहाँ छोड़कर कुछ देर के लिए हम राजनीति के झंडाबरदारों और आम आदमियों को लुका-छिपी खेलने के लिए स्वच्छन्द छोड़ दें और, आइए, आम आदमी की तलाश हम साहित्य और कला की बस्तियों से शुरू करें।

हमारे यहाँ साहित्य और कला के राजमार्ग परम्परा से बड़े लम्बे-चौड़े और शानदार हैं। चाहे कोणार्क की अलसकन्या हो, या खजुराहो की शालभंजिका या सुर-सुन्दरी, यक़ीनन उसका कोई रिश्ता आम आदमी से नहीं है, भले ही वास्तविक जीवन में उसकी पैदाइश आम आदमी के बीच की है। और, कभी पहाड़ी, राजस्थानी या राजपूत शैली की कलमें देखिए। उन छोटी-छोटी पर बड़ी दिलकश तसवीरों में लता-कुंजों, वन-वीथियों, राजमहलों के दृश्य भी आम आदमी की ज़िन्दगी के नहीं हैं, भले ही वे उसके ख़्वाब के हों। हमारी सारी मध्ययुगीन चित्रकला, अपने पूरे स्वप्निल राग-रंग के साथ और उसके बावजूद आम आदमी की परछाईं को भी नहीं छू पाई है और आज भी वह आम आदमी के लिए ज़्यादा-से-ज़्यादा एक ख़्वाब है, एक परछाईं है।

साहित्य के क्षेत्र में आम आदमी पूरे मध्ययुग-भर किसी कोने में छिपा और दुबका पड़ा रहा। जब बिहारी ने 'नहिं पराग नहिं मधुर मधु नहिं विकास यहि काल' वाला दोहा पढ़ा था तो आम आदमी ने अपनी गर्दन भले ही उचकाई

हो, यह दोहा उसके सिर के ऊपर से निकल गया होगा। मज़े की बात यह रही कि तब के साहित्य-स्रष्टाओं में ख़ुद ज़्यादातर आम आदमी ही हैं। पर उन्होंने जो भी लिखा, वह ज़्यादातर ख़ास आदमी के लिए लिखा।

ग़नीमत है कि बीसवीं सदी तक आते-आते कुछ ऐसे सामाजिक तनाव पैदा हुए और राजनीति तथा अर्थव्यवस्था के ऐसे दबाव पड़े कि आम आदमी को अपने कोने में छिपा रहना मुश्किल हो गया और उसे अपने-आप हमारी निगाह के सामने आना पड़ा। पर इसी से उसकी तलाश का दौर ख़त्म नहीं हुआ, क्योंकि हमारी निगाहें कभी आसमान की ओर उठीं, कभी तिरछी हो गईं और उसे खोजने की कोशिश में भी हम उससे आँख मिलाने से कतराते रहे।

हिन्दी-साहित्य के वर्तमान युग में इस झूठी-सच्ची तलाश का माहौल सबसे पहले प्रेमचन्द ने तोड़ा और उन्होंने आम आदमी को न सिर्फ खोजकर हमारे सामने खड़ा किया, बल्कि उसे साहित्य के उस सिंहासन पर बैठाया जहाँ पहले सिर्फ़ ख़ास आदमी बैठते थे। उसके बाद, और ख़ास तौर से पिछले डेढ़ दशकों में, साहित्यकारों का एक पूरा-का-पूरा जत्था मशालें लेकर आम आदमी की तलाश में निकल पड़ा। अब आम आदमी के लिए हमारे साहित्यकार का मोह यहाँ तक बढ़ा हुआ है कि कुछ दिन पहले एक आलोचक ने फतवा दिया है कि "जनयुद्ध में शामिल होना ही सच्ची समकालीनता है; शेष सब प्रलाप या पथभ्रष्टता है।"

ख़ास तौर से हिन्दी कहानीकारों का एक वर्ग आम आदमी को खोजने में और उसे प्रतिष्ठित करने में इतना उलझ गया है कि वह लगभग आम आदमी से ऊपर उठ गया है। अब उसके लिए यह ख़तरा पैदा हो गया है कि आम आदमी को खोज चुकने पर भी कहीं वह एक ठोस चीज़ को हवाई पदार्थ न बना दे। एक जगह मैंने किसी प्रतिष्ठित लेखक का वक्तव्य पढ़ा था कि, "आम आदमी न कोई ग़रीब है न कोई भूखा। आम आदमी एक दृष्टि है और वह दृष्टि करोड़ों आदमियों की मुक्ति है।"

तो लीजिए जनाब, बात यहाँ तक पहुँच चुकी है। आम आदमी हमारे साहित्यकार की पकड़ में आकर भी हाथ से फिसला जा रहा है और आदमी के बजाय दृष्टि होता जा रहा है। इसलिए अब और भी ज़रूरी है कि हमारी दृष्टि स्वच्छ और स्पष्ट रहे और हम साहित्य के भीतर, और बाहर भी, आम आदमी की तलाश बराबर जारी रखें।

राजनीति, साहित्य, कला आदि के क्षेत्र में अगर ख़ुद हमारी निगाह धुँधली न हुई तो इस तलाश के कामयाब होने में हमें कोई शक न होना चाहिए।

तब यह भी सम्भव है कि हममें से बहुतों को अपने बारे में ही यह एहसास होने लगे कि वे विशिष्टता का एक मुखौटा लगाए हुए हैं और उसे हटाने के बाद आईने में जो उनका चेहरा नज़र आएगा वही शायद आम आदमी का चेहरा होगा। इसे यूँ भी समझा जा सकता है कि आप चाहे समाज में आमूल परिवर्तन करनेवाले कोई महान राजनीतिक कार्यकर्ता हों, या विचारों में क्रान्ति लानेवाले साहित्य-स्रष्टा, आपकी ओर से आम आदमी की तलाश तब तक शायद कामयाब न होगी जब तक आप ख़ुद ख़ास आदमी बनकर किसी ऊँची मीनार में बैठे हों। आम आदमी को खोजने के लिए आपको ख़ुद आम आदमी बनकर ठोस ज़मीन पर आना होगा।

[आकाशवाणी, लखनऊ, 1977]

मैं महान लेखक क्यों न बन सका?

आज की वार्ता का शीर्षक सुनकर आपको हैरत हो रही होगी। बात है भी कुछ अजीब-सी। मैं एक राज की बात बाक़ायदा ऑल इंडिया रेडियो से ब्राडकास्ट करने जा रहा हूँ। आप सोच सकते हैं कि यह राज भी कैसा है, यह तो बिलकुल समाचार-प्रसारण है। पर यक़ीन रखिए, जब तक मैं इसे प्रसारित नहीं करता राज राज ही रहेगा। यह और बात है कि मेरे कह चुकने पर आपको लगे कि न तो यह राज हुआ, न बात हुई, यह तो नवाब साहब के मुसाहबवाला क़िस्सा हो गया।

आपने कभी नवाब साहब और उनके बुज़ुर्ग मुसाहिब का यह मशहूर क़िस्सा सुना है? नवाब साहब के यहाँ चोरी हो गई थी। उसका पता लगाने के लिए सबेरे-सबेरे उनका दरबार लगा। बड़े-बड़े दीवान, नाजिम, आमिल, शायर, मुसन्निफ, नजूमी, जादूगर, ओझा, फ़क़ीर, टोने-टोटकेवाले, रक्कासा, तवायफें, मुसाहिब—यानी कि वे सब जिनका कभी-न-कभी चोरी से काम पड़ता है, अपनी-अपनी जगह पर बैठकर ग़ौर करने लगे कि शाही महल में यह चोरी की किसने। बहुत देर माथापच्ची करने के बाद एक बुज़ुर्ग ने नवाब साहब से बड़ी संजीदगी से कहा कि बन्दापरवर, मुझे पता चल गया। तुरन्त लोगों को दरबार ख़ाली करने को कहा गया। तख़लिया हो गया। उसके बाद बुज़ुर्गवार ने चारों ओर कनखियों से देखकर, यह इत्मीनान करके कि उनकी राज की बात कोई सुन तो नहीं रहा है, धीरे से कहा, "हुज़ूर! हो न हो यह किसी चोर का काम है।"

तो हो न हो, मेरी बात सुनकर आपको भी लगे कि नवाब साहब के मुसाहिब की तरह मैंने जो बात राज बनाकर आपके सामने पेश की है वह राज तो है ही नहीं, बात तक नहीं है; बल्कि सरासर बकवास है। पर उस बात में और इस बात में फ़र्क़ है। वह यह कि नवाब साहब के बुज़ुर्ग मुसाहिब तो

अपनी बेवक़ूफ़ी की बात कहकर फ़ुरसत पा गए। पर मेरे जैसा लेखक अब अपनी अज़मत या नाकामयाबी के बारे में कोई बात कहेगा तो वह चाहे जितनी पोच क्यों न हो, उस पर बहस होगी और बहस होती रहेगी। हर मौक़े पर मेरे ही ख़िलाफ़ मेरी इस बात का हवाला दिया जाएगा। आगे चलकर साहित्य के विद्यार्थियों, विद्वानों, शोध-संस्थानों आदि-आदि को सैकड़ों बरस के लिए शोध करने का मसाला मिलेगा। मेरी बात में वे बातें ढूँढ़ी जाएँगी जो वहाँ कभी थीं ही नहीं, उनका दूसरे महान लेखकों के वक्तव्य से मुक़ाबला किया जाएगा और अजब नहीं कि मैं, जिसे बराबर अपने को एक मझोली हैसियत का लेखक मानने की आदत रही, सिर्फ़ आज की बात के सहारे महान लेखकों की क़तार में खड़ा कर दिया जाऊँ। माना कि यह एक उम्मीद-भर है, पर कोई उम्मीद न होती तो आज यह बात मैं उठाता ही क्यों?

अब आइए असली सवाल पर, कि मैं महान लेखक क्यों नहीं बन सका। पर क्या पता कि असली सवाल कुछ और ही हो। हो सकता है कि मैं महान लेखक ही हूँ और सिर्फ़ विनम्रता की झोंक में अपने को छोटा मान रहा हूँ। या हो सकता है कि मैं क्या हूँ और क्या नहीं, यह बात ही बेमानी है और आप ख़ुद मुझे महान लेखक माने हुए हैं। उस हालत में यह पूरा सवाल ही फ़र्ज़ी हो जाता है। अगर रेडियो-वार्ता में कवि-सम्मेलनों की तरह मुझे अपने श्रोताओं से सामने जवाब पाने का मौक़ा होता तो हो सकता है कि आप अब तक मुझे यहीं टोककर कहने लगते कि छोड़िए भी शुक्ल जी, हम तो आपको महान, यहाँ तक कि महामहान लेखक माने हुए हैं और आप उधर यह पचड़ा लिये बैठे हैं कि मैं महान लेखक क्यों नहीं हूँ।

अगर सचमुच ही आप ऐसा कहने लगें तो बात यहीं ख़त्म हो जाएगी। अगर आपने तय कर लिया कि मैं महान लेखक हूँ, तो हूँ। आख़िर महान लेखक होता कौन है? वही न जिसे पाठक महान मानें? तभी पाठक की राय के मुताबिक टी.एस. इलियट और काका हाथरसी महान कवि हैं, प्रेमचन्द और गुलशन नन्दा महान उपन्यासकार हैं। यह पाठक की ही महानता है कि वह टॉलस्टॉय के सामने आयन फ्लेमिंग को, टॉमस मान के आगे ऐलस्टेयर मैकलीन को और सॉल बेलो के साथ मारियो प्यूजो को बराबरी का दर्जा देता है। मगर अफ़सोस यह है कि पाठकों में न तो कोई मुझे रवीन्द्रनाथ ठाकुर के साथ जोड़ रहा है न कर्नल रंजीत के साथ। इसीलिए मुझे अपने राज की बात कुछ और आगे बढ़ानी पड़ रही है।

अकबर इलाहाबादी ने एक जगह कहा है कि "नाम कर जाते हैं दुनिया में जो ख़ुशक़िस्मत, हैं, कोई मजनू की तरह कोई अरस्तू की तरह।" अकबर महान कवि थे, जिनका 'कलामे-रंगीं' दुनिया में फूल की तरह खिलता था, ख़ुशबू की तरह फैलता था, पर मेरा कलाम चाहे जैसा हो और कारनामे चाहे जो हों, मैं जानता हूँ कि न मैं मजनू बन सकूँगा और न अरस्तू ही। मेरा कलाम फूल की तरह खिलता ज़रूर है पर ख़ुशबू की तरह फैलने के पहले ही हवा में खो जाता है। यानी उन घटिया पत्रिकाओं और किताबों के पन्नों में गुम हो जाता है जिनके काग़ज़ का लिफ़ाफ़ा बनाकर बाद में उनमें दालमोट बाँधी जाएगी और तारीफ़ दालमोट की होगी, लिफ़ाफ़े पर छपे हुए 'कलामे-रंगीं' की नहीं।

तो महान लेखक न बन पाने की एक वजह तो यही हुई कि मुझे भरोसा नहीं हो पाता कि आपके लिए मेरी उतनी भी ज़रूरत है जितनी की दालमोट बनानेवाले की। लोग मजनू के लिए जितनी हाय-हाय करते हैं, उतनी अरस्तू के लिए नहीं। कहा गया है कि इनसान सिर्फ़ रोटी के सहारे नहीं जीता। पर आज के ज़माने में वह अगर रोटी के अलावा कुछ और चाहता है तो यक़ीनन मेरा कलाम नहीं, रोटी के साथ के लिए वह सब्ज़ी या कोरमा चाहता है। अब बताइए, मैं किसके लिए और क्यों महान लेखक बनूँ? यह भी है कि जिनके लिए मैं लेखक बना हूँ वे नीतू सिंह, टीना मुनीम या राकेश रोशन और संजय खान की रंगीन तसवीरों में खोए हुए हैं। 'कलामे-रंगीं' सुनने की किसे फ़ुरसत है? एक बार मशहूर कवि स्टीफन स्पेंडर का बीटिल्स से परिचय कराया गया। जाहिर है, बीटिल्स ने स्पेंडर को नाम नहीं सुना था। पर स्पेंडर ने इसे दार्शनिक ढंग से लिया। कहा, "साहित्यकार होने के नाते यह मेरा काम है कि मैं आपको जानूँ। पर आपके पेशे की यह ख़ूबी है कि आपको मुझे जानने की ज़रूरत नहीं।" हमारे देश में साहित्यकार फ़र्शी कालीन की तरह या तो ग़ैरज़रूरी शोभा की सामग्री है, या शौकिया रौंदने की चीज़; यहाँ तो उसके बारे में कुछ जानना किसी कामकाजी नागरिक के लिए और भी अनावश्यक है। तभी रंजीता और विजयेता पंडित के बारे में कहानी-लेखिका मृदुला गर्ग को सब कुछ मालूम होगा, पर रंजीता और विजयेता को शायद पता भी न होगा कि मृदुला गर्ग और मेहरुन्निसा परवेज क्या हैं और कहाँ हैं।

मेरी दूसरी कमज़ोरी जो मुझे महान लेखक बनने से रोकती है, मेरी हीनता की भावना या इन्फीरियारिटी कॉम्प्लेक्स है। मैं कुछ पुराने फ़ैशन का हूँ और

मानता हूँ कि महान लेखक बनाने के असली मसाले का नाम प्रतिभा यानी जीनियस है जो सही मिकदार में मेरे पास नहीं है। यह मसाला जिस इफरात से कालिदास, शेक्सपियर, रवीन्द्रनाथ ठाकुर, या टॉलस्टॉय में था, उसका ख़याल आते ही मुझे चक्कर आने लगता है, कलम हाथ से खिसक जाती है। महान लेखकों की कृतियाँ जहाँ मुझे बहुत घना और बहुत निजी आनन्द देती हैं, वहीं लेखक की हैसियत से वे मुझे नर्वस बना देती हैं। मैं अपने-आप से कहने लगता हूँ—इनके सामने तू इस कलम के काम में कहाँ से आकर फँस गया। यह धन्धा छोड़, बकौल अकबर इलाहाबादी, "खा डबलरोटी किलर्की कर, ख़ुशी से फूल जा!"

अपनी सीमा का यह एहसास शायद मुझी को नहीं, सभी लेखकों को, जो अपने पेशे को गम्भीरता से लेते हैं, हुआ करता है। मुझे फ्रैंस्वा सागाँ का उदाहरण याद आता है। अपने एक उपन्यास से वे उन्नीस साल की उम्र में ही लेखकी दुनिया में मशहूर हो गई थीं। उनसे पूछा गया कि आपको अपनी कमज़ोरियों का किस हद तक एहसास है। जवाब में सागाँ ने कहा कि मैंने टॉलस्टॉय, दोस्तोव्स्की और शेक्सपियर को पढ़ा है, उसके अलावा मैं अपनी कोई भी सीमा नहीं मानती।

ये बातें तो मैंने अपने ख़िलाफ़ कहीं, पर एकाध बातें ऐसी भी हैं जिससे लगता है कि अगर मैं महान लेखक नहीं बन सका तो इसकी ज़िम्मेदारी पूरे तौर से मुझ पर नहीं है, इसका ज़िम्मेदार, फ़िल्मी ज़बान में, 'हाय-हाय रे जालिम ज़माना' है। क्योंकि महान बनना सिर्फ़ लेखक पर नहीं, कई कारणों पर भी निर्भर है। जैसे उसके देश का इतिहास, उसका भूगोल, उसकी आबोहवा, वहाँ की जनता, वहाँ की साहित्यिक सभ्यता, उसके पाठक, प्रकाशक, अनुवादक, बुकसेलर, उसके दोस्त, उसके दुश्मन, उसकी तन्दुरुस्ती, उस लेखक की सूरत, उसकी लॉबी, उसकी सूझ-बूझ या ज़िन्दगी के बारे में उसका रुख़, उसकी महत्त्वाकांक्षा आदि। भूगोल की ही मिसाल लें तो क्या वजह है कि नोबेल प्राइज की लॉटरी ज़्यादातर पश्चिमी लेखकों के लिए खुलती है और एशिया या अफ्रीका के लेखक उसमें मुश्किल से जीत पाते हैं, या साहित्यिक सभ्यता की बात लें तो कभी-कभी लगेगा कि आपने जो लिखा है वह तो आपको महान लेखक बनाने के लिए उम्दा कच्चे माल जैसा है, उसका इस्तेमाल करके यहाँ के शिक्षित जन, शोध-संस्थान, विश्वविद्यालय, इनाम और इज़्ज़त देनेवाले इदारे, अन्तरराष्ट्रीय स्तर के साहित्यिक सौदेबाज़ और एजेंट—ये सब आपको कहाँ

तक पहुँचाते हैं। इस पहलू पर ग़ौर किया जाए तो मुझे सौ फ़ीसदी ज़िम्मेदारी ठहराए बिना आप आसानी से जान जाएँगे कि मैं महान लेखक क्यों नहीं बन सका, क्योंकि अब तक आप नतीजे पर पहुँच चुके होंगे कि महान लेखक हमेशा बनते नहीं, बनाए भी जाते हैं।

[आकाशवाणी, लखनऊ, 1979]

मेरा दृष्टिकोण : हास्यकार के रूप में

हास्यकार के रूप में अपना दृष्टिकोण बताने के पहले अपने बारे में मैं एक सफ़ाई देना चाहता हूँ। वह यह कि वस्तुतः मैं हास्यकार नहीं हूँ। ऐसा नहीं कि मैं हास्यकार होना अच्छी बात नहीं समझता, या हास्यकार समझा जाते हुए घबराता हूँ। सही बात तो यह है कि साहित्यिकों में मैं हास्यकार को एक सहज आनन्द का प्रतीक मानकर चलता हूँ : पर वह आनन्दमयी स्थिति मुझे नहीं मिल पाई। शुरू-शुरू में लगा ज़रूर कि मैं उस स्थिति से गुज़र रहा हूँ, पर उसने मुझे कब छोड़ दिया या मैंने उसे कब छोड़ा, इसका पता भी नहीं चला। जब पता चला तो मालूम पड़ा कि हास्यकार के मनोदेश का सहज सुख एक व्यंग्य लेखक की क़लम से घबराकर कुछ दिन मेरे आसपास रह चुकने के बाद, अजनबी रास्तों से, किसी दूसरी ओर निकल गया है। मेरे चारों ओर सिर्फ़ नाराज़गी और खीझ का माहौल बचा है।

आप मेरा इशारा समझ गए होंगे। कुछ दिन हास्य की हल्की-फुल्की प्यारी-प्यारी कहानियाँ लिख चुकने के बाद मुझे अपने में एक कमी महसूस हुई। मैंने पाया कि मैं दूसरों से ज़्यादातर नाराज़ रहता हूँ और उन्हें हँसाने या ख़ुश रखने की ज़िम्मेदारी मेरी नहीं है। कुछ ऐसी स्थितियाँ हैं जिन्हें लोग हँसकर कतरा जाते हैं या जिन्हें सुन्दर गीतों, ग़ज़लों या रूमानी कहानियों के भीने नशे में भुला देते हैं, जबकि मेरा काम स्थितियों की तल्खी को, उनके कँटीलेपन को बराबर उभारते रहना है। इस आभाररहित साहित्यिक प्रक्रिया को विद्वान आलोचक व्यंग्य-लेखन की संज्ञा देते हैं।

अब, साहित्य के मैदान में इतनी मश्क कर चुकने के बाद मुझे अपने उस रूप से बड़ा लगाव-सा महसूस होता है, जब मैंने अपने लेखन के ऊपर कोई प्रश्नचिह्न लगाए बिना हास्यमय कहानियाँ लिखी थीं, मित्रों के बीच उन्हें

पढ़कर सुनाया था और एक ऐसे वातावरण में साँस ली थी, जहाँ परमात्मा अपने स्वर्ग में था और वसुंधरा पर सब कुछ ठीक था। उस समय जीवन और साहित्य के प्रति मेरा दृष्टिकोण एक ऐसे पर्यटक का था जिसे आगरा और दिल्ली के पार्कों और मनोरम ऐतिहासिक स्थानों में पहली बार विचरण के लिए लाया गया हो, जिसे मध्यकालीन इतिहास के रोमांस ने और मीलों तक फैली हुई क्यारियों और हरी-भरी रविशों ने अपने-आपमें बाँध रखा हो। उस पर्यटक को मालूम है कि इन्हीं शहरों में ज़िन्दगी को खिझानेवाली विषमताएँ हैं, दहलानेवाली क्रूरताएँ हैं। पर यह उसकी जानकारी में भले ही हो, उसकी अनुभूति के दायरे में नहीं आ पाता है।

अनुभूति के दायरे में इन अनेक विसंगतियों को समेटने की क्षमता मुझ जैसे राह चलते साहित्यकार में शायद नहीं है। यह क्षमता जीवन को उदार स्तर पर ग्रहण कर लेने के बाद बड़े-बड़े प्रतिभा सम्पन्न व्यक्तियों ही में देखी जा सकती है। यह कालिदास के लिए ही सम्भव था कि वे तपस्या और साधना की चरम स्थितियों का वर्णन करते हुए 'कुमारसम्भव' में शिव-पार्वती के बीच एक ऐसा उपालम्भपूर्ण वार्तालाप प्रस्तुत करें, जो एक नाटकीय कमेडी की सीमा को छूने लगता हो। या शेक्सपियर का उदाहरण लें, जो 'हेमलेट' जैसे गम्भीर नाटक में कब्र खोदनेवालों का परिहासपूर्ण दृश्य लाकर भी नाटक के मूलभूत स्वरूप को विकृत नहीं होने देता। पर इसके लिए ज़िन्दगी के प्रति एक समग्रतापूर्ण दृष्टि ही की नहीं, लेखन में एक प्रभावशाली कलात्मक कुशलता की भी ज़रूरत है।

पर शुद्ध हास्यकार के रूप में मेरी ही नहीं, शायद सभी लेखकों की एक सीमा है। उसकी वजह से लेखक जीवन को उस तीव्र अनुभूति के साथ नहीं ग्रहण कर पाता जो उच्चतर लेखक की प्रेरक शक्ति होती है। शायद इसी सीमा के कारण भरत की राय में हास्य एक पूर्ण रस भी नहीं है, बल्कि एक उपरस है। उन्होंने अपने नाट्यशास्त्र में उसे एक उपरस माना है और कहा है कि हास्य शृंगार की अनुकृति है। लगभग सभी प्राचीन आचार्य हास्य को शृंगार या राग से उत्पन्न मानते हैं। इसीलिए यह स्वाभाविक ही है कि अपने परम्परागत स्वरूप में हास्य की हैसियत एक पिछलगुए जैसी है। अपने सहारे ख़ुद अपनी ज़मीन पर टिके रहने की ताक़त उसे नहीं दी गई है।

पर चाहे हास्य का यह भारतीय परम्परागत स्वरूप हो, चाहे फ्रायड का दृष्टिकोण जो हास्य की जड़ में द्वेष की भावना की प्रधानता मानता है, इसमें दो राय नहीं कि अपने बाहरी रूप-रंग से हास्य बड़ा ही शिष्ट और ख़ुशमिज़ाज

प्राणी है। इसीलिए हास्य अगर सचमुच ही कोई प्राणी होता तो उसकी खपत उन सभी जगहों पर होती जहाँ शिष्ट और सुखकर व्यक्तियों की ज़रूरत होती है। वह दरबारों में, ड्राइंगरूमों में, कलामय गोष्ठियों में, पिकनिकों में बैठकर बातचीत में चटपटापन पैदा करता है। वह दूसरों की कमज़ोरियों को मुलायमियत से दिखाकर उन पर तत्काल रंग-बिरंगी नकाब डाल देता है, वह भीड़-भाड़ में धीरे से धक्का देकर फिर अपने-आपको 'आई एम सारी' कहने लगता है। वह जिसकी कमज़ोरी को उद्धृत करता है, उसको उसी प्रक्रिया में इस महत्त्व का भी बोध कराता है कि उसे इस लायक समझा गया कि उसकी कमज़ोरी की चर्चा हो। हास्य की हैसियत परिवार में सबसे प्यारे, पर सबसे ज़्यादा शरारती लड़के की-सी है, जिसकी ज़रूरत ख़ुशी के हर मौक़े पर महसूस होती है, जो निन्दा की कड़ी-से-कड़ी बात इस अन्दाज़ में कहता है कि लोग उसके शिष्टाचार की प्रशंसा करने लगते हैं। हास्य मानव और समाज की कमज़ोरियों की भर्त्सना नहीं करता, उनको एक ऐसी रोशनी में प्रस्तुत करता है कि वे कमज़ोरियाँ जीवन का एक अविभाज्य, लगभग अनिवार्य अंग जैसी दिखने लगें। वह कुछ ऐसा आभास देता है जैसे जीवन उन कमज़ोरियों की ही वजह से ज़्यादा आकर्षक हो गया है। यही कारण है कि हास्य-लेखन अपने-आप में बड़ी ही प्रीतिकर, बड़ी ही दिलचस्प विधा है। भद्रता की मान्यताओं से आक्रान्त समाज में उसकी बड़ी क़ीमत है।

हास्य लेखन की इस सीमा, और साथ ही इस महत्ता को देखते हुए हास्यकार के रूप में जीवन के प्रति मेरा दृष्टिकोण दूसरे लेखकों के मुक़ाबिले कुछ विशेष भिन्न नहीं हो सकता। यदि कोई भिन्नता उसमें है भी, तो इसी अहसास के कारण कि मुझमें उस चिरन्तन हास्यकार के तत्त्व मौजूद नहीं हैं जो अपने कृतित्व की सफलता मानवीय कमज़ोरियों के प्रति अत्यन्त प्रीतिकर ढंग से इशारे करने में मानता हो। हास्यकार का यह आकाशचारी व्यक्तित्व मेरी निगाह में एक आदर्श साहित्य का रूप नहीं है। अपनी जगह, काफ़ी महत्त्वशील होते हुए भी, यह रूप मुझे एकांगी और अधूरा जान पड़ता है।

ऐसा नहीं कि जीवन के प्रति हास्यकार के परम्परागत रवैये को मैं उसके सतहीपन के कारण स्वीकार नहीं कर सकता। वास्तव में यह जरूरी नहीं कि हास्यकार की दृष्टि सतही हो। वह अत्यन्त सूक्ष्म और अन्तर्भेदी भी हो सकती है। पर उस दृष्टि का कलात्मक स्तर पर उपयोग करने में एक सम्भ्रान्ति, एक प्रकार की राजनयिक औपचारिकता—डिप्लोमैटिक प्रोटोकाल—की ज़रूरत

मानी जाती है जो अभिव्यक्ति की सहजता और सदाशयता के ख़िलाफ़ पड़ती है। इसीलिए आरम्भ में कई एक हास्यपूर्ण कृतियाँ लिखने के बावजूद, और इस समय भी जीवन के प्रति काफ़ी मात्रा में हास्यबोध-सेंस ऑफ़ कामेडी—रखने के बावजूद, हास्यकार की चिरन्तन भूमिका मुझे अपील नहीं कर पाती। बकौल एक अंग्रेज़ी मुहावरे के, यह टोपी मेरे सिर पर फिट नहीं हो पाती। इसीलिए कभी-कभी दूसरों के सुख के लिए यह टोपी मैं भले ही लगा लूँ, इसे मैं अपनी पोशाक का सहज अंग नहीं बना पाया।

सामाजिक असंगतियों और जीवन की विकृतियों की बिना किसी लाग-लपेट के शल्यक्रिया करना मुझे ज़्यादा पसन्द रहा है। शायद मुझे भ्रम था—और कुछ हद तक अब भी है—कि इससे साहित्य के एक सामाजिक उद्देश्य की पूर्ति होती है। इसीलिए मेरी रचनाएँ अधिकतर व्यंग्य की विधा में हैं। पर व्यंग्यकार की हैसियत से एक सूरमा का बाना भी अब मुझे उतना आकर्षक नहीं दीखता। मूर्तिभंजक का काम, जो शुरू-शुरू में इतना महत्त्वपूर्ण दीख पड़ता था, मुझे लगता है कुछ दिनों बाद मशीनी ढंग से चलने लगा है और जिन प्रतिमाओं को तोड़कर आप साहित्यिक इतिहास में महमूद गजनवी बननेवाले थे, वे प्रतिमाएँ, ज़्यादातर—बाद में मालूम होता है—पहले से ही टूटी हुई थीं, या टूट रही थीं। वास्तव में व्यंग्य-लेखन भी एक आनुषंगिक विधा है। इसे उसी स्तर की विधा नहीं माना जा सकता जैसा कि उदाहरणार्थ, कविता की विधा। जो भी हो, व्यंग्य-लेखन के प्रसंग में कभी-कभी साहित्य के उद्देश्य को ही नये सिरे से परखने की ज़रूरत जान पड़ने लगती है। शायद सर्जनात्मक साहित्य को समाज-निर्माण का जो एक महत्त्वपूर्ण साधन बताते हैं, उन्होंने साहित्य की उपयोगिता के बारे में एक भ्रामक अतिशयोक्ति से काम लिया है। और अगर ऐसा है, तो फिर व्यंग्य-लेखन की भी सार्थकता क्या?

इस सवाल का मेरे पास कोई सीधा-सादा जवाब नहीं। वास्तव में हास्यकार की हैसियत से अपने दृष्टिकोण को स्पष्ट करने की कोशिश में मैं शायद इतना ही स्पष्ट कर पाया हूँ कि मेरा दृष्टिकोण बहुत ही अस्पष्ट है। मैं अपनी दृष्टि अभी सुस्थिर नहीं कर पाया, यह मेरी कमज़ोरी है, पर दृष्टि की खोज अभी जारी है। इससे इतना तो तय है ही कि साहित्यिक-सर्जन के दरवाज़े अभी मेरे लिए बन्द नहीं हुए हैं।

[आकाशवाणी, लखनऊ, 1970]

प्रासंगिकता, उपादेयता और सार्थकता का सवाल

प्रासंगिकता और साहित्य के बारे में बात कहाँ से शुरू की जाए? सबसे आसान रास्ता तो यह है कि शुरुआत उस वाक्य से करूँ जिसे साहित्य के लगभग सभी विद्यार्थी सीख चुके हैं यानी आचार्य महावीरप्रसाद द्विवेदी का यह सूत्र कि साहित्य समाज का दर्पण है। पर सूत्र बोल देने से ही काम नहीं चलता। साहित्य को समाज का दर्पण मान लेने के बाद भी कुछ ऐसे सवाल पैदा होते हैं, जिनसे निबटे बिना इस सूत्र की सही परख नहीं हो सकती।

पहला सवाल तो यही है कि साहित्य सिर्फ़ समाज का दर्पण है या समाज के अक्स को अपने में बाँधने के अलावा यह समाज के लिए कुछ और भी करता या कर सकता है। समाज में एक साथ हज़ारों चीज़ें टूटती, पनपती और बनती रहती हैं। टूटकर कुछ इतिहास की कबाड़ बन जाती हैं, जिन्हें साहित्यिक भाषा में रूढ़ि कहते हैं। कुछ पनपने की प्रक्रिया में ठोस धरातल जैसी हो जाती हैं और आगे बढ़ने के लिए, बतौर धरातल, हम उनका इस्तेमाल भी करते हैं। वे इतिहास का अंग होकर भी भविष्य के लिए सार्थक हैं। इन्हें आप परम्परा कह सकते हैं; और कुछ चीजें पनप रही हैं, उनकी शक्ल अभी साफ़ नहीं हुई है। ये वे प्रवृत्तियाँ हैं जिनको समाजशास्त्री अपने अध्ययन या शोध से पकड़ते हैं और कवि और कलाकार अपनी संवेदना से या अपनी प्रतिभा से। अब साहित्य इस सबको अपने में प्रतिबन्धित करता है। सवाल यह है कि इन सब प्रतिबिम्बों की यानी विभिन्न प्रकार की इन साहित्यिक उपलब्धियों की प्रासंगिकता क्या एक ही है।

इसी बात को कुछ उदाहरण देकर स्पष्ट करना उपयोगी होगा। एक ओर सत्रहवीं शताब्दी में बिहारीलाल नाम के कवि, जिनके नाम के पहले आज भी महाकवि की उपाधि लगाने का चलन है, कमनीय स्त्रियों की भौंह, आँख,

कमर आदि-आदि अंगों पर मेहनत करके कविता कर रहे थे। उस कामिनी को नायिका और उसके चहेते पुरुष को नायक कहा जाता था। उनके बीच के प्रेम-प्रसंगों को लेकर महाकवि बिहारी और उनकी जैसी तबीयतवाले हज़ारों कवियों ने लाखों कविताएँ रची हैं—

पति रति की बतियाँ कही, सखी लखी मुस्काय।
कैके सबै टलाटली, अली चली सुख पाय।

बिहारी का यह दोहा सिर्फ़ एक प्रेम-पूरक कविता नहीं है; एक ज़माने के हज़ारों कवियों की काव्य-साधना का आदर्श भी है। तो एक ओर तो यह था, और दूसरी ओर लगभग उसी ज़माने में भूषण नाम के एक दूसरे महाकवि रूपसी नायिकाओं और रसिक नायकों की भीड़ से बचकर शिवाजी की प्रशंसा में सारे इतिहास और पुराणों को मथते हुए उन्हें इतिहास-पुरुष के ओहदे से उठाकर पुराण-पुरुष बनाने पर तुले हुए थे।

इंद्र जिमि जंभ पर बाड़व सुअंभ पर
रावण सदंभ पर रघुकुलराज है;
पौन वारिवाह पर संभु रतिनाह पर
ज्यों सहस्त्रबाहु पर राम द्विजराज है।

जैसी उपमाओं की झड़ी लगाकर भूषण कहते हैं कि उसी तरह शिवाजी महाराज अपने शत्रुओं का विध्वंस कर रहे हैं।

अन्तःपुर के प्रेमकांड और मैदाने-जंग के ख़ून-खच्चर से बिलकुल अलग उन्हीं दिनों एक तीसरा भी साहित्य सम्प्रदाय था जो कहता था—

आनँद की घन छायो रहत निरंतर ही
सरस सुदेह सो पपीहापन बहिरे।
जमुना के तीर केलि कोलाहल भीर ऐसी
पावन पुलिन पै पतित परि रहि रे॥

ये उदाहरण-भर हैं। यह सब एक ही समाज के अलग-अलग अनुभवों को प्रतिबिम्बित करते हैं। इसी बात को आज की कविता में भी उठाया जा सकता है। एक ओर नीरज, रमानाथ अवस्थी जैसे गीतकारों और दर्जनों ग़ज़ल-लेखकों का रचना-संसार है जिसमें "सो न सका मैं याद तुम्हारी आई सारी रात" जैसी

प्रेम-घोषणाएँ हैं, दूसरी ओर नागार्जुन और सर्वेश्वर जैसे कवियों की आम आदमी के संकटों के प्रति चिन्ता है और वहीं कुँअर नारायण की 'आत्मजयी' में जीवन और मृत्यु के आतंक की समस्या है।

सवाल यह है : क्या ये सभी उदाहरण समाज के दर्पण हैं? और हैं भी तो क्या समाज के लिए इनकी एक-सी उपयोगिता है?

मैं इस बातचीत में उपयोगिता और प्रासंगिकता-जैसे शब्दों का इस्तेमाल कर रहा हूँ। इसी के साथ एक तीसरे शब्द को ले लिया जाए : सार्थकता। कुछ साल पहले मसले को जरा ज़्यादा आसान बनाकर देखा जाता था। समस्या कुल इतनी थी कि कला कला के लिए हो या समाज के लिए तत्काल रूप से फ़ायदेमन्द हो और ऐसी कला में, जो मन को गुदगुदाकर या आत्मा को आनन्द देकर रुक जाती हो, फ़र्क़ माना जाता था। प्रेमचन्द ने अपने लेख 'साहित्य का उद्देश्य' में एक जगह कहा है—"साहित्य का सबसे अच्छा आदर्श यह है कि उसकी रचना केवल कला की पूर्ति के लिए की जाए," यह बताकर वे आपद्धर्म की तरह आज के साहित्य की बात कहते हैं—"लेकिन आजकल परिस्थितियाँ इतनी तीव्र गति से बदल रही हैं, इतने नये-नये विचार पैदा हो रहे हैं कि कदाचित् अब कोई लेखक साहित्य के आदर्श को ध्यान में रख ही नहीं सकता।" प्रेमचन्द के साहित्य से लगाव रखनेवाले भली-भाँति जानते हैं कि शुरू में उदारता, सदाचार, सत्य, दृढ़ता आदि गुणों के पक्ष में आदर्शोन्मुख साहित्य रचकर प्रेमचन्द बराबर समाज के कमज़ोर और शोषित वर्ग की समस्याओं के साथ गहराई से जुड़ते गए। जिन तीव्र गति से बदलती हुई परिस्थितियों का उन्होंने ज़िक्र किया है, वे यक़ीनन पहले विश्व-युद्ध के बाद भारतीय किसानों की हालत में गिरावट और सूदख़ोरी और साहूकारी सभ्यता के उत्कर्ष की उपज थीं। साहित्य के आदर्श के बारे में प्रेमचन्द ने पहले जो कुछ कहा था, उससे लगता था कि वह कला की तात्कालिक परिस्थितियों से अलग या उनसे ऊपर मानकर उसके कुछ स्थायी मानदंडों का अस्तित्व स्वीकार करते हैं। इसमें 'कला कला के लिए' वाले सिद्धान्त की अनुगूँज भी जान पड़ती है। पर ख़ुद उनकी बाद की रचनाओं से ऐसा नहीं लगता कि उन दिनों के हालात के दबाव में वह किसी मजबूरी से साहित्य के आदर्शों से समझौता कर रहे हैं। फ़ैज़ अहमद 'फ़ैज़' की मशहूर नज़्म 'मुझसे पहली-सी मुहब्बत मेरी महबूब न माँग' में कवि ने समाज में फैले हुए शोषण और आदमी की भयंकर तकलीफ़ों का हवाला देकर अपनी महबूबा से लगभग मुआफ़ी

जैसी माँगी है और बताया है कि किस तरह उनका ध्यान महबूबा से खिंचकर बार-बार ग़रीबी और सामाजिक समस्याओं की ओर जा रहा है। प्रेमचन्द ने साहित्य के आदर्शों की शुरू में भले ही बात कही हों, उन्होंने अपनी क़लम को दीन, दुखी, निर्बलों के प्रति हमेशा के लिए समर्पित कर दिया है। और ऐसा करके वे श्रीमती कलादेवी के मन्दिर में जाकर मुआफ़ी नहीं माँगते। वह मान चुके हैं कि यह जो समाजोन्मुख साहित्य लिख रहे हैं, वही असली कला है।

प्रेमचन्द का ज़िक्र मैंने यहाँ इसलिए किया है कि पुराने उपयोगिता के सिद्धान्त के हिसाब से उनके साहित्य का तात्कालिक रूप से उपयोग भले ही न हुआ हो, इसमें दो राय नहीं हो सकती कि बदलती परिस्थितियों में वह सौ फ़ीसदी सार्थक साहित्य था। सार्थक इसलिए नहीं कि वह समाज की भयंकर विसंगतियों को विश्वसनीय ढंग से उजागर करता था, बल्कि इसलिए भी वह इस मुद्दे पर शक की कोई जगह नहीं छोड़ता था कि उनकी हमदर्दी किस तरफ़ है। वह और कारणों से भी सार्थक है, और उन कारकों का ज़िक्र भी अभी बाद में करूँगा। प्रेमचन्द का साहित्य इसी सार्थकता के आधार पर अत्यन्त प्रासंगिक साहित्य है।

यह कहते हुए मैं यह भी कह सकता था कि प्रेमचन्द का साहित्य उस युग का अत्यन्त प्रासंगिक साहित्य है। पर जो कारण प्रेमचन्द के साहित्य को उस युग में प्रासंगिक बनाते थे, वही कारण उसे आज भी, और किसी भी ज़माने में प्रासंगिक बनाए रखेंगे। वे कारण क्या हैं?

यह समझने के लिए उनकी कहानी 'कफ़न' को ही ले लें। यहाँ महत्त्व सिर्फ़ इस यथार्थ चित्र का नहीं है कि नारी के बारे में अशिक्षित, सर्वहारा वर्ग की क्या दृष्टि है, या यह कि सामाजिक उत्पीड़न ने उन्हें कहाँ पहुँचा दिया है। महत्त्व इस भयंकर अनुभव का है कि ग़रीबी किस तरह इनसान की गरिमा को नष्ट करती है, किस तरह उसकी सम्भावनाओं को दफ़ना देती है, उसे बृहत्तर समाज से काटकर अपनी ही बनाई हुई गुफा में रहने को किस तरह मजबूर करती है, किस तरह वह आदमी को ग़ैर-आदमी बनाती है, उसे 'डियूमैनाइज' करती है! सामाजिक विसंगतियों से पैदा हुई इस ग़रीबी का, जिसे एक व्यवस्थित समाज ख़त्म भी कर सकता है, भयावह आतंक 'कफ़न' पैदा करता है। यह रचना तब तक तो प्रासंगिक है ही, जब तक मानव-समाज में ग़रीबी है, उसके बाद भी है ताकि इसमें वर्णित स्थितियाँ समाज को फिर से आतंकित करने के लिए वापस न आएँ।

इसीलिए मैं ऐसी रचनाओं को बराबर सार्थक मानूँगा। प्रासंगिक भी, पर सार्थक कह चुकने के बाद प्रासंगिक शब्द का इस्तेमाल करते हुए कुछ झिझक महसूस होती है।

दरअसल, जैसा कि निर्मल वर्मा ने एक जगह कहा है, प्रासंगिक शब्द से ही समय की बू आती है। लगता है कि कोई चीज़ किसी ख़ास समय के प्रसंग में आँकी जा रही है। इसीलिए मैं सार्थक कहना ज़्यादा वाजिब समझता हूँ। प्रासंगिक के साथ जो एक ख़ास वक़्त से बँधने का भ्रम होता है, उसके डर से इस शब्द को यहाँ छोड़ा भी जा सकता है।

पर यह न भूलना चाहिए कि कला और साहित्य की कृतियाँ काल के ही हवाले से प्रासंगिक नहीं बनतीं; और ज़्यादा सही यही है कि जिसे हम प्रासंगिक साहित्य कहते हैं, वह हमारे लिए उन मूल्यों के स्तर पर प्रासंगिक बनता है जो हमारी उपलब्धियों, आकांक्षाओं, सही ज़िन्दगी के बारे में हमारी कल्पनाओं, हमारे सपनों और स्वप्न-भंग की स्थितियों की उपज होते हैं। अनुभवों को रूपायित करनेवाली या उन्हें उत्तेजित करनेवाली कृतियाँ तब तक प्रासंगिक हैं जब तक हमारे पास निजी तौर से या समाज तौर से वे अनुभव हैं, या उन अनुभवों की प्रासंगिकता है। इसीलिए हमारे लिए कालिदास, तुलसीदास और सूरदास प्रासंगिक हैं। भूगोल का बन्धन न मानें तो शेक्सपियर, टॉलस्टॉय, दोस्तोयेव्स्की भी प्रासंगिक हैं।

शुरू में मैंने मध्यकालीन और आधुनिक कविताओं की प्रवृत्तियों का हवाला देकर सवाल उठाया था कि क्या ये सभी तरह की कविताएँ, सभी तरह का साहित्य समाज का दर्पण है। अब इसके जवाब की भी कोशिश की जाए। मेरी राय में जहाँ तक एक ऐतिहासिक क्षण में समाज की स्थिति को पकड़ने की बात है, सारा साहित्य समाज का दर्पण है। पर इसी से सारे साहित्य को हम प्रासंगिक नहीं कर सकते। मैंने प्रासंगिकता की एक कसौटी साहित्य की सार्थकता में पाई है। दूसरे, साहित्य की उस मूल्यवत्ता में, जिसका हमारे अनुभवों से, हमारी आज की संवेदनाओं से सीधा सरोकार है। इस हिसाब से साहित्य का बहुत-सा हिस्सा समाज का दर्पण होकर भी प्रासंगिक के दायरे से ख़ारिज हो जाता है, वैसे ही जैसे फ़िल्मों की शूटिंग में बहुत-से रशेज, फुटेज का बहुत-सा हिस्सा अप्रासंगिक या निरर्थक हो जाता है।

प्रासंगिकता के सवाल पर विचार करते समय हमें हमेशा याद रखना चाहिए कि साहित्य सिर्फ़ आज के विशेष मतवादों को प्रचारित करने का या विशेष

परिस्थितियों का ब्योरा पेश करके उन पर फ़ैसला सुनाने का मंच नहीं है; उसकी विराट सम्भावनाएँ हैं। उसमें इतनी शक्ति, सामर्थ्य और आत्मीयता भी हो सकती है जो किसी भी समय और स्थान को नीचे छोड़कर हमारी ज़िन्दगी के दुख-सुख का अंग बन सकती है। और उसकी यही विशेषता उसे आदर्श कला के रूप में प्रतिष्ठित करती है। उलटकर कहा जाए तो जिस साहित्य की प्रासंगिकता अबाध रूप से महसूस होती हो, वही कला और साहित्य के आदर्शों को पूरा करता है और वही उपादेयता की कसौटी पर भी खरा उतरता है। पर सभी तरह के साहित्यकारों की ख़ुशनसीबी है कि प्रासंगिक हो या अप्रासंगिक, किसी भी तरह के साहित्य को सराहनेवाले कहीं-न-कहीं निकल आते हैं। मुसीबत है, तो सिर्फ़ संवेदनशील साहित्यकार की है। बकौल रघुवीर सहाय—

कितना अच्छा था छायावादी
एक दुख लेकर वह एक गान देता था,
कितना कुशल था प्रगतिवादी
हर दुख का कारण वह पहचान लेता था
कितना महान था गीतकार
जो दुख के मारे अपनी जान लेता था।
कितना अकेला हूँ मैं इस समाज में
जहाँ सदा मरता है एक और मतदाता।

[आकाशवाणी, लखनऊ, 1984]

साहित्य के लिए मेरी कसौटी

जब कोई साहित्य की परख के लिए कसौटी की बात उठाता है तो यह मानकर चलता है कि साहित्य को खरे सोने जैसा होना चाहिए। पर साहित्य में खरे सोने की तलाश करते हुए भी मैं हमेशा अपने को दो बातों की याद दिलाता रहता हूँ : एक यह कि ज़िन्दगी में खरा होना ही सब कुछ नहीं है; कभी लोहे की भी ज़रूरत होती है, और कभी-कभी मिट्टी की भी। और दूसरी बात इस मशहूर कहावत में पहले ही कही जा चुकी है कि हर चमकनेवाली चीज़ हमेशा सोना नहीं होती।

उपमा, रूपकों और कहावतों के जाल से निकलकर मैं शुरू ही में बता दूँ कि मैं साहित्य से हमेशा कोई बहुत बड़ी उम्मीद या असाधारण अपेक्षा नहीं करता, ठीक उसी तरह जैसे ज़िन्दगी की असाधारण सम्भावनाओं को समझते हुए भी मैं सीधी-सादी साधारण ज़िन्दगी की क़द्र करता हूँ। साहित्य की कोई भी कृति मेरे लिए ऐसी चुनौती नहीं है जो या तो मुझे झकझोर दे या मैं ख़ुद जिसे अपनी आलोचनात्मक बुद्धि से झकझोर दूँ, ठीक वैसे ही जैसे हर एक मोड़ पर मिलनेवाला इनसान मेरे लिए कोई ऐसा प्रतिद्वन्द्वी नहीं है जिससे या तो मैं लाज़िमी तौर पर परास्त हो जाऊँ या ख़ुद उसे परास्त कर दूँ। जब तक वह ख़ुद अपने को दुश्मन न घोषित कर दे, हर इनसान किसी-न-किसी बिन्दु पर मेरा साथी है; वैसे ही जब तक कोई साहित्यिक कृति ख़ुद अपनी असाहित्यिक विकृति के सहारे मुझे विमुख न कर दे, वह कहीं-न-कहीं मेरी आत्मीय स्वीकृति का अंग है।

अब तक मैं साहित्य और ज़िन्दगी की समान स्थितियों का काफ़ी उल्लेख कर चुका हूँ और इसका एक कारण है। वह यह कि साहित्य मेरे लिए ज़िन्दगी का एक अनिवार्य अंग है, ठीक उसी तरह जैसे ज़िन्दगी मेरे लिए साहित्य का

एक अनिवार्य अंग है, और यहीं अच्छे साहित्य की परख के विषय में मेरी एक मान्यता परिभाषित हो जाती है।

तरह-तरह के लोगों से मिलते हुए मैं बहुतों को बर्दाश्त भले ही कर लूँ पर वास्तविक ख़ुशी उन्हीं से मिलकर होती है जो मेरे अनुभव-संसार को विस्तार देते हों, मेरी संवेदना की जमी परतों को खोलकर उसकी गहराइयों में उतरने के लिए मुझे प्रेरित करते हों। यही बात मैं साहित्य पर भी लागू करता हूँ। अगर कोई साहित्य मेरे अनुभवों में कोई नया आयाम नहीं जोड़ता, परिचित स्थितियों के बीच मेरी मानसिक उदासीनता को तोड़कर संवेदना की नई गहराइयों में जाकर मुझे नहीं छोड़ता तो मैं उसे बर्दाश्त-भर कर सकता हूँ, उससे आगे मेरे लिए वह कुछ नहीं है।

साहित्य को इस निगाह से देखने का एक अर्थ यह भी होता है कि मेरे लिए साहित्य का रोचक या सरस होना ज़रूरी नहीं है। हो सकता है कि मेरी यह बात बहुतों को अटपटी जान पड़े, क्योंकि मेरे बहुत से पाठक स्वयं मेरे साहित्य को उसकी रोचकता ही के लिए पढ़ते हैं। रोचकता और सरसता, एक तो पढ़नेवाले की रुचि और उसकी रस-सम्बन्धी अवधारणा का ही विस्तार है, दूसरे उत्कृष्ट साहित्य हमेशा रोचक हो, यह लाज़िमी नहीं है। गौतम बुद्ध और महात्मा गांधी का सम्पर्क, हो सकता है, किसी को किसी दिलकश अभिनेत्री या फ़िल्मी कामेडियन की सोहबत की भाँति रोचक न लगे, तब भी मानवजाति की प्रगति में ये दोनों ज़िन्दगी के जिन मूल्यों को इंगित करते हैं, उसे शायद समझाना ज़रूरी नहीं है।

तभी जिसे उत्कृष्ट साहित्य समझा गया है, उसका एक बहुत बड़ा हिस्सा आज की रुचि के अनुसार उबाऊ, यानी 'डल' और 'बोरिंग' है। फोरसाइथ और मारियो प्यूजो के सनसनीख़ेज़ उपन्यासों को पढ़नेवाले टॉलस्टॉय, दोस्तोयेव्स्की या टामस मान को बोरिंग या उबाऊ समझ सकते हैं। जिसे पुराना क्लासिकी साहित्य कहते हैं, उसे शुद्ध आनन्द के लिए पढ़ना अब अनेक शुद्ध साहित्यप्रेमियों के लिए भी भारी पड़ता है। एडवर्ड एल्बी और जॉन आस्बर्न की 'काँय काँय काँय' शैलीवाले नाटकों के आगे शेक्सपियर को साहित्यिक आनन्द के निमित्त पढ़नेवालों की कमी हो सकती है। कालिदास के 'अभिज्ञान शाकुन्तलम्' को न पढ़कर बहुत से लोग 'आषाढ़ का एक दिन' पढ़ना ज़्यादा रुचिकर समझ सकते हैं, पर इससे समय-समय पर बदलनेवाली लोक-रुचि का भले ही आभास हो जाए, क्लासिकी साहित्य ने मानवीय अनुभवों और उसकी संवेदनाओं को

जिस सीमा तक, और जिस स्तर पर सम्पन्न किया है, उसे आसानी से नहीं भूला जा सकता।

उबाऊ साहित्य, और उसी के साथ, ज़िन्दगी में भी ऊब या बोरडम के मामले में मैं बर्ट्रेंड रसेल की शागिर्दी करना चाहूँगा। अपनी प्रसिद्ध पुस्तक 'द कान्क्वेस्ट ऑफ़ हैपीनेस' में उन्होंने समझाया है कि ज़िन्दगी में बोरडम या ऊब से घबराना या कतराना नहीं चाहिए, क्योंकि ऊब भी एक भरी-पूरी ज़िन्दगी का अनिवार्य अंग है और उसे सहज भाव से ग्रहण करना चाहिए। साहित्य का उदाहरण देते हुए उन्होंने उत्कृष्ट कोटि के क्लासिकी ग्रन्थों का हवाला दिया है जो कई अंशों में प्रचलित लोक-रुचि में उबाऊ होते हुए भी असामान्य साहित्यिक अनुभव सृजित करने की सामर्थ्य रखते हैं। इसलिए समझ की बात यही होगी कि हम घटिया साहित्य से कभी-कभी मन-बहलाव करते हुए भी, और उसे साहित्यिक दुनिया की अनिवार्य संक्रामक स्थिति मानते हुए भी, उत्कृष्ट साहित्य के बारे में अपनी धारणा बिगड़ने न दें। यानी, किसी फ़िल्मी तारिका के अभिनय की प्रशंसा करने के कारण ही यह ज़रूरी नहीं कि हम अपनी पत्नी के प्रति अपने प्रेम और आदर में कमी कर दें।

घटिया साहित्य का ज़िक्र करते हुए हमें यह भी न भूलना चाहिए कि आज प्रिंटिंग, प्रकाशन, पुस्तक-व्यवसाय, साहित्य, शिक्षा—उसके पूर्णकालिक शिक्षक और पूर्णकालिक छात्र—इन सबने मिलकर साहित्य लिखने और लिखाने तथा साहित्य पढ़ने और पढ़ाने को हमारी सभ्यता का एक अनिवार्य अंग बना दिया है। इसलिए साहित्य की उपज भी व्यापक और व्यावसायिक स्तर पर हो रही है। ऐसी स्थिति में घटिया साहित्य की इफरात भी एक अनिवार्यता है। पर इसका अर्थ यह नहीं कि घटिया साहित्य का उत्पादन प्रेस की ईजाद के बाद की ही घटना है, घटिया प्रतिभाएँ हमेशा से घटिया साहित्य निकालती आई हैं, सिर्फ़ आज उसके विस्तार और प्रसार की सुविधाएँ और सम्भावनाएँ ज़्यादा हो गई हैं। इसलिए साहित्य के पाठकों को सावधान करने के लिए अन्त में एक और बात कहना ज़रूरी समझता हूँ।

घटिया साहित्य दो क़िस्म का होता है। एक तो घटिया क़िस्म का घटिया साहित्य। उसके बारे में लगभग सभी लोग जानते हैं। दूसरा होता है बढ़िया क़िस्म का घटिया साहित्य। उसके बारे में पाठक को बराबर चौकन्ना रहना चाहिए। इस कोटि का साहित्य पता नहीं कि कब बढ़िया बनकर पाठक की रुचि को बिगाड़ दे और उसे स्वाभाविक रूप से उत्तम साहित्य में रुचि लेने से रोक दे।

बढ़िया क़िस्म का घटिया साहित्य वह है जो हमें अनुभव की गहराइयों में जाने से रोकता है, हमारे चिरपरिचित अनुभूति-जगत में ही ऊपर की सतह खुरचकर हरी-भरी फ़सलें उगाने की कोशिश करता है, हमारी उदात्त संवेदनाओं को पनपने का मौक़ा नहीं देता, बहुचर्चित आदर्शों को स्वत:सिद्ध और स्थायी मानवीय मूल्य बनाकर प्रतिष्ठित करना चाहता है और यथार्थ के विभिन्न आयामों को न उघाड़कर यथार्थ की साहित्य में जो पिटी हुई रूढ़ियाँ बन रही हैं, उन्हीं को हम पर आरोपित करता है। यह साहित्य हमारे सतही अनुभवों को बार-बार दुहराकर हमारी भावुकता का फ़ायदा उठाता है और हमारे भावनात्मक व्यक्तित्व को एक इंच भी ऊपर नहीं खिसकने देता। इस सारे घटियापन के बावजूद इसमें भाषा और शिल्प के बढ़िया तत्त्व होते हैं। हो सकता है कि इसकी भाषा नाटकीय रूप से आकर्षक हो और तथाकथित मापदंडों से अत्यन्त साहित्यिक हो, सृजनात्मक न होते हुए भी वह प्रांजल और छद्म रूप से काव्यमय हो, ऐसा साहित्य शिल्प की दृष्टि से भी सम्पन्न और प्रत्यक्षत: प्रभावशील हो सकता है और अपने पूरे तामझाम के साथ ऊपर से ऐसा दीख सकता है जैसा कि उसका समानान्तर असली साहित्य। पर ऐसा साहित्य हमारे अनुभव-संसार में कुछ जोड़ नहीं सकता, वह सिर्फ़ हमें कुछ देर के लिए उत्तेजित कर सकता है। बढ़िया क़िस्म के घटिया साहित्य का एक अच्छा नमूना, बकौल जार्ज आर्वेल, रुडयार्ड किप्लिंग की कविताएँ हैं और हिन्दी में बकौल मेरे, रीतिकालीन काव्य का लगभग दो-तिहाई हिस्सा है। आधुनिक हिन्दी साहित्य में भी कथा-साहित्य और कविताओं का एक बड़ा भारी हिस्सा ऐसा मिलेगा जो अत्यन्त शुद्ध किन्तु निष्प्राण भाषा में बड़े सजग शिल्प के साथ लिखा जा रहा है। पर वह भाषा और शिल्प की पातगोभी-भर है। ऐसे साहित्य को सौम्यता से बर्दाश्त करना तो ठीक है, पर उसका चस्का नहीं लगना चाहिए।

जो साहित्य का आनन्द लेना चाहते हैं उन्हें मेरी साहित्यिक कसौटी स्वीकार हो या नहीं, पर उनके लिए अच्छे और बुरे में भेद किए बिना साहित्य पढ़ना उत्कृष्ट कोटि के साहित्यिक अनुभवों से अपने को वंचित कर देना है। व्यक्तिगत रूप से रोचक और बढ़िया कोटि के घटिया साहित्य का सामना होते ही मैं 'रामचरितमानस' या वाल्मीकीय 'रामायण' जैसे पुराने उबाऊ साहित्य की ओर पलायन करने को ज़्यादा सुखद और सुरक्षित समझता हूँ।

[आकाशवाणी, लखनऊ, 1983]

साहित्य के नये आयाम : उपन्यास के क्षेत्र में

जब उपन्यास की बात हो रही हो तो हमें यह नहीं भूलना चाहिए कि हिन्दी साहित्य के विभिन्न रूपों में उपन्यास सबसे नया है। शायद यह बात हिन्दी ही नहीं, सभी भारतीय भाषाओं पर लागू है। प्राचीन साहित्य मुख्यत: काव्य और नाटक में सम्पन्न रहा है। वही धरोहर वर्तमान साहित्यों को भी मिली है, पर हिन्दी में उपन्यास की विधा हमने प्राचीन साहित्यों से धरोहर के रूप में नहीं प्राप्त की है। शायद इससे बहुत से लोग असहमत नहीं होंगे कि विधा के रूप में हमारा उपन्यास पश्चिमी साहित्यों के प्रभाव की देन है। आज जिस व्यापक अर्थ में हम उपन्यास को ले रहे हैं, उसका बाणभट्ट की 'कादम्बरी' से कोई नज़दीकी रिश्ता नहीं है। 'कादम्बरी' का कथा-तत्त्व आज के भी अर्थ में उपन्यास के निकट तो है, पर 'कादम्बरी' मुख्यत: गद्यकाव्य है। यह गद्य के माध्यम से कविता की अनन्त सम्भावनाओं को व्यक्त करने का प्रयास है। आज, उपन्यास की बात करते समय, यह ज़्यादा सार्थक होगा कि हम उपन्यास को उस विशिष्ट कथा-माध्यम के रूप में पहचानकर चलें जो हमारे समस्त सामाजिक, राजनीतिक, मनोवैज्ञानिक और दूसरे प्रकार के अनुभवों का साक्षात्कार कराता है।

उपन्यास का विषय बड़ा व्यापक है। पर आज की बात हम यहीं तक सीमित रखेंगे कि उपन्यास के क्षेत्र में—और जब हम उपन्यास की बात कर रहे हैं तो हमारा इशारा हिन्दी उपन्यास की ओर है—साहित्य के कौन से नये आयाम विकसित हो रहे हैं। यह 'आयाम' शब्द भी हिन्दी आलोचना की भाषा में नया-ही-नया आया है और यहाँ में इसका अपनी ओर से एक विशिष्ट अर्थ में प्रयोग कर रहा हूँ। हमारे बहुत से अनुभव, चाहे वे ज़िन्दगी के यथार्थ से निकले हों या संस्कृति और कला के साथ हमारे अन्तस्सम्बन्धों से, कविता,

नाटक, कहानी, उपन्यास में प्रतिफलित होकर धीरे-धीरे परम्परा और रूढ़ि के शिकार हो जाते हैं। ऐसा हो जाने पर वे अनुभव जो कभी साहित्य की मूलभूत प्रेरणा थे या स्वयं साहित्य को हमारे लिए एक जीवन्त प्रेरणा बनाते थे, बेजान हो जाते हैं। तब ज़रूरत महसूस होती है नये-नये अनुभवों को, नई परिस्थितियों के भीतर उभरती हुई संवेदनाओं को साहित्य के विभिन्न स्वरूपों में प्रतिफलित करने की। यह प्रतिफलन कथ्य के भी स्तर पर होता है और शिल्प के स्तर पर भी। दरअसल, एक समर्थ कृतिकार के हाथों में कथ्य और शिल्प की भिन्नता ख़त्म हो जाती है और दोनों एक-दूसरे के अन्तरंग बन जाते हैं। शिल्प और कथ्य के अभिन्न स्तर पर जो आज की ज़िन्दगी से जुड़े हुए गहरे अनुभव साहित्य में प्रतिफलित हो रहे हैं, और उन अनुभवों को अलग-अलग ढंग से, तथा गहराई से व्यक्त करने की जो सम्भावनाएँ हैं, उन्हीं को मैं साहित्य के नये आयाम के रूप में ग्रहण कर रहा हूँ। अब देखना यह है कि हिन्दी उपन्यास किस सीमा तक मौजूदा ज़िन्दगी के इन अनुभवों को और उसकी कशमकश को पकड़ पा रहा है, और पकड़ में कितनी गहराई है और कितनी विश्वसनीयता है।

शुरू ही में मैंने ज़िक्र किया है कि उपन्यास साहित्य की अपेक्षाकृत नई विधा है। ऐतिहासिक दृष्टि से हिन्दी उपन्यास का आरम्भ वैसे तो उन्नीसवीं शताब्दी माना जाता है पर उपन्यास के आधुनिक स्वरूप की प्रतिष्ठा वास्तव में प्रेमचन्द से होती है। इस प्रकार एक समर्थ विधा के रूप में हिन्दी उपन्यास का आरम्भ हम इस शताब्दी के दूसरे या तीसरे दशक से मान सकते हैं। पर सबसे ज़्यादा महत्त्व की बात यह है कि हिन्दी के लिए अपेक्षाकृत नई विधा होते हुए भी शुरू से ही हमारे उपन्यासों में चिन्ता का मुख्य विषय भारतीय जीवन की यथार्थ परिस्थितियाँ और संघर्ष रहा है और इस प्रकार हमारा उपन्यास दूसरी विधाओं की अपेक्षा बड़ा ही यथार्थपूरक और प्रासंगिक है। इसे हम हिन्दी उपन्यास की मूल परम्परा मान सकते हैं। 'सेवासदन' से लेकर 'गोदान' और 'गबन' तक में प्रेमचन्द ने ज़िन्दगी की विसंगतियों, यंत्रणाओं और उन पर विजय पाने की अदम्य मानवीय इच्छा का जो वर्णन किया है, वह भारतीय साहित्य की एक ऐतिहासिक घटना है। पर इसके पहले भी हिन्दी के लगभग सभी महत्त्वपूर्ण उपन्यास ज़िन्दगी के इसी स्तर को मज़बूती से पकड़कर चले थे। चाहे वह हरिऔध का 'ठेठ हिन्दी का ठाठ' हो या मन्नन द्विवेदी गजपुरी का 'रामलाल, प्रत्यक्ष या अप्रत्यक्ष रूप से उनमें हमें भारतीय जीवन की विसंगतियों

और कठिनाइयों का साक्षात्कार होता है। प्रेमचन्द के ही समय में एक दूसरे समर्थ उपन्यासकार के रूप में प्रतिष्ठित हो जानेवाले वृन्दावनलाल वर्मा को भले ही ऐतिहासिक उपन्यासकार माना जाए पर 'गढ़कुंडार', 'कुंड चक्र', 'संगम', 'लगन', 'प्रेम की भेंट' इत्यादि उपन्यासों में जिस बड़े फ़लक पर जनजीवन की परिस्थितियों और समस्याओं का चित्रण मिलता है वह हिन्दी उपन्यास के उस मूल स्वर के अनुरूप है जिसका ज़िक्र मैं अभी कर चुका हूँ। वास्तव में प्रेमचन्द के साथ ही हिन्दी उपन्यास क़िस्सागोई का सतहीपन छोड़कर ज़िन्दगी का सशक्त कलात्मक दस्तावेज़ बन जाता है। यही कारण है कि हिन्दी में चटपटे ढंग से लिखे गए और केवल घटनाचक्र पर आधारित उपन्यासों के जो चार-छह लेखक या लेखिकाएँ हैं, उनके उपन्यासों को, उनकी लोकप्रियता के बावजूद, साहित्य-क्षेत्र में गम्भीरता से नहीं लिया गया है। हिन्दी उपन्यास से शुरू से ही अपेक्षा की गई है कि वह आधुनिक जीवन की जटिलताओं से जुड़कर हमें उनके प्रति चिन्तित होने के लिए प्रेरित करे। इस दृष्टि से, नये आयामों की बात करते समय, हम हिन्दी उपन्यास को बड़ी ही आशाजनक स्थिति में पाते हैं।

सबसे ज़्यादा उल्लेखनीय बात यह है कि आज का हिन्दी उपन्यास बड़ा ही विविधतापूर्ण हो रहा है और बड़े व्यापक स्तर पर आधुनिक जीवन को छू रहा है। इस प्रक्रिया में उपन्यासों का जो परम्परागत वर्गीकरण सामाजिक, राजनीतिक, ऐतिहासिक, मनोवैज्ञानिक आदि खंडों में हो रहा था, वह महत्त्वहीन हो चला है और उपन्यास एक वृहत्तर स्तर पर संश्लिष्ट कृति के रूप में प्रकट हो रहा है। यशपाल के 'झूठा सच' को क्या कहेंगे? यह केवल एक ऐतिहासिक घटना का दस्तावेज़ नहीं है, यह भारतीय जीवन की एक दुरन्त संक्रान्ति का महाकाव्य है जिसकी प्रासंगिकता केवल इतिहास के रूप में नहीं है। उसी प्रकार जगदम्बाप्रसाद दीक्षित का 'मुर्दाघर' सामाजिक कुव्यवस्था में शरीर का व्यवसाय करनेवाली नारियों की कथा-भर नहीं है, वह आधुनिक समाज की विडम्बना पर लगाया गया ऐसा प्रश्नचिह्न है जो साहित्य और जीवन—दोनों ही स्तरों पर समाधान की अपेक्षा रखता है। समस्याओं और जटिलताओं से जूझने का यह आग्रह मन्नू भंडारी के 'महाभोज' या ममता कालिया के 'बेघर' में भी है, भले ही उनकी विषयवस्तु बिलकुल अलग-अलग हो और दोनों के शिल्प में भारी अन्तर है। नागार्जुन का 'बलचनमा', रेणु का 'मैला आँचल', राही मासूम रज़ा का 'आधा गाँव', शिवप्रसाद सिंह का 'अलग-अलग वैतरणी' और स्वयं मेरा

उपन्यास 'राग दरबारी'—ये केवल ग्राम जीवन की कथाएँ या चित्रण नहीं हैं। ये पूरे भारतीय जीवन की विसंगति, विवशता और उसकी समस्याओं के साथ पाठक को अन्तर्ग्रस्त करते हैं, और, विषयवस्तु की दृष्टि से अज्ञेय या निर्मल वर्मा के उपन्यास भले ही हमारी रोज़मर्रा ज़िन्दगी के स्थूल अनुभवों के साथ न चल रहे हों, फिर भी उनका रचना-संसार हिन्दी उपन्यास को प्रौढ़ता देता है, विधा के रूप में उसे परिपुष्ट करता है।

उपन्यास में विकसित होते हुए आयामों का अनुभव करना हो तो हमें कुछ नये-पुराने उपन्यासों को फिर से पढ़ना होगा। अमृतलाल नागर का 'शतरंज के मोहरे', सर्वेश्वरदयाल सक्सेना का 'पागल कुत्तों का मसीहा', शानी का 'काला जल', बदीउज्जमा का 'एक कुत्ते की मौत', मुद्राराक्षस का 'शान्तिभंग', विनोद कुमार शुक्ल का 'नौकर की क़मीज़', रवीन्द्र कालिया का 'ख़ुदा सही-सलामत है' इत्यादि दर्जनों ऐसे उपन्यास हैं, और उन सबका ज़िक्र यहाँ सम्भव नहीं है, जो हिन्दी उपन्यास को अनुभव की गहराई और ज़िन्दगी की विविधता से एक साथ जोड़ते हैं। और, आख़िर में, मनोहर श्याम जोशी के उपन्यासों का, और विशेष रूप से 'कसप' का भी ज़िक्र करना लाज़िमी है। शिल्प की दृष्टि से 'कसप' कथा की वाचिक परम्परा को नये सिरे से तो स्थापित करता ही है, उसी के साथ कुमायूँ के सुदूर गाँवों से लेकर बम्बई और अमेरिका तक फैली हुई ज़िन्दगी के तीखे अन्तस्सम्बन्धों को उभारकर यह उपन्यास कुछ और भी साबित करता है। वह बात यह है कि पश्चिम में प्रचार और मनोरंजन के अनेक माध्यमों के विकास के साथ उपन्यास की प्रासंगिकता पर भले ही सवाल उठाए जा रहे हों, हिन्दी में उपन्यास की सम्भावनाओं का गहराई से अन्वेषण और उपयोग करने का युग अब अपने उत्थान पर है।

[आकाशवाणी, लखनऊ, 1984]

अन्तरराष्ट्रीय सन्दर्भ और हिन्दी

अन्तरराष्ट्रीय सन्दर्भ में हिन्दी की हैसियत पर कुछ सोचने के पहले राष्ट्रीय सन्दर्भ में हिन्दी की हैसियत परखना उपयोगी होगा। अंग्रेज़ी राज में, बावजूद इसके कि हिन्दी हिन्दुस्तान की सबसे ज़्यादा प्रचलित भाषा थी, इसे हिन्दी-भाषी प्रान्तों तक में आसानी से राजभाषा नहीं माना गया और उसे ऐसी मान्यता दिलाने के लिए आन्दोलन करने पड़े। इसके पीछे तत्कालीन राजनीति थी। पर सामाजिक और राजनीतिक क्षेत्र में सभी दूरदर्शी लोग जानते थे कि जनसाधारण तक अपनी बात पहुँचाने के लिए हमें बराबर हिन्दी का सहारा लेना होगा। इसीलिए, जहाँ पहले मिशनरियों से लेकर स्वामी दयानन्द तक ने हिन्दी को अपने विचारों के प्रचारार्थ माध्यम रूप में प्रोत्साहित किया, वहीं राष्ट्रीय आन्दोलन में अखिल भारतीय स्तर पर हिन्दी को राष्ट्रभाषा का दर्जा दिया गया और महात्मा गांधी ने उसके प्रचार को राष्ट्रीय आन्दोलन के एक अंग के रूप में बढ़ावा दिया। हिन्दी के प्रचलित स्वरूप को लेकर कुछ बहसें ज़रूर हुईं, पर राष्ट्रीय स्तर पर उसकी भूमिका के बारे में कोई भ्रम नहीं था। हिन्दी के लिए, राष्ट्रभाषा का सम्बोधन तभी प्रचलित हुआ।

संविधान बन जाने के बाद किसी एक ख़ास भाषा के प्रसंग में, राष्ट्रभाषा जैसी कोई चीज़ नहीं रह गई। दरअसल, संविधान के आठवें शेड्यूल में जिन चौदह भाषाओं के नाम दिए गए हैं या साहित्य अकादमी आज जिन बाईस भाषाओं के साहित्य पर इनाम बाँटती है, वे सभी राष्ट्रभाषा कही जा सकती हैं। यह वह देश है जहाँ लगभग 367 जनपदीय बोलियाँ हैं और जहाँ 58 भाषाएँ स्कूलों में शिक्षा के माध्यम के रूप में स्वीकृत हैं। ये सभी राष्ट्रभाषा का दर्जा माँग सकती हैं।

इसके बावजूद दो ऐसी बातें हैं जो हिन्दी को एक विशिष्ट स्थान देती हैं। पहली तो यह कि इस देश के साठ प्रतिशत भू-भाग में हिन्दी बोली जाती है और देश की कुल आबादी के लगभग चालीस फीसदी लोग हिन्दी बोलते हैं।

सभी भारतीय भाषाओं में सबसे ज़्यादा व्यवहार में आनेवाली भाषा हिन्दी है। और दूसरी बात यह—जो कि पहली बात का ही परिणाम है—कि हिन्दी भारत सरकार की राजभाषा है। अंग्रेज़ी भी भारत की राजभाषा है पर संविधान की स्पष्ट आकांक्षा है कि कालान्तर में हिन्दी को केन्द्र की एकमात्र राजभाषा के रूप में ग्रहण किया जाए। अब, वे कौन से कारण हैं जिनसे यह संवैधानिक भावना पूरी नहीं हो पा रही है? इस पर कुछ कहना असंगत होगा, क्योंकि वह इस वार्ता की परिधि के बाहर की बात है।

इतना कह चुकने पर अन्तरराष्ट्रीय सन्दर्भ में हिन्दी की बात उठाना स्वाभाविक है। भारत संसार के सबसे बड़े जनतंत्रों में से है और हिन्दी उसकी स्वाभाविक सम्पर्क भाषा और उसके केन्द्रीय शासन की राजभाषा है। इसलिए, हिन्दी की साहित्यिक सम्पदा और भाषागत विशेषता के बारे में लोगों की अलग-अलग जो भी राय हो, अन्तरराष्ट्रीय जगत में हिन्दी को लाज़िमी तौर से महत्त्व मिलेगा ही। वैसे भी, संसार में जहाँ-जहाँ भारतीय मूल के लोग अच्छी संख्या में हैं, वहाँ-वहाँ हिन्दी अपने-आप कमोबेश ढंग से प्रतिष्ठित हो चुकी है। मॉरीशस, ट्रिनिडाड, सूरीनाम, फिजी, थाईलैंड, बर्मा, इंडोनेशिया, नेपाल, दक्षिणी अफ्रीका इत्यादि ऐसे ही देश हैं जहाँ, हिन्दी बोली और समझी जाती है। पाकिस्तान में तो यह व्यापक रूप से बोली और समझी जाती है, भले ही देवनागरी की जगह फ़ारसी लिपि का प्रयोग होने के कारण उसे उर्दू कहकर बोला व समझा जाता है। काफ़ी हद तक यही स्थिति बंगलादेश की भी है। इंग्लैंड में भारत, पाकिस्तान, ट्रिनिडाड, इत्यादि के मूल निवासियों की बड़ी संख्या होने के कारण बहुत से लोग हिन्दी से सुपरिचित हैं। कनाडा और संयुक्त राष्ट्र अमेरिका में भी हिन्दी पूर्णतः अपरिचित भाषा नहीं है।

संयुक्त राष्ट्र संघ में सम्पर्क के लिए पहले पाँच भाषाएँ स्वीकृत थीं, अंग्रेज़ी, फ्रेंच, रूसी, और चीनी। अब अरबी को भी एक कार्य-भाषा के रूप में स्वीकार किया जा चुका है। भारत के एक भूतपूर्व मंत्री ने संयुक्त राष्ट्र महासभा को एक बार हिन्दी में सम्बोधित किया। पर अभी संयुक्त राष्ट्र संघ की सम्पर्क भाषा के रूप में हिन्दी को ग्रहण नहीं किया गया है। इसके कुछ राजनीतिक कारण हैं और कुछ तकनीकी। पर इसके बावजूद हिन्दी का दर्जा अपने-आप में कमज़ोर नहीं हो जाता। हमें यह नहीं भूलना चाहिए कि जनसंख्या के आधार पर, प्राप्त आँकड़ों के अनुसार, संसार में सबसे अधिक बोली जानेवाली भाषाओं में जहाँ चीनी भाषा-भाषी और अंग्रेज़ी भाषा-भाषी पहले और दूसरे स्थान पर

हैं, हिन्दीभाषियों को तीसरा दर्जा मिला है। हिन्दी बोलने और समझनेवालों की संख्या को ही आधार माना जाए तो कॉमनवेल्थ के देशों में हिन्दी को पहला स्थान मिलेगा। अन्तरराष्ट्रीय स्तर पर हिन्दी को औपचारिक स्वीकृति न मिलने के जो भी कारण हैं, उनमें एक ऐसा भी कारण है जो राष्ट्रीय स्तर पर भी हिन्दी को सर्वसाधारण में सम्पर्क भाषा के रूप में प्रतिष्ठित करने में बाधक माना जाता है। ऐसा समझा जाता है कि पूरे भारत में एक प्रयोजनमूलक भाषा बनाने के लिए किसी भाषा को आर्थिक, वाणिज्य, व्यवसाय, लेन-देन, बैंकिंग, विज्ञान, तकनीकी इत्यादि क्षेत्रों में आधुनिक रूप से विकसित होना पड़ेगा और इसके शब्द-भंडार को सुगठित करना पड़ेगा। मेरी अल्पबुद्धि के अनुसार यह अवधारणा ही ग़लत है। ऐसा सम्भव नहीं कि पहले वाणिज्य, व्यवसाय, बैंकिंग, विज्ञान, तकनीकी इत्यादि क्षेत्रों में हिन्दी की एक स्वतंत्र शब्दावली विकसित की जाए और तब हिन्दी का प्रयोग शुरू हो। वाणिज्य, व्यवसाय, बैंकिंग, विज्ञान, तकनीकी इत्यादि क्षेत्रों में जो बहुत से विदेशी शब्द आज प्रचलित हैं, वे उन देशों के वैज्ञानिक विकास और वहाँ की कार्य-पद्धतियों के फलस्वरूप विकसित हैं। उसका सम्बन्ध भाषा से नहीं, तकनीकी ज्ञान से है।

अगर हम, उस तकनीकी और कार्य-पद्धति को ग्रहण करते हैं तो कोई कारण नहीं कि उन शब्दों को भी क्यों न ग्रहण किया जाए। भले ही उन शब्दों का प्रयोग हम अपने उच्चारण के अनुरूप करेंगे पर उन शब्दों को नज़रअन्दाज़ करके एक सर्वथा नई शब्दावली विकसित करने का प्रयास राष्ट्रीय और अन्तरराष्ट्रीय स्तर पर हिन्दी के जीवन्त प्रयोग में रुकावट डालेगी। होना यह चाहिए कि जो भी देशी-विदेशी शब्द-सम्पदा विभिन्न कार्यक्षेत्रों में हमें आज मिली हुई है, उसका प्रयोग करते हुए एक ओर हिन्दी का विस्तृत रूप से प्रयोग किया जाए और दूसरी ओर हिन्दी की प्रकृति के अनुरूप उन शब्दों को अपने साँचे में ढालने का काम भी चलता रहे।

भारत के पड़ोसी देशों में हिन्दी के लिए रुचि निरन्तर बढ़ रही है। नेपाल की राजभाषा नेपाली है जो हिन्दी के बहुत निकट है और नेपाल के अनेक पत्र-पत्रकार हिन्दी की सेवा कर रहे हैं। चीन के बीजिंग विश्वविद्यालय में हिन्दी-चीनी शब्दकोश, हिन्दी मुहावरा कोश बन चुके हैं और हिन्दी की कई आधुनिक कृतियों का वहाँ अनुवाद भी हो चुका है, जिनमें प्रेमचन्द और अमृतलाल नागर जैसे सुपरिचित और सुविख्यात लेखकों की कृतियाँ तो हैं ही, मेरा उपन्यास 'राग दरबारी' का अनुवाद भी शामिल है। इसी से प्रकट है कि हिन्दी के नवीनतम

साहित्य के प्रति वहाँ विद्वानों में कितनी उत्सुकता है। सही है कि आज भी संसार के बहुत से देशों में, जिनमें दक्षिणी अमेरिका तथा मध्य यूरोप के कई देश हैं, हिन्दी के प्रति जागरूकता नहीं है, फिर भी अन्तरराष्ट्रीय परिदृश्य को देखते हुए यह स्पष्ट है कि कुल मिलाकर हिन्दी के विषय में संसार के उन सभी देशों में जो आर्थिक, राजनीतिक और सांस्कृतिक रूप से महत्त्वपूर्ण माने जाते हैं, हिन्दी को लेकर जागरूकता अथवा उत्सुकता का अभाव है।

अन्तरराष्ट्रीय सन्दर्भ में हिन्दी को प्रतिष्ठित करने में विश्व हिन्दी सम्मेलनों की महत्त्वपूर्ण भूमिका रही है। पहले विश्व हिन्दी सम्मेलन में, जो कुछ समय पहले नागपुर में हुआ था, विभिन्न देशों के हिन्दी अध्येताओं और विद्वानों ने भाग लेकर इस सम्भावना को मज़बूत किया था कि विश्व हिन्दी सम्मेलन के मंच से हिन्दी को अन्तरराष्ट्रीय स्तर पर संगठित करने में बड़ी सहायता मिल सकती है। दूसरा सम्मेलन मॉरीशस में हुआ और तीसरा गत वर्ष दिल्ली में। उस समय पत्र-पत्रिकाओं में दिल्ली के सम्मेलन की व्यवस्थाओं के विषय में जो भी आलोचना छपी हो, इससे इनकार नहीं किया जा सकता कि अन्तरराष्ट्रीय स्तर पर हिन्दी के विद्वानों और अध्ययनकर्ताओं को एक स्थल पर लाने में इस सम्मेलन की महत्त्वपूर्ण भूमिका रही है और इससे कई मुद्दों पर खुलकर बात करने को मिली है, जो अन्तरराष्ट्रीय जगत में हिन्दी को प्रतिष्ठित करने पर प्रश्नचिह्न लगा रहे हैं। चौथा विश्व हिन्दी सम्मेलन लन्दन या अमेरिका में किए जाने की योजना है और निश्चय की यदि योरप के विभिन्न देशों के विद्वान मिलकर हिन्दी की समस्या पर विचार करते हैं तो उससे इसके समाधान ढूँढ़ने में बहुत सहायता मिलेगी। यहाँ मैंने हिन्दी की साहित्यिक समृद्धि, उसकी भाषा की सम्पन्नता, विभिन्न जनपदों की बोलियों से निरन्तर बढ़नेवाले हिन्दी के विराट शब्द-समुदाय, नागरी लिपि की वैज्ञानिकता इत्यादि पर जान-बूझकर कुछ नहीं कहा है, जबकि यह तय है कि यह तत्त्व भी अन्तरराष्ट्रीय स्तर पर हिन्दी को स्वीकृति दिलाने में भारी महत्त्व रखता है। इसका कारण यही है कि इन तत्त्वों से अलग जाकर मैं राष्ट्रीय और अन्तरराष्ट्रीय जगत में हिन्दी की सार्वजनिक स्वीकृति का सबसे पहला और आख़िरी आधार यही मानता हूँ कि सम्पर्क भाषा के रूप में यह अत्यन्त व्यापक और प्रचलित भाषा बन चुकी है और इस तथ्य को स्थापित करने के लिए हमें हिन्दी भाषा और साहित्य की आन्तरिक गरिमा से तर्क ढूँढ़ने की अब आवश्यकता नहीं रह गई है।

[आकाशवाणी, लखनऊ, 1988]

विधा और अभिव्यक्ति : उपन्यास

उपन्यास का, और ख़ास तौर से हिन्दी उपन्यास का, ज़िक्र आते ही हो सकता है हमारे बहुत से श्रोताओं की आँख के आगे फुटपाथ पर अख़बारों के साथ किताबें बिकती हुई, या रेलवे स्टेशनों के स्टाल पर फैली हुई वे रंग-बिरंगी किताबें आ गई हों जिनके मुखपृष्ठ पर किसी लुभावने चेहरे की तसवीर है और पीछे वासना के थपेड़े खाती हुई किसी युवती के दुखों का विज्ञापन। इससे इनकार नहीं किया जा सकता कि ये भी उपन्यास हैं, और यह भी सही है कि बाज़ार पर आजकल यही उपन्यास छाए हुए हैं। पर जब विधा के रूप में, यानी साहित्यिक अभिव्यक्ति का उसे एक स्वरूप मानकर मैं उपन्यास की बात उठा रहा हूँ तो थोड़ी देर के लिए बाज़ार में मौसमी फलों की तरह ढेर-के-ढेर बिकनेवाले इन उपन्यासों को आप कृपया भूल जाएँ—यह वैसा ही होगा जैसे कि जब चित्रकला की बात हो तो आप तम्बोली की दुकान पर टँगे हुए कैलेंडरों से बहस की शुरुआत न करेंगे, या कविता के स्वरूप पर अगर विचार-विमर्श हो रहा हो तो फ़िल्मी गीतों को—वे चाहे जितने लोकप्रिय क्यों न हो गए हों—कविता का मॉडल मानकर बात नहीं की जा सकती।

फिर भी, साहित्यिक विधा के रूप में उपन्यास की चर्चा शुरू करते समय मैंने फुटपाथों के इन रंगीन जेबी उपन्यासों का ज़िक्र जान-बूझकर एक हक़ीक़त बयान करने के लिए किया है। हक़ीक़त यह है कि भारतीय साहित्य में, और ख़ास तौर से हिन्दी साहित्य में उपन्यास पूर्णतया—आधुनिक, यानी एकदम नई विधा है और इसके बावजूद लोकप्रियता के पैमाने से उपन्यास ने नाटक और कविता जैसी प्राचीन और प्रतिष्ठित विधाओं को पछाड़ दिया है; और तभी यह स्थिति आ गई है कि नाटक और काव्य की पुस्तकें तो पुस्तक-विक्रेताओं की अलमारी में मुँह छिपाकर पड़ी रहती हैं और उपन्यास, भले ही वह अपने

विकृत और वाणिज्यिक यानी बाज़ारू रूप में हों, हर जगह मौसमी फलों की तरह बिक रहा है। उपन्यास की लोकप्रियता की परिस्थिति समझने के पहले, आइए, हम यह देख लें कि हमारे साहित्य में विधा के तौर पर उपन्यास कितना पुराना, यानी कितना नया है।

मैं अपनी बात हिन्दी साहित्य के प्रसंग में कर रहा हूँ। यह सही है कि शब्द की हैसियत से उपन्यास हमारे लिए नया नहीं है। इस शब्द का प्रयोग भरत तक ने अपने नाट्यशास्त्र में किया है; पर वहाँ उसका वह अर्थ नहीं है जो हम आज समझते हैं। वहाँ उसे नाट्यकर्म की एक शैली के रूप में प्रयुक्त किया गया है। पर अपने वर्तमान अर्थ में 'उपन्यास' शब्द का प्रयोग हमने उन्नीसवीं सदी से करना सीखा है और इस रूप में यह शब्द भरत के नाट्यशास्त्र से नहीं, बल्कि बांग्ला साहित्य से आया है।

विधा के रूप में उपन्यास का प्रयोग उन्नीसवीं सदी के अन्त से हिन्दी में शुरू हो गया था। साहित्य के इतिहासों में हम सभी ने पढ़ा होगा कि हिन्दी का पहला महत्त्वपूर्ण मौलिक उपन्यास 'परीक्षागुरु' 1882 में प्रकाशित हुआ और उसके पहले 1877 में श्रद्धाराम फुल्लौरी का 'भाग्यवती' नामक लघु उपन्यास निकला। पर ये बातें सिर्फ़ ऐतिहासिक रिकॉर्ड के लिए हैं। मेरी समझ में आधुनिक हिन्दी उपन्यास की शुरुआत बीसवीं सदी से ही मानी जानी चाहिए। और स्पष्ट कहा जाए तो मैं प्रेमचन्द के 'सेवासदन' को हिन्दी का पहला आधुनिक उपन्यास मानूँगा जो 1918 में प्रकाशित हुआ था। इस उपन्यास का प्रकाशन पहले के कथा-साहित्य से बिलकुल ही एक नये मोड़ का द्योतक है और न केवल प्रेमचन्द के साहित्यिक जीवन के लिए, बल्कि हिन्दी साहित्य के लिए भी एक महत्त्वपूर्ण घटना है। इस उपन्यास के पहले का बहुत सा हिन्दी कक्षा-साहित्य कौतूहल और चमत्कार पैदा करनेवाली घटनाओं से भरा है। देवकीनन्दन खत्री के प्रसिद्ध उपन्यास 'चन्द्रकान्ता' और इस कोटि की दूसरी कृतियों को, या किशोरीलाल गोस्वामी के घटना-बहुल रहस्यशील उपन्यासों को इसके पहले काफ़ी लोकप्रियता मिल चुकी थी। रहस्य-रोमांच के इन अनगढ़ क़िस्सों के अलावा हिन्दी में कुछ ऐसे भी उपन्यास थे जो आदर्श गुणों को स्थापित करने के लिए लिखे गए थे या जिनका स्पष्ट उद्देश्य समाज-सुधार के लिए काल्पनिक घटनाओं को दृष्टान्त के तौर पर प्रस्तुत करना था। पर 'सेवासदन' पहला प्रयास था जिसमें ढाँचे, यानी फ़ार्म के रूप में उपन्यास को हिन्दी में प्रौढ़ता मिली और उसी के साथ प्रेमचन्द ने उपन्यास को रहस्य-

रोमांच, कुतूहल आदि की प्रवृत्तियों को गुदगुदाने का साधन न बनाकर उसका जीवन से सीधा सम्पर्क कराया। उपन्यास द्वारा ज़िन्दगी के गहरे अनुभवों, उसकी संवेदनाओं को व्यक्त करने का यह पहला गम्भीर प्रयास हिन्दी में हुआ था और यहीं से विधा के रूप में हिन्दी उपन्यास की सम्भावनाओं की खोज शुरू होती है।

इस तरह हिन्दी उपन्यास का इतिहास मुश्किल से साठ-सत्तर साल पुराना है। इतिहासकारों की शुद्ध तथ्यपरक दृष्टि से देखा जाए—यानी श्रद्धाराम फुल्लौरी के 'भाग्यवती' के प्रकाशन-वर्ष 1877 को अगर याद किया जाए तो हम चालीस साल और पीछे जा सकते हैं; और इस दृष्टि से, अगर दर्जनों साहित्यिक शताब्दियों और चतु:शतियों या पंचशतियों से आपका जी न भरा हो, तो हम यह भी कह सकते हैं कि 1977 का यह वर्ष मौलिक हिन्दी उपन्यासों का शताब्दी-वर्ष है। पर साहित्यिक यात्रा की दृष्टि से हमें यह मानने में हिचक न होनी चाहिए कि हिन्दी उपन्यास की उम्र अभी बहुत कम है और विक्टर ह्यूगो दोस्तोयेव्स्की, टॉलस्टॉय, स्टेंढल, बाल्ज़ाक, डिकेंस, हर्मन मेल्विले या प्रूस्त का नाम लेकर हम भले ही औपन्यासिक उपलब्धि के मामले में हीन भावना से पीड़ित दिखाई दें, हमें वास्तव में गर्व होना चाहिए कि केवल साठ वर्षों में हिन्दी उपन्यास जीवन की अभिव्यक्ति का सबसे सशक्त माध्यम बन गया है। कौन सोच सकता था कि जिस साहित्य में किशोरीलाल गोस्वामी 1918 में 'अँगूठी का नमूना' लिख रहे थे, उसी में केवल बीस वर्ष बाद सियारामशरण गुप्त 'नारी' नामक अपना अत्यन्त संवेदनशील उपन्यास लिखेंगे और उसी के बीस-बाईस वर्ष बाद यशपाल का एपिक उपन्यास 'झूठा-सच' प्रकाशित होगा? 1916 में जिस साहित्य में राजा राधिकारमण प्रसाद सिंह का उपन्यास 'वनजीवन की प्रेमलहरी' प्रकाशित हुआ था, उसी में पचीस वर्ष बाद अज्ञेय के 'शेखर : एक जीवनी' का प्रकाशन किसी साहित्यिक चमत्कार से कम नहीं है।

हिन्दी में आज 'सेवासदन' के प्रकाशन से लगभग साठ वर्ष बाद, उपन्यास एक विधा की हैसियत से पूरे तौर पर प्रतिष्ठित हो गया है। अब उसे कविता और नाटक के मुक़ाबले सिर्फ़ सहन नहीं किया जाता, एक जीवन्त माध्यम के रूप में—जो ज़िन्दगी से हमारी संवेदना का सीधा साक्षात्कार कराता है—ग्रहण किया जाता है। वह ज़माना लद गया जब भले घरों में बहू-बेटियों को उपन्यास तकिये के नीचे छिपाकर रखने पड़ते थे। अब उपन्यास पढ़ना और पढ़ाना, यानी उपन्यास पढ़ना और उपन्यास लिखना—दोनों ही अच्छी कोटि

के कलात्मक अनुभवों में शुमार किए जाते हैं। यह सही है कि हिन्दी उपन्यास में जीवन के अनुभवों की वह विविधता, जो हमें पाश्चात्य साहित्य में मिलती है, अभी अपनी पूरी सम्पन्नता के साथ परिलक्षित नहीं होती, पर विषय-वस्तु की विविधता की दृष्टि से भी हिन्दी उपन्यास की यात्रा बड़ी दिलचस्प रही है। तभी भगवतीचरण वर्मा की 'चित्रलेखा' और यशपाल के 'मनुष्य के रूप' आपको बिलकुल भिन्न कोटि के उपन्यास लगेंगे, भले ही दोनों की जड़ में 'नारी' हो जिसे एक सर्वथा नये परिप्रेक्ष्य में सियारामशरण गुप्त ने भी देखा था; तभी नागार्जुन का 'बलचनमा' और निर्मल वर्मा का 'वे दिन' या राकेश का 'अन्तराल' और जगदम्बाप्रसाद दीक्षित का 'मुर्दाघर' हमारे उन अनुभवों की विभिन्नता को प्रतिबिम्बित करते हैं, जो भारतीय जीवन की अपनी ख़ासियत है।

शुरू में मैंने फुटपाथ पर बिकनेवाले उपन्यासों की बात कही थी। अब तक शायद मैं उन कारणों का इशारा कर चुका हूँ, जिनसे उपन्यास एक सशक्त विधा के रूप में हमारे समाज में प्रतिष्ठित हो चुका है। उपन्यास में ऐसी शक्ति है जो एक समानान्तर ज़िन्दगी को हमारे सामने खोलती है और हमें समझाती है कि वही हमारी ज़िन्दगी है। तभी अपनी-अपनी संवेदना के स्तर पर हम चाहे टामस मान का 'मैजिक माउंटेन' या गुलशन नन्दा का 'कटी पतंग', उपन्यास की गिरफ़्त से दूर नहीं हो पाते। और यह तब है जब कि हम अभी विधा की दृष्टि से उपन्यास की सम्भावनाओं को पूरी तौर से खोल तक नहीं सके हैं।

[आकाशवाणी, लखनऊ, 1982]

यशपाल की रचनाधर्मिता

भारत में ब्रिटिश सरकार के ख़िलाफ़ सशस्त्र क्रान्ति के आरोप पर, दोनों ओर से गोलियाँ चलने के बाद, पुलिस ने अन्ततः यशपाल को गिरफ़्तार कर लिया। यह 23 जनवरी, 1932 की घटना है। उन्हें उसी वर्ष चौदह साल के लिए जेल की सज़ा दी गई। 1937 में उत्तर प्रदेश में—जो उन दिनों संयुक्त प्रान्त कहलाता था—कांग्रेस मंत्रिमंडल के सत्तारूढ़ होने पर उन्हें मार्च, 1938 में रिहा किया गया। जेल से निकलने के बाद उन्होंने 'विप्लव' नामक पत्र निकालना शुरू किया। इसके अंकों की अधिकांश सामग्री यशपाल स्वयं अलग-अलग नामों से लिखते थे। जीवन के आरम्भिक दिनों के और बाद में जेल-जीवनवाले छुटपुट लेखन को छोड़कर यशपाल के नियमित लेखन का दौर, इस प्रकार, 1938 से शुरू होता है। 1939 में उनका पहला कहानी-संग्रह 'पिंजड़े की उड़ान' प्रकाशित हुआ। उस समय उनकी उम्र 36 साल की थी। अपने संघर्ष-भरे छात्र-जीवन को और ख़तरों से खेलनेवाले सक्रिय क्रान्तिकारी जीवन को पीछे छोड़ते हुए यशपाल का लेखन-कर्म अपेक्षाकृत परिपक्व अवस्था में शुरू हुआ। ऐसा बिरले ही साहित्यकारों के साथ होता है। अधिकांश साहित्यकारों का लेखन उनकी युवावस्था के आरम्भ से ही शुरू हो जाता है और उस स्थिति में उनके आरम्भ की कृतियों की ख़ामियाँ प्रायः नज़रअन्दाज़ की जाती हैं, उनमें जहाँ प्रतिभा दिखाई दी, उसे प्रोत्साहन मिलता है। कहा जा सकता है कि देर से नियमित लेखन शुरू करने के कारण यशपाल को इस परिवीक्षावाली अवधि—यानी 'प्रोबेशनरी पीरियड' का लाभ नहीं मिला। लेखकीय जीवन के आरम्भ से अन्त तक उन्हें हिन्दी जगत में सब तरफ़ से खरी आलोचना मिली, उसी के साथ एक परिपुष्ट लेखक को पाठकों की ओर से मिलनेवाला सम्मान भी।

यशपाल का देहान्त दिसम्बर, 1976 में हुआ। 1938 से लेकर अपने अन्तिम दिनों तक लगभग अड़तीस वर्षों की अवधि का यशपाल ने लेखक की हैसियत से पूरा-पूरा उपयोग किया। इस अवधि में उनके 17 कहानी-संग्रह निकले, जिनमें लगभग दो सौ कहानियाँ संगृहीत हैं। दो भागों में समाप्त वृहदाकार 'झूठा सच' को शामिल करते हुए ग्यारह उपन्यास प्रकाशित हुए, और यात्रा-वृत्तान्त, संस्मरण, निबन्ध और राजनीति-विश्लेषण आदि विषयों पर पन्द्रह अन्य पुस्तकें प्रकाशित हुईं। और यह तब, जबकि समय-समय पर यशपाल का स्वास्थ्य उनके लेखन का साथ देने से इनकार करता रहा। इतने विशाल साहित्य की रचना साहित्य के प्रति प्रबल निष्ठा के बिना नहीं हो सकती। यशपाल की विशेषता यह भी रही कि उन्होंने केवल लिखा ही नहीं, समसामयिक साहित्य और सामाजिक, आर्थिक और राजनीतिक गतिविधियों से सम्बन्धित सभी महत्त्वपूर्ण चीज़ें वे बराबर पढ़ते रहे और अपनी बौद्धिक प्रखरता की धार को उन्होंने कभी कुन्द नहीं होने दिया।

यशपाल का यह पूरा साहित्य सप्रयोजन लेखन है। वह आरम्भ से अन्त तक बदलाव के पक्ष में, यथास्थितिवाद के ख़िलाफ़ लड़ाई लड़ता है। वे उन संस्कारों और रूढ़ियों पर जमकर चोट करते हैं जो वर्तमान का तिरस्कार करके आदमी को अपने जीवन और वास्तविकता से पलायन करने को मजबूर करती हैं। अपने संघर्षपूर्ण अनुभव और चिन्तन—और विशेष रूप से मार्क्सवादी साहित्य के अध्ययन और सामाजिक विसंगतियों के विश्लेषण के सहारे उन्होंने जो वैचारिक प्रखरता हासिल की थी, वह उनके साहित्य में पूरे तौर से उतरी है। उनका सारा साहित्य उस वैचारिकता को प्रकट करने का माध्यम है, उनके सारे उपन्यास और कहानियाँ उनकी बौद्धिक चेतना की संवाहिका हैं और अगर उनमें कथा-साहित्य की सहज रोचकता और आकर्षण है तो उसे यशपाल के व्यक्तित्व में सन्निहित विचारक और सहज कलाकार के पारस्परिक सन्तुलन का करिश्मा ही मानना चाहिए।

यशपाल के पहले कहानी-संग्रह 'पिजड़े की उड़ान' में विचारों की प्रखरता की जगह मानवीय संवेदना ज़्यादा स्पष्ट होती है। पर उन कहानियों का भी एक ठोस सामाजिक आधार है। अपने इस पहले संग्रह ही की भूमिका में वे लिखते हैं, "जब छह वर्ष तक मैं पिंजड़े में बन्द था, उस समय वास्तविक कार्यशीलता के लिए कोई अवसर नहीं था। कहानी के रूप में कल्पना भूत और भविष्य की भूलभुलैया में उड़ानें भरा करती।" यह कहकर यशपाल अपनी कल्पना

का चरित्र भी स्पष्ट करते हैं। वे कहते हैं, "हमारी कल्पना का आधार हमारी ठोस वास्तविकताएँ ही होती हैं। इसीलिए कथा-कहानी के रूप में कल्पना का महत्त्व है। हमारी कल्पना या तो अतीत के सुख-दुख की अनुभूति के चित्र बनाकर उससे सुख उठाना चाहती है या आदर्श की ओर संकेत कर समाज के लिए नया नक़्शा तैयार करने का यत्न करती है।"

पर कहानियों की यह प्रवृत्ति आगे बदलती नज़र आती है। वे सामाजिक परिवर्तन की प्रक्रिया के प्रति अपनी जागरूकता का सबूत बराबर देते चलते हैं, पर मानवीय करुणा की जगह सामाजिक यथार्थ की खुरदरी पकड़ मज़बूत होती जाती है। उनके लेखन में रूढ़ियों, पूँजीवादी संस्कारों और उनसे त्रस्त मनुष्य को जकड़नेवाली शक्तियों पर सीधा प्रहार करने की प्रवृत्ति कुछ और तेज़ होती जाती है। डॉ. परमानन्द श्रीवास्तव ने सही ही लिखा है कि "यशपाल की ये कहानियाँ हमारे संक्रमणशील इतिहास की भयावह अप्रीतिकर सच्चाइयाँ हैं जो लम्बे समय के पले-पुसे अन्धविश्वासों, हृदय के संस्कारों पर आक्रमण करती हैं।" 'चित्र का शीर्षक' और 'फूलों का कुर्ता' तथा 'भस्मावृत्त चिनगारी' की कहानियाँ इस प्रवृत्ति को विशेष रूप से लक्षित कराती हैं।

यशपाल के ग्यारह उपन्यासों का रचना संसार भी इसे ताने-बाने का है। उनके शुरू के चार उपन्यासों में से तीन—'दादा कामरेड', 'देशद्रोही' और 'पार्टी उनके कामरेड' शुद्ध राजनीतिक उपन्यास हैं। ये 1941 से 1946 के बीच प्रकाशित हुए। 'दादा कामरेड' की भूमिका में, जो 1941 में प्रकाशित हुआ, वे अपने कला-सम्बन्धी विचार इस प्रकार प्रस्तुत करते हैं—"कला को कला के निर्लिप्त क्षेत्र में ही सीमित न रखकर मैं उसे भावों या विचारों का वाहक बनाने की चेष्टा क्यों करता हूँ?...क्योंकि जीवन में मेरी साध व्यक्तिगत जीवन-यापन ही नहीं, बल्कि सामाजिक जीवन की पूर्णता है। इसीलिए कला से सम्बन्ध जोड़कर भी मैं कला को केवल व्यक्तिगत सन्तोष के लिए नहीं समझ सकता। कला का उद्देश्य है—जीवन की पूर्णता का यत्न।...क्या यह अधिक अच्छा नहीं कि कला का यत्न समाज के लिए विकास और नवीन कला के लिए आधार प्रस्तुत करे?" तभी यशपाल के सभी उपन्यासों में, सम्पूर्ण कथा-साहित्य में, एक रूढ़ सामाजिक और आर्थिक व्यवस्था में जकड़ी हुई मानवता की मुक्ति की छटपटाहट है। 'दिव्या' और 'अमिता' जैसे उपन्यासों में भी—जिनकी पृष्ठभूमि प्राचीन इतिहास की है—मानवीय सम्बन्धों के सारे सन्दर्भ वर्तमान जीवन के हैं। पर उनकी सर्जनात्मकता का चरम उत्कर्ष 1958

और 1960 में प्रकाशित 'झूठा सच' के दो भागों में और 1973 में प्रकाशित उनके अन्तिम उपन्यास 'मेरी तेरी उसकी बात' में मिलता है।

'झूठा सच' नामक विशाल महाकाव्यात्मक उपन्यास देश के विभाजन, आज़ादी की प्राप्ति और उस प्रसंग में घटित होनेवाली दारुण घटनाओं की महागाथा है। इसके कथानक को नियंत्रित और सन्तुलित रूप से निभाने में जहाँ एक ओर यशपाल ने असामान्य सर्जनात्मक कौशल का परिचय दिया है, वहीं दूसरी ओर उन्हें इतना व्यापक फलक भी मिला है कि विभिन्न राजनीतिक और सामाजिक विचारधाराओं का मुक़ाबला कराके विभिन्न पात्रों के माध्यम से वे अपना विश्लेषण दे सकें। उस समय की क्रूर और उन्मत्त धर्मांधता की पृष्ठभूमि में उन्होंने देश में प्रचलित विभिन्न राजनीतिक सिद्धान्तों को चिन्तन और व्यवहार के स्तर पर परखा है। रूसी विद्वान ई. चेलिशेव ने इस उपन्यास के विषय में कहा है कि "कथावस्तु के विस्तार, समस्या के महत्त्व एवं गहराई तथा महान सामग्री के क्षेत्र की दृष्टि से इस उपन्यास की तुलना सोवियत साहित्य में मिखाइल शोलोखोव के उपन्यास 'क्वायट फ्लोज़ द डॉन' या अलेक्सी टॉलस्टॉय के 'रोड टु कैडबरी' से की जा सकती है।"

'मेरी तेरी उसकी बात' भी 'झूठा सच' जैसी ही आधुनिक इतिहास के मानवीय अनुभव की जागरूकता के साथ लिखी गई महागाथा है, हालाँकि इसका रचनात्मक पक्ष शताब्दी के आरम्भ के ग़ुलाम भारत की सामन्ती और मध्यवर्गीय ज़िन्दगी की पृष्ठभूमि से शुरू होता है और यशपाल की पुनर्मूल्यांकनवाली प्रवृत्ति के साथ 1942 के भारत छोड़ो आन्दोलन और उससे जुड़ी हुई अनेक समकालीन घटनाओं को समेटता है। किन्तु इस माहौल में भी मुख्य कथा विभिन्न मानवीय सरोकारों और स्त्री-पुरुष सम्बन्धों की है जिसके विभिन्न पहलुओं पर यशपाल अपनी तर्कनिष्ठ और रूढ़िविरोधी दृष्टि फेंकते चलते हैं।

यशपाल की रचनाधर्मिता का मूलमंत्र मनुष्य की मुक्ति है, रूढ़ियों से, कुसंस्कारों से, शोषण के आधार पर टिके हुए मानवीय सम्बन्धों के दबाव से मुक्ति। 'पार्टी कामरेड' को छोड़कर, जिसमें वे साम्यवादी पार्टी को समर्थन देते हैं, उनकी प्रतिबद्धता किसी पार्टी के प्रति नहीं है, प्रतिबद्धता मानवीय हित में मार्क्सवाद के वैज्ञानिक अध्ययन के प्रति है। तभी उनका सारा कथा-साहित्य एक तरह से बहस-मुबाहसे का, 'पालेमिक्स' का साहित्य जैसा दीख पड़ता है और कहीं-कहीं तो उनकी रचनात्मकता पर पालेमिक्स बुरी तरह से हावी होने लगती है।

मनुष्य की मुक्ति के लिए उनका दुर्दम्य उत्साह कहीं-कहीं अतिवाद की सीमा में पहुँच गया है—जैसे समाज में नारी को लेकर। उनकी धारणा है कि यौन-प्रक्रिया के प्रसंग में पुरुषवर्ग हमेशा से नारी का शोषण करता आया है और विवाह की संस्था भी उसी शोषण का साधन है। फलतः उनकी अनेक कहानियाँ, 'देशद्रोही' और 'मनुष्य के रूप' जैसे उपन्यासों के कई प्रसंग, 'बारह घंटे' और 'क्यों फँसे' जैसे उपन्यास नर-नारी सम्बन्धों और यौन-स्थितियों की घटनाओं से भरे पड़े हैं। आलोचकों ने यशपाल के इस रचनात्मक पक्ष की काफ़ी कटु आलोचना भी की है। किन्तु सेक्स के इन सभी प्रसंगों को यशपाल ने नारी की सामाजिक स्थिति के विश्लेषण के साथ जोड़ा है और उन्हें साहित्य सार्थकता के साथ वैचारिक सार्थकता देने की बराबर कोशिश की है। इसमें शक नहीं कि वहाँ भी उनका उद्देश्य नारी को भोग की वस्तु न मानकर उसे सामाजिक जीवन में पुरुष की बराबरी के स्तर पर प्रतिष्ठित करना था, यह और बात है कि कलात्मक सन्तुलन खोकर कहीं-कहीं यशपाल ने इस क्षेत्र में अपने बारे में ग़लतफ़हमियाँ पनपाई हैं।

यशपाल अपनी रचनाधर्मिता में प्रेमचन्द के बादवाले युग में हिन्दी के सबसे अधिक महत्त्वपूर्ण कथाकार हैं और उनका विपुल साहित्य संघर्षों और रूढ़िग्रस्त विश्वासों से जूझते हुए मानव की विजय-यात्रा की महागाथा है।

[आकाशवाणी, लखनऊ, 1989]

मेरी चिन्तन-धारा

उपन्यासकार या सर्जनात्मक लेखक के नाते जब मुझसे अपने चिन्तन या विचारों की व्याख्या करने की माँग की जाती है तो मुझे लगता है कि मेरे साथ ज़्यादती की जा रही है, क्योंकि इस तरह की माँग के पीछे एक अजीब-सी धारणा होती है और यह मानकर चला जाता है कि हर लेखक अपने विचारों को ठीक से स्थिर कर चुका है और उनकी ठीक से व्याख्या भी कर सकता है। एक भ्रम यह भी है कि जो उपन्यासकार या कवि है, वह मनीषी भी होगा और जो मनीषी है वह विद्वान भी होगा, जबकि सही बात यह है कि सर्जनात्मक लेखक यानी अंग्रेज़ी में कहें तो 'क्रिएटिव राइटर' मनीषी यानी 'इंटेलेक्चुअल' और विद्वान यानी 'अकेडेमिशन'—इन तीनों के दायरे लाज़िमी तौर से एक नहीं हैं, और ऐसा कोई क़ायदा नहीं कि जो इनमें से एक हो, वह ये तीनों भी हो। अगर सर्जनात्मक लेखक मनीषी और विद्वान भी हो—जैसे कि कई हैं—तो यह बड़ी उम्दा बात होगी; पर यदि वैसा नहीं है—जैसा कि ख़ुद मेरे मामले में है—तो इससे लेखक के यानी मेरे नम्बर नहीं काटे जा सकते। सजग रूप से बिना कोई चिन्तन-धारा बहाए हुए भी मैं बढ़िया लेखक हो सकता हूँ या होने की कोशिश कर सकता हूँ।

इसी के साथ अपने विचार और चिन्तन को, बशर्ते कि वह कहीं हो, श्रोताओं और पाठकों के आगे कहानी या उपन्यास की मार्फत न खोलकर सीधे-सीधे बयान करने लगना श्रोताओं या पाठकों के साथ भी एक तरह की ज़्यादती है। हर लेखक की पाठक या श्रोता के मन में एक ख़ास क़िस्म की तसवीर होती है और वैसी ही उसकी साख भी होती है। मेरी भी होगी, या यूँ कहिए कि है। उसके मुताबिक पाठक या श्रोता मुझसे व्यंग्य-निबन्ध की, कहानी की या उपन्यास की उम्मीद करता है। अब यह सब न देकर

अगर मैं उन्हें राजनीति, अर्थशास्त्र, दर्शन या समाजशास्त्र पढ़ाने लगूँ और उन क्षेत्रों में अपने अधकचरे विचारों को बखानने लगूँ तो उससे श्रोता को लगेगा कि धोखे से वह ग़लत दुकान पर आ गया है, अगर उसे विचारों और चिन्तन का ही सौदा करना होगा तो वह किसी ठेठ विचारक के पास जाना चाहेगा, मुझसे वह उसी माल की उम्मीद करेगा जो मैं उसे बराबर सप्लाई करता आया हूँ।

बहरहाल, बात मेरी चिन्तन-धारा से उठी थी और इतना तो मैंने सिर्फ़ भूमिका के तौर पर अर्ज किया। अब आइए, शुरुआत की जाए चिन्तन-धारा से ही। सच पूछिए तो मुझे इन दो शब्दों के जोड़ यानी 'चिन्तन-धारा' पर ही एतराज़ है। सुनकर लगता है जैसे दो किनारों के बीच से एक धारा बहती चली जा रही है और वही चिन्तन है। कुछ लोगों की चिन्तन-धारा जंगल के बीच से बहनेवाली टेढ़ी-मेढ़ी नदी जैसी हो सकती है जिसके दोनों किनारों पर झाड़-झंखाड़ है और 'यत्तत्ताल तमालसाल-सरलव्यालोलवल्लीलताच्छन्नम्' वाला मजमून है, और कुछ की चिन्तन-धारा शारदा नहर परियोजना जैसी है जिसमें दोनों किनारे मज़बूत ईंट और सीमेंट से बनाए गए हैं या कि ख़ूबसूरत सुनियोजित पटरियाँ तैयार की गई हैं, और फिर मशीन से स्लूस गेट उठाकर चिन्तन की धारा सीधी-सपाट नहर से बनाई गई है। जो भी हो चिन्तन-धारा चाहे जंगली नदी जैसी हो या नहर परियोजना जैसी, उसके साथ यह बात लाज़िमी तौर से जुड़ी हुई है कि पानी दो किनारों की बन्दिश में बह रहा है और बराबर आगे बह रहा है, पीछे मुड़कर या बीच में रुककर हीं फैल नहीं रहा है। बस एतराज़ मुझे यहीं पर है।

सच तो यह है कि चिन्तन इस तरह, यानी धारा के रूप के साथ नहीं होता। जिसे बहुत बाक़ायदा या व्यवस्थित विचार मानकर पेश किया जाता है, वह कितने ऊलजलूल, अव्यवस्थित, उलटे-सीधे यानी 'कयॉटिक' माहौल की उपज है, इसे समझाना बड़ा मुश्किल होगा। चिन्तन का सिलसिला, या उसमें सिलसिले की सरासर नामौजूदगी अजीब-सी चीज़ है, और उसे धारा के रूपक से बाँधना चिन्तन की स्वच्छन्दता को बिलकुल ही नज़रअन्दाज़ करने जैसा है। चिन्तन-धारा की तरह आगे नहीं भागता, वह उछलता है—ऊपर-नीचे आगे-पीछे, दाएँ-बाएँ किसी भी तरफ़ जा सकता है, कभी-कभी धराशायी होकर यूँ ही पड़ जाता है, कभी अचानक उछलकर चाँद-तारों से हाथ मिलाने लगता है, कभी पीछे मानी अतीत में दुबककर चला जाता है

तो बरसों निकाले ही नहीं निकलता। इसका कोई नियम नहीं है, इसका कोई तंत्र नहीं है। अब बताइए, इसे धार कहें या धाराएँ जहाँ समाहित होती हैं, वह, यानी महासागर कहें।

आपको शायद यह सुझाव अच्छा न लगा हो, क्योंकि इससे जान पड़ता है कि मैं अपने चिन्तन को धारा न बताकर महासागर के रूप में पेश करना चाहता हूँ और इस तरकीब से अपने को बड़ा विशद और गम्भीर चिन्तक साबित करने की कोशिश में हूँ। पर बात ऐसी नहीं है और अगर मेरे मन्तव्य के बारे में कोई भ्रम हो रहा हो तो उसकी जड़ में केवल उपमानों का मायाजाल ही है। जैसे महासागर को ही लें। मेरी निगाह में वह भँवर, लहरों के घात-प्रतिघात आदि से परिपूरित ऐसे माहौल की मिसाल है, जिसमें चारों ओर उथल-पुथल है, जो बिलकुल अस्त-व्यस्त है, आदि-आदि; पर चूँकि परम्परा से समुद्र के साथ गहराई जुड़ी हुई है, इसलिए मेरे चिन्तन को महासागर मानने में बहुतों को हिचक हो सकती है।

ऐसी दशा में मैं अपने चिन्तन के लिए एक दूसरा उपमान भी सुझा सकता हूँ। आप मेरे चिन्तन को समुद्र न मानकर रेगिस्तान मानें, उससे मुझे भी ख़ुशी होगी, क्योंकि लम्बाई-चौड़ाई के हिसाब से, जब तक सहारा का रेगिस्तान है, मैं ज़्यादा घाटे में नहीं रहूँगा। रेगिस्तान में बालू के बवंडर हैं, रेत के कण चारों दिशाओं में उड़कर जमा होते रहते हैं और आज जहाँ बालू का ऊँचा टीला है वहीं कल एक घाटी, एक तरह का ख़ालीपन भी नज़र आ सकता है। सारे उथल-पुथल, सारे 'कयास' के बावजूद, यह भी हो सकता है कि नतीजा कुछ भी न निकले, रेत-ही-रेत हाथ लगे। अगर चिन्तन की कोई प्रक्रिया हो सकती है तो मैं अपनी चिन्तन-प्रक्रिया को निश्चय ही रेगिस्तान से जोड़ने में सच्चाई का ज़्यादा एहसास करूँगा। कम-से-कम अपने चिन्तन की व्यर्थता को लेकर रेगिस्तान की उपमा मुझे ज़्यादा सार्थक जान पड़ेगी। इस रेगिस्तान में धारावाला एक दूसरा घपला भी नहीं है। चिन्तन-धारा से तो लगता है कि मैं बहैसियत चिन्तक धारा बहाता चलता हूँ और दूसरों का काम उसमें गोते लगाना, तैरना या डूबना है; जबकि असलियत यह है कि मेरी चिन्तन-धारा ऐसी है जिसमें मैं ख़ुद ही गोते लगाता हूँ, ख़ुद ही तैरता हूँ, उठता हूँ, चक्कर काटता हूँ, बालू में ढक जाता हूँ, मृग-मरीचिका के पीछे दौड़ता हूँ, कभी-कभी किसी नखलिस्तान में भी पहुँच जाता हूँ; रात को रेगिस्तानी ठंडक में सो भी लेता हूँ और दिन की तपिश में फिर चीख़ने लगता हूँ।

तो, कुल मिलाकर, मेरे चिन्तन की यही तसवीर है और इसमें से अलग-अलग रेशे निकालकर अपने विचारों की व्याख्या करना मेरे लिए उतना ही मुश्किल हो सकता है जितना कि दूसरों के लिए मेरे उपन्यासों और कहानियों के घटाटोप में मेरे विचारों और मान्यताओं को बाहर खींचकर उन्हें नियोजित ढंग से पेश करना। और सच कहा जाए तो जिस तरह की हमारी ज़िन्दगी है, उसमें चिन्तन की कोई स्वतंत्र सत्ता है भी नहीं, वह कहीं-न-कहीं हमारे जीवन-व्यापार का ही, हमारे अपने और समाज के रिश्तों का पारिभाषिक-भर रह जाता है, इसे यूँ भी कह सकते हैं कि हमारे कार्यों की खोजबीन और उनसे सम्बन्धित तर्क-वितर्क से ही चिन्तन का स्रोत फूटता है, यानी मानव-समाज की कहानी में, उसके इस विश्वव्यापी भारी-भरकम उपन्यास में सारा मानवीय चिन्तन अस्त-व्यस्त रूप से उसी तरह गुँथा हुआ है, जिस तरह एक छोटे पैमाने पर, मेरा निजी चिन्तन मेरे उपन्यासों और कहानियों के साथ लिपटा और उलझा हुआ है। उसे सुलझाकर आपके आगे पेश करने का धीरज कम-से-कम मुझमें नहीं है।

चिन्तन के और भी कई रगड़े-झगड़े हैं। मेरे एक बहुत पुराने उपन्यास 'अज्ञातवास' की एक पात्र है प्रभा। वह अपनी बातचीत में एक जगह कहती हैं कि "सिद्धान्तों के सहारे रहता ही कौन है? सिद्धान्त तो ख़ुद ही हमारे रहने के सहारे रहते हैं। सभी अपनी आदतों, संस्कारों के ग़ुलाम हैं। उन्हीं के सहारे लोग जो कुछ बार-बार कहते हैं उसी को अपना सिद्धान्त बना लेते हैं। हमारी बातचीत से व्याकरण निकलता है, हमारे रहन-सहन से सिद्धान्त निकलते हैं।"

प्रभा जी से पूरी तरह तो नहीं, पर इस हद तक मैं सहमत हूँ कि चिन्तन का आधे से ज़्यादा काम हमारे तर्कहीन व्यापारों की चीर-फाड़ करना और किसी-न-किसी ढंग से उन्हें तर्क की प्रतिष्ठा देना है। और ज़िन्दगी की यह हालत है कि वह तर्क और चिन्तन के सहारे नहीं चलती, वह चलती है ज़्यादातर मानव की मूल प्रवृत्तियों के सहारे, जो लाज़िमी नहीं कि तर्कनिष्ठ ही हों। मिसाल के लिए लीजिए धर्म या आस्था को, युद्ध को और प्रेम या सेक्स को। ये तीनों मूल प्रवृत्तियाँ बड़ी ताक़तवर हैं और हमारी ज़िन्दगी के हज़ारों व्यापारों को अनुशासित करती हैं, निरंकुश सत्ताधारी की तरह से हम पर हुकूमत करती हैं। और ख़ूबी यह है कि अपने-आप में इनका तर्क या चिन्तन से कोई सरोकार नहीं। इन्हें आप तर्केतर प्रवृत्ति, यानी एक्स्ट्रारैशनल इंस्टिंक्ट भी कह सकते हैं। अब ज़िन्दगी का एक बहुत बड़ा हिस्सा तो इन और ऐसी

प्रवृत्तियों के नाम रेहन हो गया, चिन्तन के लिए बचा ही क्या? सिर्फ़ यही कि वह हमारे तर्कहीन आचरण और व्यापार को विश्लेषण और सिद्धान्त के सहारे सुसंगत होने का आभास देता रहे, न समझ में आनेवाले हमारे कारनामों को समझाने की कोशिश करे और जो उथल-पुथल भरा दृश्य है, चारों ओर फैली हुई जो अस्त-व्यस्तता है, उसकी व्याख्या करके दिखाने की कोशिश करे कि इस सबके पीछे कोई तर्क है, कोई व्यवस्था है। सिद्धान्त में हमारा चिन्तन मानव-नियति के भविष्य को व्यवस्थित करता है। व्यवहार में हमारा चिन्तन अतीत के अनुभवों को सिद्धान्तबद्ध करने में ही ज़्यादातर लगा रहता है। घूम-फिरकर उसकी हालत व्याकरण-जैसी ही रह जाती है, जो हमारी बोली को अनुशासित करने का दावा करते हुए भी हमारी बोली का वास्तव में पिछलगुआ बना रहता है।

मुझे यक़ीन है कि इतना सुनने के बाद मेरे श्रोताओं को डर लगने लगा होगा कि मेरी चिन्तन-धारा अब चिन्तन के मरुस्थल की ओर मुड़ रही है; इसलिए क़ानूनी ज़बान में यही 'उचित एवं उपयुक्त' है कि इस धारा का साथ यहीं छोड़ दिया जाए।

[आकाशवाणी, गोरखपुर, 1979]

मुझे अपने से दूर मत करो, वसुंधरा

पक्की सड़क छोड़कर रेल का फाटक पार करते ही मैं अपने गाँव के रास्ते पर आ जाता हूँ। यहाँ भी सड़क है, पर इसे सड़क न कहकर सड़क का एक ढाँचा कहना चाहिए। लगता है, ऊसर-बंजर की जर्जर छाती पर किसी ने नाख़ून से एक टेढ़ी-मेढ़ी रेखा खरोंच दी है। पुराने गलियारे की जगह अब एक घुमावदार सम्पर्क-मार्ग है जिस पर उभरे हुए पत्थरों के टेढ़े-मेढ़े टुकड़े अपनी ऊबड़-खाबड़ और पैनी शक्ल से ट्रैक्टर के टायरों को भी चुनौती-जैसी दे रहे हैं। विकास का यह चरण दर्ज़ी की एक ऐसी दुकान की याद दिलाता है जहाँ चारों ओर फर्श पर कतरनें बिखरी हुई हैं। इन्हीं कतरनों को जोड़कर, कल एक शानदार सूट सिला जाएगा। पर अभी वहाँ कतरनें हैं, बेतरतीबी है, बेशऊरी है।

अपने को अतीत की गलियों में पहुँचा देता हूँ। चालीस-पैंतालीस साल पहले। तब यह ऊसर न था, जिसे आज वसन्त की कोई सरसता, कोई कविता नहीं छू पाती। तब यहाँ पलाश-वन था, करौंदे और मकोय के झाड़ थे, छोटे-छोटे पोखर थे जिनमें गर्मियों में कमल फूलते थे; शरद में कोकाबेली। प्रकृति को अपने कुल्हाड़े का निशाना बनाकर तात्कालिक लाभ पाने की जो हिंसक इच्छा आज भी इनसान के हाथों वन-सम्पदा का विनाश करा रही है, उसी ने पहले इस पलाश-वन को 'अधिक अन्न उपजाओ' के भ्रम में खेतों में परिवर्तित किया और फिर खेतों से बंजर, बंजर से ऊसर। अब पद्माकर का 'बनन में, बागन में, बगर्‍यो बसन्त है' सिर्फ़ पाठ्य-पुस्तक की पंक्ति-भर रह गया है। 'पूरित पराग सौं उतारा करै राई-नौन, कंज-कली नायिका लतान सिर सारी दै' का एक स्वप्न बिम्ब-भर बचा है। सरसराती हवा में उड़ती धूल, वनस्पतिहीन धरती और सड़क बनने की उम्मीद में नष्ट हुए पथरीले गलियारे पर अब एक अवसाद की छाया-सी उतर रही है

जिसे कवि सुमित्रानन्दन पन्त ने अपने एक 'ग्राम चित्र' में बहुत पहले इस प्रकार अंकित किया है—

आता मौन प्रभात अकेला, सन्ध्या भरी उदासी,
यहाँ घूमती दोपहरी में स्वप्नों की छाया-सी।

कवि ने शायद हमारे अवसाद को झुठलाने के लिए ही 'स्वप्नों' शब्द का प्रयोग किया है, 'प्रेतों' का नहीं। इस दोपहरी में धीरे-धीरे चलते हुए, तीखे पत्थरों से पाँवों को बचाते हुए मुझे यही पंक्ति दूसरे रूप में याद आती है, 'यहाँ घूमती दोपहरी में प्रेतों की छाया-सी।'

गाँव नज़दीक आ रहा है। अभी कुछ दिन पहले कवि कैलाश गौतम की कविता पढ़ी थी, 'गाँव गया था, गाँव से भागा।' रूमानियत पर जब यथार्थ का सीधा हमला होता है तो आदमी ऐसे ही बोलता है, ऐसे ही भागता है। स्वयं मेरे उपन्यास 'राग दरबारी' के प्रमुख चरित्र रंगनाथ के साथ ऐसा ही हुआ है। गाँव के घुटन-भरे दबाव से बचने के लिए वह शहरी बुद्धिजीवियों को उपलब्ध उन सारे रास्तों की याद करता है जिनसे पलायन किया जा सकता है। पलायन-संगीत के ये स्वर उसे कभी विदेशों की याद दिलाते हैं, कभी बौद्धिक ऐशगाहों के प्रतीक जैसे कुछ शोध-संस्थानों की, कभी ज्योतिष-सामुद्रिक-तंत्र-मंत्र के रहस्यवाद की, कभी सुरसुन्दरी-शालभंजिका-अलसकन्या के साथ जुड़े पुरातन रोमांस की। यानी उस सबकी जो निष्क्रिय बुद्धिजीवियों को ग्राम-जीवन के दुरन्त यथार्थ से बचा सके।

पर आज मैं पलायन-संगीत सुनने नहीं आया हूँ, भागने का कोई इरादा नहीं है। आज मैं इस जीवन को मुट्ठी में बाँधने का संकल्प लेकर आया हूँ। फ़र्श पर गिरी हुई कतरनों से उकताने के लिए नहीं, यह देखने के लिए आया हूँ कि क्या इन्हें जोड़कर, इन्हें एक में सीकर सचमुच ही एक नया वस्त्र बनाया जा सकता है।

अब यह पहलेवाला पुराना गाँव नहीं है। जीर्ण-शीर्ण आज भी है, फिर भी नूतन का प्रभाव घरों पर दिखाई देता है। पुरानी झोंपड़ियाँ, जो छप्परों और दीवारों की मरम्मत और बदलाव के बावजूद, पीढ़ियों से उसी रूप में चली आ रही थीं, मिट चुकी हैं। उनकी जगह नये मकानों ने ले ली है। निश्चय ही ये मकान समाजविज्ञानी ईवान इलिच की राय से नहीं बने हैं। नहीं तो कच्चे फ़र्शों पर पक्की दीवारें न उठाई गई होतीं। ईवान इलिच की राय है कि क़ीमती मकान न बनाकर स्थानीय साधनों का प्रयोग करके सस्ते, आरामदेह मकान

बनाने चाहिए। पर इस राय को नज़रअन्दाज़ करने का यह कारण नहीं कि मकानों के स्वामी इतना ज़्यादा ख़र्च करने में समर्थ हैं। कुश और काश के जंगल ख़त्म हो रहे हैं, पलाश और दूसरे झाड़-झंखाड़, जंगल और बाग, अब दीख नहीं पड़ते। छप्पर बनाने के साधन अब रहे ही नहीं। मिट्टी की तरलता और लस भी कम हो गई है, वह उसरीली हो रही है। इस साधनहीनता में न टिकाऊ कच्ची दीवारें बन सकती हैं, न छत की जगह फूस के छप्पर ले सकते हैं और गाँव में भी घर बनाना है तो स्थानीय सामग्री के नाम पर अब वही लोहा, सीमेंट और ईंटें हैं जो शहर के लिए भी स्थानीय सामग्री हैं। तो, इसी सामग्री से कुछ नये, कुरूप और छोटे-छोटे घर बना लिये गए हैं, जिनका 'काशीफल कूष्मांड कहीं हैं, कहीं लौकियाँ लटक रही हैं' से अभी कोई रिश्ता नहीं बन पाया है। पर उनका रिश्ता एक शहरी फ़ैशन से ज़रूर जुड़ चुका है। सदर दरवाज़े के ऊपर यह छोटा-सा घर 'महावीर-भवन' के ठप्पे से अंकित है और उधरवाले इससे भी छोटे घर का नाम 'रामरूप-सदन' है।

मेरा मन इन मकानों के सहन देखकर हुलस उठता है। कई सहनों में हृष्ट-पुष्ट, दुधारू भैंसें बँधी हैं जो निश्चय ही इस क्षेत्र की नहीं हैं, पछाँह से ख़रीदकर लाई गई हैं। मेरे साथ गाँव के जो दोषदर्शी जी खड़े हुए हैं वे मुझे पहले ही समझा चुके हैं कि किस तरह बैंकों के ऋण का दुरुपयोग हुआ है, किन-किन रास्तों में भ्रष्टाचार का सैलाब आया है, आदि-आदि। यह सब मैं सुन चुका हूँ। पर इन पशुओं को देखकर मुझे लगता है कि जो मानवीय चेष्टा इस गाँव गें इन दुधारू पशुओं को लाई है वही कभी भ्रष्टाचार के सैलाब को रोकने के लिए भी अपना सिर उठाएगी। रास्ते के निर्जन ऊसर में जिस अवसाद का मुझे अहसास हुआ था, यहाँ जानवरों और इनसानों के चेहरे देखकर वह बिखरता-सा जान पड़ता है।

कहीं कुछ उभर रहा है, कुछ गिर रहा है, कुछ आकार ग्रहण कर रहा है, कुछ टूट रहा है। एक टीले पर जो बड़ी पवनचक्की पिछले साल देखी थी, जिसकी ऊर्जा से बाहर निकलनेवाले पातालतोड़ पानी की धारा गाँव की ज़िन्दगी में एक नई हरियाली पैदा कर रही थी, पवन के ही किसी भयंकर आघात से टूटी पड़ी है; उसे कौन सुधारेगा? गोबर-गैस का जो संयंत्र आधे गाँव को रोशनी और गैस दे रहा था, आज वह निष्क्रिय पड़ा है। उसकी ऊर्जा को कौन जगाएगा? गाँव के दूसरे छोर पर सार्वजनिक वृक्षारोपण का जो काम ज़मीन के झगड़े और आपसी कलह के कारण रुका पड़ा है, उसे कौन आगे बढ़ाएगा?

मेरी आशावादिता को धक्का लगता है। आपसी वैमनस्य, कलह, स्वार्थ, कुशिक्षा आदि के दुष्परिणामों को मैं बरसों से देखता आ रहा हूँ; पारम्परिक रूप से एक सदाशयतापूर्ण समाज का विघटन और उसकी जगह एक स्वार्थ-लिप्त, कुसंस्कारपूर्ण, विभक्त समाज का उदय मैं बरसों से चिन्तापूर्वक देख रहा हूँ। तभी ये सवाल मुझे बार-बार झिंझोड़ते हैं। सब प्रकार के भौतिक साधनों के बीच आज के मानवीय संसाधनों की कमज़ोरी और अपर्याप्तता मुझे फिर शंकाकुल बनाना चाहती है। पर तभी मेरे कानों में अचानक ढोल-मजीरे गूँजने लगते हैं, गली के नुक्कड़ पर गाँव की परिक्रमा करता हुआ, रंगों और अबीर-गुलाल में सना हुआ ग्रामवासियों का हुजूम मुझे दिखाई देता है। उनमें तीन-तीन पीढ़ियाँ हैं; उम्र, वर्ग और जाति का यहाँ कोई भेदभाव नहीं है, सभी गाने में मस्त हैं, सभी उन शंकाओं से कोसों दूर हैं, जिनसे मैं अपने यथार्थ का ताना-बाना बुनता रहा हूँ। और वे सिनेमा का कोई गीत नहीं गा रहे हैं, आज भी वे जो गा रहे हैं वह कबीर का एक पद है।

तब मैं वह देखता हूँ जिसे मैंने अब तक नहीं देखा था। सामने नीम के पुराने पेड़ हैं; उनकी कुछ डालें कट चुकी हैं। पर उन पर नई कोंपलें आ गई हैं। जहाँ से डालें कटी थीं, वहाँ पर नई पत्तियाँ और भी गझिन हो रही हैं।

नहीं, यहाँ से, इस धरती से भागा नहीं जा सकता। आज यह पहले से भी ज़्यादा आदर, ज़्यादा स्नेह चाहती है। कविगुरु के शब्दों में—

तुम बहुत वर्षों की मेरी पृथ्वी हो;
तुमने मुझे मृत्तिका-आसन पर बैठाकर
अश्रांतचरण असंख्य रात्रि-दिवस अनन्त गगन में
सौर मंडल की प्रदक्षिणा की है—युग-युगान्तर तक,
मुझ पर तुम्हारे तृण जगे हैं,
राशि-राशि फूल खिले हैं,
वृक्षावलियों ने मुझ पर
तुम्हारे फल-फूल-पत्र-गन्ध
और पराग की वर्षा की है
वसुंधरा,
मुझे अपने से दूर मत करो।

[आकाशवाणी, लखनऊ, 1989]